D1734961

© 2017 H. T. Thielen

Verlag: tredition GmbH, Hamburg

ISBN 978-3-7345-9608-7(Paperback)
ISBN 978-3-7345-9609-4 (Hardcover)
ISBN 978-3-7345-9610-0 (e-Book)

Bibliografische Information der Deutschen Nationalbibliothek:
Die Deutsche Nationalbibliothek verzeichnet diese Publikation in der Deutschen Nationalbibliografie; detaillierte bibliografische Daten sind im Internet
über http://dnb.d-nb.de abrufbar.

Tokoglifos

Die gesellschaftlichen Schieflagen und ihre Verursacher

Eine kritische Aufklärungsschrift

von

H. T. Thielen

Inhaltsverzeichnis

Vorwort

Diese Aufzeichnungen stellen eine Chronik einiger meiner Gespräche und Überlegungen dar, die ich in den Jahren 2011 bis 2016 vor dem Hintergrund aktueller gesellschaftspolitischer Problemstellungen geführt habe. Meine ursprüngliche Intention war es, einen Aufsatz über grundlegende Defizite im deutschen Bildungssystem zu verfassen. Nach wenigen Monaten der Arbeit wurde mir allerdings klar, dass die Schieflagen im Bildungsbereich gleichermaßen Ursache und Triebkraft für mannigfaltige Probleme in unserer Gesellschaft sind. Ich unterbrach daraufhin mein Vorhaben und begann mit dieser gesellschaftskritischen Schrift.

Meine Grundintention ist eine Welt ohne Armut und Not, in welcher der Wohlstand gleichmäßig verteilt ist. Eine Welt, in der alle Menschen und alle Nationen in friedlicher Koexistenz miteinander (über-)leben können.

Eine solche Zukunft ist möglich!

Das Problem liegt nicht darin, dass zu wenige Ressourcen für alle vorhanden sind. Nein, so banal es auch klingen mag, die verhängnisvollen globalen Schieflagen sind die Auswirkungen eines absolut falschen Wirtschafts- und Finanzsystems.

Durch Kriege werden täglich Tausende Menschen getötet, unzählige andere verlieren ihre Lebensgrundlage.

Aus welchen Gründen werden die vielen Kriege geführt?

Unser Ökosystem Erde ist in vielen Bereichen irreversibel beschädigt, und die Zerstörung nimmt tagtäglich zu.

Was sind die konkreten Ursachen der immensen Umweltprobleme?

Gegenwärtig arbeitet die überwiegende Mehrheit der Menschen täglich 10, 12 Stunden und mehr. Sie arbeiten hart, opfern oftmals ihre Gesundheit, und trotz aller Bemühungen schaffen sie es nicht, sich ein finanziell abgesichertes Leben aufzubauen. Andere hingegen haben in ihrem Leben kaum gearbeitet und leben mit ihren Familien, selbst in zukünftige Generationen hinein, in Reichtum und Luxus.

Warum werden die Reichen immer reicher und die Armen immer ärmer?

Das sind zentrale Fragen unserer Zeit, denen wir uns stellen und auf die wir eine praktikable Antwort finden müssen.

Während der Recherche zu diesen Themen – mein Dank gilt insbesondere meiner Familie, meinen Freunden und Gesprächspartnern, meinen Studierenden und dem noch freien Internet – stieß ich auf eine Vielzahl von gewichtigen Details und Hintergrundinformationen, verfasst von unabhängigen Wissenschaftlern, Journalisten und Autoren, die mir manche, mir zuvor nicht bekannten gesellschaftlichen Zusammenhänge verdeutlichten.

Im Bewusstsein jahrelanger persönlicher politischer Begrenztheit und Kritiklosigkeit, die in unserer Gesellschaft, so scheint es, gewollt ist, die ich derart aber nicht länger akzeptieren kann, schreibe ich diese Zeilen – meinen Mitmenschen zur Information.

Ich erkenne heute mit absoluter Gewissheit, dass die überwiegende Mehrheit aller Menschen, gleichgültig welchen Alters und welcher Nationalität, wie eine große Schafherde von einer kleinen wissenden Elite systematisch und zielgerichtet wie auf einem Schachbrett hin- und hergeschoben wird.

Mir scheint es, als wäre ich erst in den letzten Jahren zum denkenden Menschen erwacht, als wäre ich erst jetzt mündig geworden, und die gewonnenen Einsichten und Erfahrungen haben mir einen Einblick in die realen, jedoch für die überwältigende Mehrheit der Menschheit verdeckten, gesellschaftlichen Verhältnisse gewährt. Zuweilen kann ich noch nicht recht glauben, was tatsächlich mit uns geschieht, und ich misstraue den vielen sichtbaren Zeichen und Botschaften. Doch Krieg, Not und das viele

Elend auf der Welt bringen mich sehr schnell wieder in die traurige Realität und auf den Boden der Tatsachen zurück.

Der Zustand unserer Gesellschaft ist in zahlreichen wichtigen Angelegenheiten krank, der Vernunft zuwiderlaufend, ja man muss sagen, pervers. Vieles scheint invertiert und auf den Kopf gestellt. Die Medien verhindern den freien Journalismus und damit eine freie Meinungsbildung, Politiker missachten das Grundgesetz und den Willen der Bevölkerung, Ökonomen zerstören Währung und Eigentum, Lehrer und Erzieher verhindern Kritikfähigkeit und autonomes Denken und vieles andere mehr.

Warum können diese Verwerfungen in Erscheinung treten?

Weil die überwiegende Mehrheit der Bevölkerung mit ihrer persönlichen Situation zufrieden ist, politisch abschaltet und die Gegebenheiten blindlings toleriert.

Ich mache mich mit meinen unverhüllten Ausführungen und Erklärungen angreifbar und das Risiko ist sehr groß, dass ich dafür in irgendeiner Ausformung kritisiert oder gar beschuldigt werde. Wer auf Ungerechtigkeiten aufmerksam macht und die wahren Hintergründe aufdeckt, wird vom herrschenden System erbarmungslos bekämpft und ausgegrenzt. Und doch spreche ich laut und deutlich im Sinne von Thomas Carlyle, dass es eine Ehre sei, einer Minderheit anzugehören, wenn deren Sache gerecht ist. Unser Gewissen sagt uns, was recht und unrecht ist, und wer Verantwortungsbewusstsein besitzt, der empfindet zugleich Verpflichtung. Wem die Zukunft unserer Gesellschaft Sorge bereitet, der muss die Schieflagen ansprechen und einen öffentlichen Diskurs suchen.

Freunde halten mich für einen Gerechtigkeitsverfechter und ich mutmaße, dass diese Bezeichnung meinen inneren Intentionen sehr nahe kommt. Macht, Gier, Egoismus und selbstverschuldete Unmündigkeit stehen der Gerechtigkeit im Weg und sind das Pathogen, das überwunden werden muss. Dies kann gelingen, denn Ehrlichkeit, Gerechtigkeit und Solidarität sind Werte, die in jedem Menschen vorhanden sind – sie müssen lediglich wieder entfesselt werden.

Dies mag für viele eine naiv gesellschaftskritische Haltung sein, ich glaube jedoch, dass eine stetig wachsende Zahl von Menschen die heutige Zivilisation in direkter politischer und kultureller Reflexion als schlecht, manipuliert und bedrohlich empfindet, und eine Veränderung hin zum wahren Humanismus anstrebt.

Ich möchte noch ausdrücklich betonen, dass ich Krieg und rechtes Gedankengut verabscheue und strikt ablehne, und dass ich mich mit einer wahrhaftig freiheitlich-demokratischen Rechtsordnung absolut identifiziere.

Vielleicht sollte ich noch erwähnen, dass ich 60 Jahre alt und in der Lehre tätig bin. Ich bin verheiratet, habe zwei erwachsene Kinder, und lebe ohne besondere Highlights in einer kleinen Gemeinde auf dem Land.

Ich bin davon überzeugt, mit einer Arbeit von großer Wichtigkeit und Tragweite beschäftigt zu sein. Mir ist ebenfalls bewusst, dass meine Verfahrens- und Betrachtungsweise eine gewisse Selbstgefälligkeit aufweist. Gleichwohl versuche ich, die notwendige akademische Objektivität zu bewahren, um meine Kenntnisse und Einsichten dem nachgewiesenen Sachverhalt entsprechend aufzuzeichnen. Aus dem Wunsch heraus, dieses Buch leicht lesbar zu gestalten, und um einen möglichst großen Leserkreis zu erreichen, nutze ich bewusst nicht die oft abstrakte wissenschaftliche Darstellung, sondern die erzählende Romanform. In diesem Zusammenhang habe ich notwendige Fußnoten auf ein Minimum reduziert. Die Gesprächszenen sind weitgehend authentisch oder wurden von mir um wichtige Details ergänzt, die Namen der handelnden Personen sowie die Örtlichkeiten sind aus Gründen des Persönlichkeitsrechtes geändert worden.

Sapere aude!

Habe Muth, Dich Deines eigenen
Verstandes zu bedienen!

(Immanuel Kant)

Der Konflikt

Politik und Militär, Wirtschaft und Medien habe ich schon sehr lange mit einer gewissen Skepsis betrachtet. Es war für mich jedoch bisher zweifelsfrei, dass unser politisches System in der Bundesrepublik Deutschland, aufgebaut auf dem Grundgesetz, nur dem Wohl und dem Nutzen der Bevölkerung dient. Doch ähnlich wie es bei vielen anderen Mitmenschen der Fall ist, führten mich mein Ehrgeiz, Karriere zu machen, und mein Wunsch, ein sorgenfreies Leben zu führen, in eine gewisse Gleichgültigkeit und Verantwortungslosigkeit gegenüber dem gesellschaftlichen Geschehen. Ich übersah und ignorierte, was um mich herum geschah. Unseren persönlichen Wohlstand auszubauen, unsere Wünsche durch Konsum zu erfüllen, diese Intentionen werden uns ja täglich hundertfach von den Medien suggeriert. Sie waren daher auch mein primäres Ziel, bis zu jenem aufsehenerregenden Tag, Freitag, den 11. März 2011.

Es war Freitagnachmittag, ich saß gerade in meinem Arbeitszimmer am Schreibtisch und konzentrierte mich auf die Korrektur von einigen Texten.

Plötzlich öffnete sich die Tür. Mein jüngster Sohn Iven kam kopfschüttelnd herein, gestikulierte mit den Händen, und sagte: »Pa, warum hast du nie darüber gesprochen? Warum hast du uns nie darüber aufgeklärt?«

Vorwurfsvoll, mit starrem Blick, hatte er mich angefahren: »Du checkst, was in unserer Gesellschaft abgeht, du erkennst die Schieflagen und machst nichts! Du bist ein typischer Opportunist, buchstäblich das Spiegelbild unserer Gesellschaft: Die Augen verschließen, die Vogel-Strauß-Theorie einsetzen und hoffen, dass es für dich so gut weitergeht wie bisher!«

Ohne mir die Möglichkeit einer Antwort zu geben, fuhr er fort: »Einfach weiterzumachen wie bisher, ändert rein gar nichts! Wir leben in einer kaputten Welt, die von wenigen gewissenlosen Gruppierungen beherrscht wird. Was unsere Gesellschaft benötigt, sind Köpfe, die das ausbeuterische System verstehen. Menschen, die die entstandenen Schieflagen aktiv angehen und Lösungen, notfalls entgegen der vorherrschenden Meinung, einfordern. Was wir brauchen, ist eine aufgeklärte Gesellschaft, die solidarisch gegen Ungerechtigkeit, Rechtsbruch und Willkür ankämpft, und keine beobachtende und selbstzufriedene Interessengemeinschaft. Und du, du könntest was dagegen tun!«

Das saß, und er hatte vollkommen recht.

Diese Situation ereignete sich vor fast fünf Jahren, und die Ausführungen meines Sohnes gingen mir von diesem Zeitpunkt an fortwährend durch den Kopf.

Iven studierte in einer nahegelegenen Stadt Altertumswissenschaften und nutzte häufig die freien Wochenenden, um bei uns im Umfeld archäologische Nachforschungen durchzuführen. Mit behördlicher Erlaubnis, Karte, Kleinspaten und Detektor bewaffnet, durchstreifte er die heimatliche Landschaft und versuchte, durch die gemachten Funde wissenschaftliche Zusammenhänge zu identifizieren. Trotz Sonnenschein und frühlingshaften Temperaturen, also optimalem Wetter für Streifzüge durch die Natur, war an dem besagten Freitag etwas anders.

»Hast du es schon gehört, Pa? Ein Erdbeben, Stärke 9, hat einen Tsunami ausgelöst, der weite Teile an der Ostküste Japans überflutet hat. Die Welle war wohl bis zu 16 Meter hoch und hat alles verwüstet. Sie hat Tausende Häuser mit sich gerissen und es wird davon ausgegangen, dass über 500.000 Menschen ihr Zuhause verloren haben. Wahrscheinlich gibt es mehr als Zehntausend Tote. Mehr noch, der Tsunami soll das Atomkraftwerk Fukushima so stark beschädigt haben, dass es zu einer Atomschmelze gekommen ist und Radioaktivität in gigantischer Menge freigesetzt wurde. Die nähere Umgebung soll dermaßen verstrahlt sein, dass ein normales Leben in den kommenden 50 Jahren nicht mehr möglich sein wird! Ein Wahnsinn! Und was ist die Ursache?! Die gigantischen globalen Schieflagen unserer Zeit, die sämtliche Lebensbereiche umfassen, hervorgerufen durch den alles Humane zerstörenden Kapitalismus!« Danach verließ Iven wortlos das Zimmer.

Mein Gott er hatte recht, natürlich hatte er recht. Die blinde und ungebremste Dynamik des Kapitalismus hat die kolossalen globalen Verwerfungen erst hervorgerufen. Sowohl die folgenschwere menschliche und ökologische Katastrophe des *Super-Gau's* im Kernkraftwerk in Japan, die für alle sichtbaren Schäden aufgrund exzessiver Schadstoffemissionen und kompromissloser Ausbeutung der Ressourcen als auch die unselige Ausnutzung menschlicher Arbeitskraft und die damit verbundene Zunahme von Armut und Elend auf dieser Welt, sind sichtbare Auswirkungen eines absolut freien Marktes. Die bestimmenden Impulse sind meist verborgen, aber so umfassend miteinander verknüpft, dass der normale Menschenverstand sie nicht mehr klar erfassen kann. Eins ist jedoch unstreitig. Die fatalen globalen Schieflagen hängen mit der skrupellosen Wirtschaftsform des Kapitalismus zusammen.

Nach dem Abendessen wurde die aktuelle Umweltkatastrophe erwartungsgemäß wieder zum Hauptgegenstand unseres Gesprächs.

»Warum lernen wir Menschen nicht aus den Tragödien der Vergangenheit?«, begann Iven. »Die dramatischen Folgen der Tschernobyl-Katastrophe sind noch in allen Köpfen! Wir haben die verheerenden Bilder doch noch alle vor Augen, aber wir machen trotzdem weiter wie vorher! Sind wir Menschen so blind?! Sind wir wirklich wie ein Krebsgeschwür, das seinen eigenen Lebensraum vernichtet?«

»Ja, das scheinen wir in der Tat zu sein«, antwortete ich.

»Der Alptraum von Tschernobyl hat unser aller Bewusstsein für die immense atomare Gefahr gestärkt, und große Teile der Bevölkerung mahnten, die Atomkraftwerke abzuschalten, aber nichts geschah. Die zuständigen Politiker weigerten sich schlicht, wie so oft, den Forderungen der Bevölkerung nachzukommen. Und das, obwohl es auch schon 1986 Alternativlösungen der Energieerzeugung in Form der regenerativen Energiegewinnung wie zum Beispiel Sonnen- und Windenergie, Erdwärme, Wasserkraft, Bioenergie und Meeresenergie gab. Auch die fossilen Energieträger hätten übergangsweise verstärkt genutzt werden können, um aus der gefährlichen Kernenergie auszusteigen. Die Politik hingegen verblieb auf ihrem eingeschlagenen Weg, verdrängte das Thema, und es veränderte sich absolut nichts.«

»Glaubst du, dass unsere Regierung nach dieser weiteren Katastrophe ihre Energiepolitik überdenken wird? Dass sie in Richtung erneuerbare Energiegewinnung umstellen wird?«, fragte Iven optimistisch.

»Ich fürchte nein«, antwortete ich bedacht.

»Viele haben in den letzten Jahren aufgrund der zahlreich sichtbaren Probleme ein wirkliches Umweltbewusstsein entwickelt, leider sind sie noch in der Minderzahl. Wir Menschen haben drei Möglichkeiten, zu lernen und klug zu handeln. Erstens durch Nachdenken und Erkennen, zweitens durch Betrachten und Nachahmen und drittens durch persönliche, oft einschneidende und meist negative Erfahrungen. Offensichtlich wählt der Mensch gemeinhin die schmerzhafte letzte Option. Er muss die fatalen Auswirkungen seines Handelns körperlich spüren, bevor er schlussendlich zur Vernunft kommt, oder zur Vernunft gezwungen wird.«

Iven schaute nachdenklich aus dem Fenster und sagte dann: »Global gibt es, denke ich, inzwischen viele Millionen Menschen, die die Atomenergie als äußerst risikobehaftet ansehen und einen sofortigen Ausstieg verlangen. Sie erkennen und kommunizieren die Gefahr, haben aber nicht die Optionen und den notwendigen Einfluss, um irgendetwas zu verändern. Selbst die bekanntesten Atomwissenschaftler weltweit beschreiben Atomenergie in allen ihren Nutzungsmöglichkeiten als die größte Gefährdung der Menschheit.«

»Insbesondere die militärische Nutzung«, warf ich ein.

»Ja klar«, sagte Iven. »Das *Bulletin of the Atomic Scientists* beispielsweise veröffentlicht in regelmäßigen Abständen eine symbolische Uhr, man nennt sie die *Uhr des jüngsten Gerichts*, die das derzeitige Risiko einer globalen Katastrophe, insbesondere eines Atomkrieges, verdeutlicht. 1947 wurde sie mit 7 Minuten vor 12 gestartet und in Abhängigkeit von atomarer Bedrohung vor- oder zurückgestellt. Seit Januar 2015 steht sie auf 3 Minuten vor 12, verstehst du, 3 Minuten vor 12. Die Warnungen der Wissenschaftler und die friedlichen Proteste auf der ganzen Welt reichen offensichtlich nicht aus, um die Mächtigen der Welt zur Umkehr zu bewegen.«

»Leider hast du recht«, antwortete ich. »Mittlerweile sind sich viele Menschen der Problematik bewusst und erheben Widerspruch. Und täglich werden es mehr.

Doch, Iven, es geht nur mit friedlichen Protesten. Mit Gewalt und Zwang eine Umkehr zu erzwingen, ist immer der falsche Weg. Es geht darum, der Bevölkerung die gefährliche Situation deutlich zu machen, und sie mithilfe von Informationen zum friedlichen Widerstand zu mobilisieren. Gewalt und Zwang beim Kampf um gesellschaftliche Veränderungen erzeugen immer Angst und Schrecken, das Ganze ist von Anfang an zum Scheitern verurteilt. Militante Aktivisten, gleichgültig gegen was sich der Protest richtet, gehen aufgrund ihrer Vorgehensweise das große Wagnis ein, nicht mehr zu den ›Guten‹ zu gehören, und erhalten in der Öffentlichkeit niemals die notwendige Unterstützung.

Friedlicher Widerstand hingegen gewinnt die moralische Oberhand und findet, wie Popovic und Miller[1] es identifiziert haben, die Sympathie der Massen. Das hatte auch Martin Luther King erkannt, als er niederschrieb: *Organisierte Massen in einer Demonstration haben mehr Macht als ein paar verzweifelte Männer mit einer Waffe in der Hand!*«

»Aber es ändert sich doch nichts!«, entgegnete Iven. »Das ausbeuterische kapitalistische System verlangt der Erde alles ab. Energien und seltene Erden gehen radikal dem natürlichen Ende zu und die längst nachweisbare brutale Umweltzerstörung ist schon heute nicht mehr umkehrbar. Einer Studie der Vereinten Nationen aus dem Jahre 2007[2] zufolge hat die Menschheit nicht einmal mehr 15 Jahre Zeit, um eine gigantische Umweltkatastrophe zu verhindern. Die für uns so wichtigen Wälder werden abgeholzt, Gletscher schmelzen, der Ausstoß von Treibhausgasen nimmt kontinuierlich zu, die beschleunigte Klimaveränderung ist für alle spürbar, und was das Skandalöse ist: Die politischen Verhältnisse ermöglichen es.

Auch Stephen Hawking warnt die Menschheit vor ihrem selbst hervorgerufenen Untergang, indem er sagt: *Das Risiko einer Katastrophe in den nächsten 100 Jahren aufgrund eines Atomkrieges, der Erderwärmung, der Gentechnologie oder falsch eingesetzter Entwicklungen in Wissenschaft und Technologie ist beinahe eine Gewissheit.*«

»Wenn die Lethargie der Bevölkerung weiter anhält, wird Stephen Hawking recht behalten«, sagte ich. »Es sind *die Mächtigen* dieser Welt und die Gier nach immer mehr, die uns in diese gefährliche Situation gebracht haben.

---

[1] Miller, M. und Popovic, S.: Protest!: Wie man die Mächtigen das Fürchten lehrt, FISCHER Taschenbuch, Auflage 1, 2015.

[2] IPCC Fourth Assessment Report: Climate Change 2007 (AR4), beauftragt von den Vereinten Nationen.

Ungeachtet dessen, Iven, neben den allgemein bekannten und vielbenannten Problemen, die unser Ökosystem betreffen, gibt es traurigerweise noch weitere hochgradig bedrohliche, in ihren Ausmaßen nicht vorhersehbare Risiken für die belebte Natur.

Eine immense Gefahr ist beispielsweise die latente Schädigung des menschlichen Organismus respektive der menschlichen DNA durch toxische Substanzen und Strahlung.

Der Umweltmediziner Dr. Klaus-Dietrich Runow spricht in diesem Zusammenhang von einer lautlosen Katastrophe infolge von Umweltgiften, die zu einer *schleichenden Gehirnverschmutzung* führen. Er untersuchte in einem Flüchtlingslager im Kosovo die Auswirkungen der Bleibelastung auf den menschlichen Organismus. Seine Untersuchungen an Kindern ergaben, dass große Zellregionen gestört oder zerstört wurden, wie dies zum Beispiel bei Parkinson der Fall ist. Eine signifikante Minderung der Intelligenz und geistiger Verfall waren nachweislich die Folgen.

Dr. Dietrich Klinghard verweist auf nicht berechenbare neurologische und epigenetische Folgewirkungen elektromagnetischer Strahlung die uns derzeit fast allerorts begegnet.[3] Nach seinen Ausführungen werden selbst zukünftige Generationen - aufgrund ihrer Erbanlage – noch unter den gegenwärtigen Strahlenbelastungen zu leiden haben. [4]«

»Beängstigend!«, rief Iven.

---

[3] Dr. Klinghardt, Arzt, Wissenschaftler und Lehrer, gründete 1996 das *Institut für Neurobiologie INK*. Er sieht insbesondere die ständig zunehmenden WLAN-Netze und Elektrosmog als große Gefährdung der menschlichen Hirnfunktionen.

[4] Siehe auch Dr. S. Sellman: Der gefährliche, unsichtbare Elektrosmog, Dr. R. Schneider, *RECON* Freiburg: Dauerbeschuss durch Strom und Strahlung.

»Mit welchen gesundheitlichen Konsequenzen müssen wir aufgrund der zahlreichen anderen physischen Schadstoffen und Strahlenbelastungen, die unsere Umwelt und damit auch uns belasten, rechnen? Auf welche Komplikationen müssen wir uns aufgrund moderner militärischer Entwicklungen, Gentechnologien, Nanotechnologien und aufgrund von Lebensmittelzusätzen in der Ernährungsindustrie einstellen?

Vor einigen Tagen wurden in einem NDR-Bericht im Fernsehen die Folgen von Nanopartikeln in der Atmosphäre und im Wasser detailliert und verständlich dargestellt. Unser gesamtes Ökosystem wird demzufolge hochgradig gefährdet und hinsichtlich des menschlichen Organismus hat man neben Krebs ebenfalls neurologische Schäden, sprich, eine deutliche Zunahme von Parkinson und Alzheimer festgestellt.

Auch der Einsatz von *Düppel*[5] und *Chemtrails*[6] im militärischen Bereich, vom Verteidigungsministerium als unschädlich deklariert, führt nachgewiesenermaßen für Mensch und Natur zu den gleichen negativen Folgeerscheinungen.

Und es kommt noch schlimmer. Alles was machbar ist wird gemacht.

Die Biologin Rosalie Bertell hat in ihrem Buch *Kriegswaffe Planet Erde*[7] das Militär als *Krebsgeschwür der Erde* bezeichnet.

---

[5] Das Militär nutzt Düppel (engl. Chaff) seit ca. 70 Jahren. Es sind leitfähige feine Fäden, zum großen Teil aus Aluminium, die in riesigen Mengen aus Flugzeugen ausgestoßen werden, um Radarstrahlen zu reflektieren und damit eigene Luftangriffe abzuschirmen. Vom Menschen durch die Atemwege aufgenommen führen sie, bei hohen Konzentrationen, zu schwerwiegenden gesundheitlichen Schäden.

[6] Chemtrail ist die Bezeichnung für bestimmte Kondensstreifen von Flugzeugen, welche durch Versprühen von hochdosierten, gesundheitsschädigenden Chemikalien entstehen.

[7] Bertell, R.: Kriegswaffe Planet Erde, J.K.Fischer Verlag, 2016.

Ich kann mich ihrer Meinung und ihren Befürchtungen nur anschließen. Die neuen für mich nicht mehr denkbaren Waffensysteme sind, ihren Ausführungen nach, geologische Waffen: Das Auslösen von Erdbeben, Tsunamis, Hurrikane, Tornados, Dürren und anderen Wetterextremen zur Verwirklichung von geopolitischen Absichten.

Grauenhaft! Ich denke, die Ursache aller ökologischen Schieflagen ist die Gier nach mehr und die Folgewirkung davon ist, dass global die *Ogburn's Theory* oder *Social Lag Thesis* vertreten wird. Sie besagt, dass die Technologie der vorantreibende, Gesellschaft bestimmende Teil ist, an den sich die Menschheit anpassen muss. Die neuen Technologien haben ja auf der ganzen Welt die Leitfunktion für die Modernisierung der Gesellschaft übernommen und sind zur dynamischen Triebkraft für Wirtschaft und Wachstum geworden ...«

»... Ohne die negativen gesamtgesellschaftlichen Folgen zu berücksichtigen«, ergänzte ich. »Der Primat der technischen Evolution und die Machbarkeit als maßgeblichste Norm sind leider Gottes in unserer Welt gewichtiger geworden als alle schädlichen Auswirkungen auf Mensch und Umwelt. Und warum? Um den Profit weniger Menschen zu steigern!«

»Was können wir dagegen tun, was müssen wir dagegen tun?«, fragte Iven erwartungsvoll.

»Technikkritiker, traurigerweise noch viel zu wenige, drehen heute die Social Lag Thesis um und verlangen, dass die Gesellschaft Art und Einsatz technischer Innovationen zu bestimmen habe«, antwortete ich. »Dazu müsste die praktische Einführung neuer Technologien jedoch vollständig in gesellschaftliche Verantwortung, Vernunft und Kontrolle rückgebunden werden.

Einen sinnvollen Ansatz in diese Richtung gab es zu Beginn der 1970er-Jahre in den USA in Form des *Office of Technology*

Assessment (OTA). Dieses überparteiliche Büro wurde 1972 gegründet. Es war eine staatliche Einrichtung und hatte die Aufgabe, die Gremien des US-Kongresses in wissenschaftlichen und technischen Fragen, insbesondere in der Technikfolgenabschätzung, kompetent zu beraten. Wirtschaft und Industrie sahen in der Betätigung des Office jedoch schnell ein evolutionäres Hemmnis, und so wurde die Dienststelle bereits 1995 wieder geschlossen.«

»Ich verstehe, wurde diese kluge, vorausschauende Idee auch in Deutschland aufgenommen und umgesetzt?«, fragte Iven.

»Ja, in den 1980er-Jahren hat sich die Notwendigkeit einer Technikfolgenabschätzung auch bei uns durchgesetzt und es bildeten sich, dem amerikanischen Vorbild folgend, öffentlich geförderte Organisationen. Das *Institut für Technikfolgenabschätzung und Systemanalyse (ITAS)*, eine Forschungseinrichtung des *Karlsruher Instituts für Technologie (KIT)*, ist die wichtigste Einrichtung dieser Art in Deutschland und wurde am 1. Juli 1995 gegründet. Seine Aufgabe ist die Beratung und Unterstützung der Forschungs- und Technikpolitik in fachlich komplexen Sachfragen wie technischen, wirtschaftlichen, gesundheitlichen, ökologischen, ethischen und sozialen Folgen technischer Innovationen und möglicher Alternativen.«

»Eine vernünftige Sache«, sagte Iven nachdenklich. »Aber wer gibt die Untersuchungen in Auftrag und wer bezahlt sie?«

»Überwiegend die großen Konzerne und der Staat«, antwortete ich. »Neue Evaluationen, Prognosen oder Trendextrapolationen in die Zukunft sind kosten- und zeitintensiv und werden in der Regel von staatlichen Institutionen, Stiftungen oder großen Unternehmen in Auftrag gegeben. Auch wenn der wissenschaftliche Anspruch der Maßnahmen unzweifelhaft, korrekt und uneigennützig ist, sind die konkreten Ergebnisse, je nach Wertesystem der TA-Einrichtungen beziehungsweise den Zielen der Auftraggeber, nicht immer ergebnisoffen. Insbesondere die Implementierung ihrer Ergebnisse auf parlamentarischer Ebene ist häufig indoktriniert, da in unserem politischen System mehrheitlich Lobbystrategien die parlamentarischen Entscheidungen bestimmen.

Ich glaube, dir ist klar, was ich damit meine? Zu meinem großen Bedauern, Iven, muss ich dir diese wenig positiven Antworten geben. Die bedrohliche ökologische Situation, ein Verbrechen an Mensch und Natur, ist, wie es scheint, unser Erbe an eure Generation. Zu verhindern ist die Katastrophe nur durch umfassende Informationen und sofortige Gegenmaßnahmen auf globaler Ebene. Zum ersten Mal in der Geschichte brauchen wir zum Überleben die Geschlossenheit aller Menschen und die einzige wirksame Formel lautet: Aufklärung, Verantwortung und Solidarität.«

Heute, fünf Jahre nach diesem Gespräch, sitze ich am Schreibtisch und beschäftige mich mit meinen Vorbereitungen für den kommenden Tag. Da fällt mir diese trivial klingende Formel aus dem Gespräch mit Iven ein. Ist es wirklich so einfach?, denke ich. Sind Aufklärung, Verantwortung und Solidarität tatsächlich das mögliche Rezept zur Lösung unserer Umweltprobleme?

Solidarität ist eine Frage der Erkenntnis und Erkennen beziehungsweise Verstehen ist eine Funktion von Denken und Aufklärung. Hieraus folgernd, muss eine aufgeklärte Gesellschaft im Sinne von Kritikfähigkeit, Emanzipation und Verantwortung der Schlüssel zu Gemeinschaft und Solidarität sein.

»Ja«, sage ich laut, obwohl ich mich allein im Raum befinde. Umfassende Aufklärung, Solidarität und eine gelebte Verantwortung könnten nicht nur einen wesentlichen Beitrag zur Lösung unserer ökologischen Probleme leisten, sondern auch allen anderen Schieflagen in unserer Gesellschaft entgegenwirken.

Doch wo müsste man beginnen? Logischerweise bei den jungen Menschen – im Erziehungs- und Bildungssystem.

Und was müsste man ändern? »Den Modus Procedendi der gegenwärtigen Erziehung zur Unmündigkeit, hin zu einem aufgeklärten, kritischen und verantwortungsbewussten mündigen Menschen!«, entfährt es mir.

Pharmaindustrie, Ernährungsindustrie und Gesundheit

Unsere Nahrungsmittel sollten Heil-,
unsere Heilmittel Nahrungsmittel sein.

(Hippokrates von Kos)

Es ist 4.00 Uhr morgens. Ich liege nach einem neunstündigen Flug schlaflos in meinem Hotelzimmer und überdenke die beklemmenden Aussagen von Dr. rer. nat. Peter Cender.

Dr. Cender, Schweizer, Biologe und ehemaliger Mitarbeiter eines großen Pharmakonzerns, war mein direkter Sitznachbar auf dem Nonstop-Flug von Frankfurt nach New York gewesen. Zunächst äußerst distanziert, entwickelte sich nach einiger Zeit ein sehr freundliches und interessantes Gespräch über seine Heimat, das schöne Berner Oberland.

Nach dem bescheidenen Abendessen sprachen wir über unsere Pläne in den Staaten und ich erfuhr beiläufig, dass Dr. Cender sich mehrere Jahre mit Arzneimittelzulassung und Arzneimittelgesetzen beschäftigt hatte. Da in den Medien sehr häufig von illegalen Methoden der Pharmaindustrie geschrieben wird, wollte ich von ihm, einem Insider, mehr über die internen Praktiken wissen und fragte vorbereitend: »Würde es den Menschen nicht viel besser gehen, wenn alle Medikamente vom Markt verschwänden?«

Er schaute mich einige Sekunden lang nachdenklich an und antwortete dann lächelnd: »Sie wollen die Welt doch nicht ins finstere Mittelalter zurückschicken, in ein Zeitalter, in dem die Bader und Medici ihre Pulver noch nach magischen Ritualen hergestellt und benutzt haben? Die pharmazeutische Industrie hat in den vergangenen 100 Jahren revolutionäre Arzneien entwickelt,

25

neue Pharmazeutika, die vielen Menschen, die früher hoffnungs-
los erkrankt waren, heute ein gesundes und normales Weiterleben
ermöglichen.«

»Das ist sicher zutreffend«, antwortete ich freundlich. »Die
großen Verdienste der pharmazeutischen Branche in der Vergangenheit sind unstrittig. In den letzten 25 Jahren hat sich jedoch,
wie wir immer häufiger hören, eine Industrie entwickelt, die mit
skrupellosen und teils illegalen Methoden nur noch die Gewinnmaximierung ihrer Aktionäre im Auge hat.«

Dr. Cender schaute überrascht auf. Meinem Blick auswei-
chend, entgegnete er vorsichtig und mit leisem Tonfall:

»Was Sie sagen, ist zutreffend, ich muss Ihnen zu meinem Bedauern zustimmen. Pharmazeutische Unternehmen arbeiten heute
absolut gewinnorientiert. Das ist zunächst auch nicht zu beanstanden. Aber wie in fast allen anderen Industriezweigen hat sich auch
bei uns die Profitsucht auf Kosten ethischer Wertmaßstäbe verselbstständigt. Es geht um Milliardengewinne. Die 50 größten internationalen Pharmakonzerne haben schon heute einen Jahres-
umsatz von mehr als 650 Milliarden Dollar, das entspricht etwa
dem Bruttosozialprodukt der Schweiz, und der Umsatz nimmt
jährlich zu. Multinationale Anteilseigner erwarten immer höhere
Dividendeneinnahmen und diese werden auf Kosten der Mitarbeiter, der Produkte und leider auch der Seriosität erwirtschaftet.«

Nach wenigen Augenblicken des Nachsinnens sprach er lang-
sam und sich bedenkend weiter.

»Ich bin seit ein paar Jahren im Ruhestand. Während meiner
aktiven beruflichen Tätigkeit habe ich manche, nicht immer ein-
wandfreie strategische Winkelzüge miterlebt. Machenschaften,
die moralisch grenzwertig waren, und die vor der Öffentlichkeit
verborgen wurden. Wenige Vergehen kamen ans Tageslicht und
wurden geahndet, andere sind bis heute nicht publik geworden.

Dies führte dazu, dass beinahe alle international agierenden Pharmakonzerne in den letzten Jahren wegen illegaler Tätigkeiten zu Strafen in Milliardenhöhe verurteilt worden sind. Diese Strafzahlungen gehörten schon zu meiner Zeit zum ›Business as usual‹ und wurden in den Marketingplänen als ›andere Form von Betriebskosten‹ einkalkuliert.

Nichtsdestotrotz, summa summarum bewerte ich unsere Sparte immer noch als segensreich und dem Wohle und der Gesundheit der gesamten Menschheit dienlich.«

»Unstreitig«, sagte ich, »ich habe keinen Zweifel an der enormen Bedeutung der pharmazeutischen Industrie im Gesundheitswesen. Aber gerade deshalb müsste sie sich doch von kriminellen Machenschaften distanzieren.«

»Nach ethischen Wertvorstellungen betrachtet, natürlich, ja. Doch es geht in unserem kapitalistischen Wirtschaftssystem, wie Sie wissen, immer nur um Gewinnmaximierung, deshalb folgt die Industrie diesen Wertvorstellungen nicht.«

Nach einigen Minuten des Nachdenkens nahm ich das Gespräch wieder auf.

»Darf ich Sie fragen, was Sie konkret mit Winkelzügen und Machenschaften meinen?«

Dr. Cender betrachtete mich eine Zeit lang mit forschendem Blick und antwortete dann zögerlich und sichtlich unentschlossen.

»Ich verrate ja keine Geheimnisse mehr, wenn wir uns jetzt über diese Angelegenheit unterhalten.

Nun gut, in Distanz zu meiner früheren beruflichen Position und vor allem aufgrund moralischer Zweifel muss ich heute eingestehen, dass in den letzten Jahren global die jeweiligen Gesundheitssysteme der Einzelstaaten, und dadurch leider auch die Patienten, mit Arzneimitteln getäuscht, ja regelrecht betrogen wurden.

Sie wollen sicher Details hören?

Es wurden und es werden auch heute zum Beispiel bestimmten Krankheitssymptomen oder längst bekannten Krankheitsbildern neue Namen zugeordnet und perfiderweise gleich die dazu passenden Arzneien angeboten, oder es werden altgediente Medikamente unter neuem Namen, natürlich um ein Vielfaches verteuert, auf den Markt gebracht. Häufig werden auch Grenzwerte derart manipuliert, dass pro forma von den Ärzten eine medikamentöse Behandlung als erforderlich angeordnet werden muss. Andere, von den Pharmaunternehmen als harmlos eingestufte und fortwährend durchgeführte Geschäftspraktiken, sind gefälschte klinische Studien, die Verheimlichung von Nebenwirkungen, falsche Angaben über Arzneisicherheit, Provisions- und Schmiergeldzahlungen an Ärzte und medizinisches Personal, die alle vielfach eingestanden und in der Öffentlichkeit bekannt sind.«

»Ungeheuerlich«, entgegnete ich. »Der Pharmaindustrie wird doch ebenfalls vorgeworfen, dass absichtlich, durch Zusatzsubstanzen in den Medikamenten, bestimmte Nebenwirkungen erzeugt werden, gegen die der Patient in der Folge weitere Medikamente einnehmen muss«, entgegnete ich.«

»Auch diese, ich gebe es zu, absolut skrupellose Geschäftsstrategie ist seit Jahren gängige Praxis«, erwiderte Dr. Cender, sichtlich bedrückt. »Insider sprechen in diesem Zusammenhang von ›Condition Branding‹, also der absichtlichen Förderung von Krankheiten.

Ich möchte es noch einmal betonen: Im Kapitalismus geht es nicht um Ehrlichkeit und Moral, sondern um Absatzmärkte und Gewinn. Wer als leitender Angestellter Bedenken äußert, wird in kürzester Zeit ausgetauscht. Und glauben Sie mir, es gibt zahlreiche Anwärter auf die lukrativen Posten – Bewerber, die keinerlei moralische Bedenken haben.

Nach einigen Minuten des Schweigens sprach Dr. Cender weiter. Es gibt noch andere äußerst heikle Verfahrensweisen im Umgang mit neuen Medikamenten, ich möchte heute sagen sträfliche Methoden, die vor der Öffentlichkeit streng geheim gehalten werden und, ich glaube es ist auch besser so, geheim bleiben sollen.«

Seine Andeutungen machten mich in höchstem Maße neugierig und ich fragte nach. »Wie meinen Sie das konkret, Herr Dr. Cender, und warum darf die Öffentlichkeit nicht informiert werden?«

»Lassen Sie mir einige Sekunden des Nachdenkens«, nahm er das Gespräch wieder auf. »Die kriminelle Energie der pharmazeutischen Industrie hat menschenverachtende Dimensionen angenommen. Schon seit Jahren sind höchst wirksame Arzneien gegen sogenannte unheilbare Krankheiten wie zum Beispiel Alzheimer, Krebs und AIDS entwickelt worden und könnten den Patienten zur Verfügung gestellt werden. Was wird gemacht? Sie werden absichtlich zurückgehalten, um den Verkauf bestehender Arzneien nicht zu gefährden. Da die vorhandenen altbekannten Arzneien weniger wirksam sind, das heißt, die Patienten nicht oder nicht so schnell geheilt werden, müssen sie über einen längeren Krankheitszeitraum von den Ärzten verschrieben werden. Es ist eine Freveltat an der Menschheit, kaum mehr vorstellbar, aber Realität.

Wenn der Nachweis dieser Vergehen zweifelsfrei erbracht und diese heiklen Informationen publik gemacht werden, können die berechtigte Empörung und die Wut der Bevölkerung zu kaum mehr kontrollierbaren Protesten führen, und es besteht die Gefahr, dass die Pharmaindustrie, ja das gesamte Gesundheitssystem infrage gestellt werden.«

»Und zu Recht«, sage ich, noch unter dem Einfluss der bedrückenden Mitteilungen. »Eine wahrlich furchtbare Vorstellung! Millionen Menschen könnten ein glücklicheres Leben führen, wenn die neuen wirkungsvollen Medikamente tatsächlich zur Nutzung bereitgestellt würden.«

»Sind diese schwerwiegenden Anschuldigungen, Herr Dr. Cender, dokumentiert und von Ihnen nachweisbar?«

»Nein, das ist mir heute nicht mehr möglich!

Die Abteilungen beziehungsweise Entwicklungsteams, die mit der Entwicklung und den klinischen Studien der neuen Präparate zu tun haben, sind größter Verschwiegenheit verpflichtet. Ich selbst hatte diesbezüglich keine unmittelbaren Kontakte. Unter den leitenden Angestellten wurde aber hin und wieder darüber gesprochen.«

Nach einer längeren Gesprächspause nahm ich die Unterhaltung wieder auf. »Was mich noch interessiert, Herr Dr. Cender, wie verhalten sich Wissenschaft und Forschung, die Politik und vor allem die Ärzteschaft in diesem Kontext?«

»Ich möchte Ihnen mit einem Ausspruch von Sir Robert Walpole[8] antworten, der ehemals sagte: *All those men have their price.* Und das gilt auch heute!

Die Pharmaindustrie kontrolliert alle Bereiche, die in irgendeiner Form mit dem Gesundheitswesen zu tun haben. Sie finanziert und kontrolliert die medizinische Forschung, sie steuert und überwacht das Gesundheitswesen, sie bringt durch diverse Maßnahmen Ärzte und medizinisches Personal in Abhängigkeiten, sie subfinanziert die Medien durch permanente und groß angelegte Reklamemaßnahmen und zur Wahrung ihrer Machtstellung stehen Politik und Gesetzgebung unter dem ständigen Einfluss ihrer Lobbyisten. Das Business mit Arzneien ist eines der profitabelsten weltweit und das Fatale ist, viele Millionen Patienten bezahlen die Rechnung mit dem Verlust ihrer Gesundheit oder sogar mit ihrem Leben.«

---

[8] Sir Robert Walpole war der erste Premierminister der britischen Geschichte (1676 bis 1745).

Das Gespräch lag mittlerweile mehrere Stunden zurück. Ich konnte immer noch nicht glauben, was Dr. Cender mir während des Fluges erzählt hatte. Zwar war mir bewusst, dass der Zweck pharmazeutischer Unternehmen nicht primär im Wohl und der Gesundheit der Menschheit, sondern in der Profitmaximierung lag, dass die Branche jedoch kriminelle und menschenverachtende Geschäftspraktiken verfolgte, konnte ich mir in diesem Ausmaß bisher nicht vorstellen. Eine rationale Beurteilung der Informationen war mir noch nicht möglich, dafür waren weitere Fakten und zwingende Beweismaterialien erforderlich. Wenn die Aussagen meines Gesprächspartners wirklich stimmten, war die Pharmaindustrie nicht an Gesundheit und Heilung interessiert, sondern an einem kranken Menschen, der möglichst lebenslang die Position des arzneibedürftigen Patienten einnahm.

Wieder in Deutschland angekommen, begann ich sogleich mit der Recherche. Ich suchte Beweise für die verbrecherischen Machenschaften der Branche. Auf wissenschaftliche oder medizinische Studien konnte ich mich nicht verlassen, da eine Vielzahl sowohl positiver als auch negativer Gutachten zu den gleichen Anschuldigungen vorlag. Dr. Cender sprach von Strafzahlungen der Pharmaindustrie in Milliardenhöhe, also musste es Gerichtsurteile geben, die auf die Verfehlungen hinwiesen.

Im Handelsblatt vom 02.09.2009 wurde berichtet, dass der Pharmakonzern *Pfizer* in den Vereinigten Staaten 2,3 Milliarden Dollar Strafe wegen unsauberer Marketingpraktiken[9] zahlen musste. In der gleichen Ausgabe wurde der amerikanische Pharmakonzern *Eli Lilly and Company* aufgelistet, der 2009, ebenfalls wegen unerlaubter Vertriebsmethoden, zu Strafzahlungen in Höhe von 1,42 Milliarden Dollar verurteilt wurde.

---

[9] Das Medikament *Extra* wurde in nicht genehmigten Anwendungsgebieten vermarktet. Die Vorgehensweise nennt man in der Branche *Off-Label-Use.*

In einem der bisher größten Betrugsfälle in der Pharmaindustrie bekannte sich der britische Pharmakonzern *GlaxoSmithKline* im Jahr 2012 der Zahlung von Schmiergeldern und anderer Vergehen schuldig und einigte sich mit den Behörden auf eine Strafzahlung von 1 Milliarde Dollar zur Beendigung des strafrechtlichen Verfahrens und 2 Milliarden zur Abdeckung zivilrechtlicher Ansprüche.[10] Nach Informationen der amerikanischen Ermittlungsbehörden wurden dem Konzern folgende Vergehen zur Last gelegt: Bestechung von Ärzten mit Luxusurlauben und Vortragshonoraren, Fälschung von Angaben über die Sicherheit von Medikamenten, Betrug der öffentlichen Krankenkassen *Medicare* und *Medicaid* in den USA um Milliarden sowie Täuschung der Regulierungsbehörden über die Wirksamkeit von Medikamenten.

Bei meinen Nachforschungen stieß ich auf den dänischen Mediziner Peter C. Gøtzsche, ehemaliger Mitarbeiter der Pharmaindustrie und heutiger Leiter des *Nordic Cochrane Centre* in Kopenhagen. Er schrieb in seinem aufsehenerregenden Buch *Tödliche Medizin und organisierte Kriminalität*[11] von einer *Hall of Shame for Big Pharma*.[12] Dort listet er 10 große Pharmaunternehmen auf, die zusammen mehr als 11,5 Milliarden Dollar Strafzahlungen zu leisten hatten. Insgesamt spricht er von 165 Strafzahlungen in Höhe von mehr als 20 Milliarden Dollar im Zeitraum von 1990 bis 2010.

Peter C. Gøtzsche schrieb ebenfalls von massiver Täuschung, Manipulation und Korruption der Pharmabranche auf allen Ebenen des Gesundheitssystems. Detailliert beschrieb er die vielschichtigen kriminellen Handlungen der Pharmaindustrie, welche

---

[10] Reuters BUSINESS NEWS, 02. Juli 2012.

[11] Gøtzsche, P.: Tödliche Medizin und organisierte Kriminalität: Wie die Pharmaindustrie unser Gesundheitswesen korrumpiert, Riva, 2014.

[12] Liste der Geldbußen.

die Aussagen von Dr. Cender mehr als bestätigten. Andere Autoren wie David Healy[13], Richard Smith[14], Jerome Kassirer[15] oder Marcia Angell[16] haben schon vor Jahren in ihren kritischen Büchern die Machenschaften der Pharmaunternehmen angeprangert. Ihr Hilferuf ist ungehört verklungen und es ist bisher keine Korrektur erfolgt.

Bei alldem scheint dennoch niemand ernsthaft an vollständiger Aufklärung interessiert zu sein. Obwohl die Verfehlungen bekannt sind, wurde nach meinen Recherchen zu urteilen bisher kein einziges Verfahren gegen leitende Angestellte der Pharmakonzerne eingeleitet.

Der Alptraum bleibt pure Wirklichkeit. Noch immer sind lebensbedrohliche und krankheitserregende Medikamente im Handel – staatlich zugelassen –, und werden von den Ärzten verschrieben. Nach Herzinfarkt, Krebs und Schlaganfall sind die Nebenwirkungen von Arzneimitteln in den USA und in Europa die vierthäufigste Todesursache.[17]

Andere weniger gesundheitsgefährdende Therapien und die Verwendung natürlicher Substanzen[18], die den Zellstoffwechsel optimieren und vor Krankheiten schützen, werden mit allen Mitteln bekämpft. Dies geschieht durch gezielte Vorenthaltung gesundheitserhaltender Informationen sowie durch Diskreditierung von naturnahen Behandlungsmethoden und natürlichen Mitteln.

---

[13] Healy, D.: Geschichte der Psychopharmakologie, Harvard University Press, 2002.

[14] Smith, R.: The Trouble with Medical Journals, Taylor & Francis Ltd, 2006.

[15] Kassirer, J. P.: On the Take: How Medicine's Complicity with Big Business can Endanger Your Health, Oxford University Press, 2005.

[16] Angell, M.: The Truth About the Drug Companies: How They Deceive Us and What To Do About It, Random House, 2004.

[17] Journal of the American Medical Association, 15. April 1998.

[18] Zum Beispiel Vitamin C und Vitamin D.

Es ist darüber hinaus per Gesetz verboten, über natürliche Alternativtherapien zu informieren. [19]

In den letzten Jahrzehnten ist auch die Lebensmittelindustrie in den zweifelhaften Ruf der Produktion gesundheitsgefährdender Nahrungsgüter und deren gezielter Manipulation geraten.

Es ist schockierend. Zahlreiche Straftaten der Pharmaindustrie wurden und werden im Nahrungsmittel- und Agrargewerbe gleichermaßen verübt. Korruption, gesetzeswidrige Marketingpraktiken, der Einsatz von gesundheitsgefährdenden Lebensmittelzusätzen[20], gefälschte Etiketten, falsche Herkunftsangaben, Überschreitung von Haltbarkeitsdaten, Genmanipulation, Einsatz von gesundheitsschädigenden Düngemitteln und Unkrautvernichtungsmitteln in der Agrartechnik sind allgemein längst bekannte Praktiken. Andere Skandale wie Pestizide in Babynahrung und Tee, BSE-Skandal, Gammelfleisch, EHEC, Hormone und Antibiotika im Fleisch, Dioxin im Schweinefleisch, Hepatitis-E-Viren in Wild- und Schweinefleisch, antibiotikaresistente Keime im Fleisch, Antibiotika im Geflügelfleisch, Listerien-Bakterien/Salmonellen in Wurstwaren, mit Bakterien belastete Eier, Escherichia-coli-Bakterien im Käse und vieles mehr sind Vergehen, die in den letzten Jahren immer wieder in Erscheinung traten und heftigen Protest in der Bevölkerung auslösten.

---

[19] Heilmittelwerbegesetz (HWG), BGBl. I S.3048, 3064.

[20] Hinter dem natürlichen Aussehen und dem guten Geschmack vieler Produkte stecken Lebensmittelzusatzstoffe mit häufig gesundheitsgefährdenden Nebenwirkungen. Es ist offiziell bekannt, dass fast die Hälfte der 316 derzeit zugelassenen Lebensmittelzusatzstoffe die Entstehung von Krankheiten begünstigen können; die anderen gelten als unbedenklich. Quelle: Internetportal zur Lebensmittelsicherheit der Bundesregierung.

Auch in der Lebensmittelindustrie geht es nicht um ein qualitativ hochwertiges und gesundes Produkt, sondern, wie in anderen Branchen auch, um Gewinnmargen und Profit.

Aktuell versuchen mehrere Big Player der Pharmaunternehmen mit Konzernen der Lebensmittelindustrie beziehungsweise mit der Agrarindustrie zu fusionieren.[21] Sollte ein solcher Mega-Zusammenschluss erfolgen, würde global ein Multikonzern entstehen, der alle Schlüsselfunktionen für unsere Ernährung in privater Hand konzentriert. Chemie und Ernährung in einer Hand – das ist mehr als besorgniserregend. Über eine solche mögliche Monopolstellung wäre jeder Art von Manipulation der menschlichen Natur Tür und Tor geöffnet.

Die Bevölkerung muss endlich umfassend über die Machenschaften der Pharma- und Ernährungsmittelindustrie aufgeklärt werden. Mehr noch, damit diese Verbrechen nicht mehr stattfinden, gehören Forschung und Entwicklung, Kommerzialisierung und Regulierung von Nahrungsmitteln und Medikamenten in unabhängige, das heißt öffentliche Hände.

---

[21] Aktuell (2016) versucht der Pharmakonzern Bayer den Agrarkonzern Monsanto zu übernehmen.

Digitale Medien und Überwachung

Denn von oben kommt Verführung,
Wenn's den Göttern so beliebt.

(Johann Wolfgang von Goethe)

Einige Wochen später. Meine Ehefrau Angelena und ich schauten TV und flachsten über die Nachricht, dass eine große Anzahl von jungen Leuten das ganze Wochenende auf die Öffnung eines populären Elektronikhauses wartete, um das neueste Smartphone eines führenden Unternehmens käuflich zu erwerben. Einige hartgesottene Kunden waren so versessen auf das neue Spielzeug, dass sie, trotz Minustemperaturen, sogar vor dem Geschäft campierten.

»Dieser Hype um das neue Handy ist völlig verrückt«, begann Angelena das Gespräch. »Weltweit zelten genau jetzt Hunderttausende vor den Verkaufsfilialen und warten darauf, dass die Türen aufgehen. Dann zahlen sie viel Geld für ein Produkt, das sie immer weiter, und ohne dass sie es bemerken, in Abhängigkeiten treibt. Paradox! Ein Leben ohne Handy scheint für die Jugend von heute nicht vorstellbar.«

»Das Smartphone, und damit der Zugang zum Internet, sind gegenwärtig zur Schaltzentrale ihres persönlichen sozialen Netzwerkes geworden. Ich denke hier insbesondere an *Facebook* und *Twitter*, die Menschen können multinational und jederzeit ihre persönlichen Bekanntschaften pflegen«, antwortete ich. »Und wenn die Online-Kommunikation eine Ergänzung und keinen Ersatz für reale soziale Kontakte darstellt, darf man zunächst von einem sehr positiven Aspekt digitaler Kommunikation sprechen.

Dazu kommt die fast grenzenlose Option, sich jederzeit umfassend im Internet informieren zu können, eine Tatsache, die den Erwerb von Wissen und Know-how, und damit unser Bildungs- und Ausbildungssystem in naher Zukunft durch und durch reformieren wird.«

»Auf der anderen Seite«, erwiderte Angelena, »können das exzessive ›Posten‹ und ›Surfen‹ im Netz schnell eine schädliche Eigendynamik entwickeln, sodass der Austausch mit Freunden, Bekannten und Familienmitgliedern über Kurznachrichtendienste bedeutungsvoller wird als persönliche Gespräche. Medienexperten sprechen in dem Zusammenhang von krankhafter Handysucht, Entzugserscheinungen und sozialer Isolation. Was ich besonders problematisch finde, ist die Tatsache, dass emotionale, empathische und moralische Anteile des menschlichen Denkens und Handelns erheblich gemindert werden, ohne dass wir es registrieren.«

»Ja, das sind gefährliche Begleiterscheinungen der totalen Vernetzung«, fuhr ich fort. »Noch bedeutungsvoller für mich ist jedoch der Umstand, dass durch die euphorische Nutzung der neuen Kommunikationstechnologien das kritische Denken und das emanzipatorische Interesse am politisch-gesellschaftlichen Geschehen fast vollständig in den Hintergrund treten. Der ständige Gebrauch des Smartphones und des Computers bedeutet zwar Informationsaufnahme, aber nicht zwingend Informationsverarbeitung. Die Aufnahme und Reproduktion von Wissenselementen wird deutlich gefördert, das aktive kritische Denken jedoch nicht. Im Gegenteil, der moderne Mensch registriert nicht mehr, dass er eines konstitutiven Merkmals des aufgeklärten Menschen beraubt wird, nämlich der Freiheit des Denkens. Er wird durch die neuen Technologien psychisch überformt, ich nenne das ›die stumme Katastrophe‹, und die Folge ist das große

Risiko der totalen Manipulation. Nicht die Persönlichkeitsentwicklung, also Kritikfähigkeit, Emanzipation und Verantwortung, wird herangebildet, sondern Lethargie und Systemkonformität. Und das bedeutet letztendlich Festigung der Herrschaftsverhältnisse durch die geistige Degeneration der Menschen.«

»Das sehe ich genauso«, sagte Angelena. »Revolutionäre technische und technologische Innovationen waren in der Vergangenheit meistens mit weitreichenden ambivalenten Veränderungen für das menschliche Zusammenleben verbunden und sind es ergo auch heute. Wir müssen vermutlich akzeptieren, dass die digitale Kommunikation zu einer Schlüsselqualifikation für die moderne Lebens- und Arbeitswelt geworden ist. Manche nennen das Ganze ›Evolution‹. Die zukünftige Gesellschaft wird, dank des Umstandes, jederzeit auf das Internet zugreifen zu können, eine hyperinformierte und wissende Gesellschaft sein. Aus meiner Sicht dürfen wir jedoch die unübersehbaren Gefahren nicht ignorieren. Es gilt also einen sozialverantwortlichen Code im Sinne der Menschen zu finden. «

»Und, die zukünftige Gesellschaft wird wahrscheinlich auch eine kontrollierte Gesellschaft sein!«, unterbrach ich Angelena.

»Am 22. Februar 2016 hat das Innenministerium den sogenannten *Bundestrojaner* freigegeben. Mit dieser umstrittenen staatlichen Spähsoftware zur Telekommunikationsüberwachung können die Behörden unautorisiert in die Computer von ›Verdächtigen‹[22] eindringen und die gesamte Kommunikation des Einzelnen überwachen. Offiziell werden dabei andere Computeraktivitäten nicht erfasst. Ist der Trojaner jedoch aufgespielt, sind alle erdenkbaren Aktivitäten möglich. Ich frage mich oft, ob wir uns jetzt in der Situation befinden, die George Orwell in seinem

---

[22] Verdächtige = praktisch jeder Bürger.

Roman aus dem Jahre *1948*[23] beschrieben hat? Ist der freiheitlich-demokratische Rechtsstaat zu einem Überwachungsstaat geworden, getreu dem Motto: Big Brother is watching you?«

Angelena überlegte einen Augenblick lang. »Absolut. Die multimediale Vernetzung erschafft eine gläserne Gesellschaft im Sinne von zentraler Überwachung und Steuerung. Es gibt zwar, um mit der Stimme Orwells zu sprechen, keinen ›großen Bruder‹, der allein und gottähnlich hinter den Überwachungsmedien steht, aber die Kommunikationsüberwachung kann von vielen ›kleinen Brüdern‹ für ihre individuellen Absichten missbraucht werden.«

»Richtig, der gläserne Bürger ist längst Realität geworden«, sprach ich weiter.

»Ermöglichte der Große Lauschangriff[24] schon das heimliche Mithören von Gesprächen, das Mitlesen von E-Mails, SMS und Faxsendungen, bietet die Spionagesoftware des Bundes die Gelegenheit der totalen Überwachung der Privatsphäre. Die gesamte private Internetkommunikation und alle auf dem Computer vorhandenen Dateien sind abrufbar, inklusive der ungeheuerlichen Option, unbemerkt über Webcam und Mikrofon das vertrauliche Zusammenleben der Menschen auszuspionieren.

Offiziell geht es, wie die Politik immer wieder beteuert, *alternativlos* um die Sicherung und den Schutz der Bevölkerung: Sicherheit geht vor Freiheit. Selbstverständlich ist die Erhaltung der Sicherheit eine wichtige staatliche Aufgabe, sie darf aber nicht derart ausufern, dass die wenigen noch vorhandenen Freiräume der Bürger zunehmend eingegrenzt werden und eine wirkliche Privatsphäre der Menschen nur noch außerhalb des Einzugsbereichs digitaler Medien möglich ist. Benjamin Franklin sagte einmal: *Wer Freiheit aufgibt, um mehr Sicherheit zu erlangen, wird*

---

[23] Im Original: Nineteen Eighty-Four.

[24] Gesetz zur akustischen Wohnraumüberwachung 1998 (StPO §100c).

beides verlieren.[25] Ich bin überzeugt, das stimmt. Was denkst du?«

Ihre Antwort folgte schnell. »Ich glaube das auch! Jedoch geht es meiner Meinung nach, und ich weiß, du denkst genauso, nicht primär um die Sicherheit der Bevölkerung, sondern um deren möglichst vollständige Kontrolle.

Auch wenn die Politiker die großen Gefahren der Überwachung und jedwede Erkenntnis diesbezüglich verdrängen, besteht die Gefahr des Missbrauchs und der Zweckentfremdung der privaten Daten.

Ich frage mich in diesem Zusammenhang, welche parlamentarische Kontrolle ist vorhanden?

Wissen und Informationen bedeuten Macht! Wir wissen alle, dass autoritäre Staatsapparate zum Missbrauch ihrer Macht tendieren.

Wir leben heute, wie man uns sagt, in einer Demokratie. Aber wie lange noch?

Wir sollten, ja wir müssen aus der Geschichte lernen und erkennen, wozu Menschen fähig sind, wenn sie die Gelegenheit der Machtausübung haben.«

»Du hast vollkommen recht«, antwortete ich. »Die Gefahren des Einsatzes von Spionagesoftware sind nicht zu ermessen. Darüber hinaus ist das Ganze ein eklatanter Verstoß gegen den Datenschutz und die Grundwerte unserer Verfassung. In einer Zeit, in welcher der Staatsapparat versucht, seine Bürger mit den neuen Technologien flächendeckend zu bespitzeln, in der Teilnehmer und Zuschauer von Demonstrationen und Bürgerprotesten unberechtigt überwacht werden, muss ein gesellschaftlicher Diskurs stattfinden. Wo ist die Grenze staatlicher Überwachungstätigkeit

---

[25] Dr. Benjamin Franklin's nachgelassene Schriften und Correspondenz: Nebst seinem Leben, Band 3, Nabu Press, 2011.

und wo beginnt der im Grundgesetz abgesicherte Freiheitsraum der Bürger?

Hier zeigt sich ein weiteres Problem. Man kann nur einen wirksamen Protest zustande bringen, wenn dem Bürger die Gesamtsituation, mit ihren positiven und negativen Optionen, bekannt ist. In den von mir geführten Gesprächen stellte sich leider heraus, dass absolut niemand sowohl über die Einführung als auch über die Konsequenzen der Spähsoftware Bescheid wusste. Es war auch nicht überraschend, da das Thema in den Medien nur am Rande und mit der Färbung *Sicherheit und Schutz der Bevölkerung* kolportiert wurde.[26]

Ich glaube nicht, dass die Spionagesoftware des Bundes für die nationale Sicherheit unverzichtbar ist. Im Gegenteil, ich mache mir große Sorgen, dass die aufgenommenen Daten in Kürze zur absoluten Kontrolle und Überwachung benutzt werden. Die Möglichkeit totaler Beobachtung wird eventuelle noch vorhandene Skrupel beseitigen, und ich befürchte, dass wir in die Rolle des Zauberlehrlings geraten, der, wie Goethe schrieb, die leichtfertig herbeigerufenen Geister nicht mehr zu bannen vermag.«

---

[26] Übrigens: Bereits im Jahr 1989 wurde im *Spiegel* berichtet, dass der US-Geheimdienst jedes Gespräch in Deutschland abhören könne.

Die Machteliten und ihre Helfer

Macht korrumpiert. Absolute Macht korrumpiert absolut.

(Carl L. Börne)

Was hatte mein Vater damals mit der Bezeichnung ›die Mächtigen‹ zum Ausdruck bringen wollen?

Mittlerweile ist fast ein ganzes Jahr vergangen, für mich ein verlorenes Jahr, da ich längere Zeit krank war und unzählige Untersuchungen über mich ergehen lassen musste. Derzeit fühle ich mich gut, es ist 23.30 Uhr, ich liege in meiner Bude im Studentenwohnheim und versuche, meine Gedanken zu ordnen.

Ich googele den Begriff ›die Mächtigen‹ und werde auf eine Website mit Zitaten von Benjamin Disraeli geleitet. Disraeli, englischer Premierminister und Freimaurer, sagte 1844: *Die Welt wird von ganz anderen Persönlichkeiten regiert, als diejenigen glauben, die nicht hinter die Kulissen blicken.*

Auf einer anderen Website finde ich in einer Erklärung anlässlich der Gründung der internationalen Bankenallianz 1913 in Paris die folgenden Worte: *Die Stunde hat geschlagen für die Hochfinanz, öffentlich ihre Gesetze für die Welt zu diktieren, wie sie es bisher im Verborgenen getan hat. Die Hochfinanz ist berufen, die Nachfolge der Kaiserreiche und Königtümer anzutreten, mit einer Autorität, die sich nicht nur über ein Land, sondern über den ganzen Erdball erstreckt.*

Auf einer weiteren Internetseite entdecke ich die folgenden Zitate:

Franklin D. Roosevelt, US-Präsident und Freimaurer, äußerte sich 1945 wie folgt: *In der Politik geschieht nichts zufällig! Wenn etwas geschieht, kann man sicher sein, dass es auf diese Weise geplant war!*

Henry Kissinger, Friedensnobelpreisträger, Berater des US-Präsidenten, Ex-Außenminister und Bilderberger: *Alles wird anders sein. Viele werden leiden. Eine neue Weltordnung wird hervortreten. Es wird eine viel bessere Welt für die, die überleben werden. Auf lange Sicht hin wird das Leben besser werden. Die Welt, wie wir sie uns gewünscht haben, wird Realität!*

Weitere Zitate von Henry Kissinger:

Wenn man die Kontrolle über die Nahrungsmittel hat, hat man die Kontrolle über das Volk. Hat man die Kontrolle über das Erdöl, so hat man die Kontrolle über die Nationen. Wenn man die Kontrolle über das Geld hat, kontrolliert man die Welt.

Globalisierung ist nur ein anderes Wort für US-Herrschaft.

Woodrow Wilson, US-Präsident und Freimaurer, sagte einst: *Einige der größten Männer in den Vereinigten Staaten, auf den Gebieten von Handel und Produktion, haben Angst vor etwas. Sie wissen, dass es irgendwo dort eine Macht gibt, so organisiert, so subtil, so wachsam, so verwoben, so komplett, so durchdringend, dass sie deren Verdammung besser nie anders als hauchend leise aussprechen.*

David Rockefeller, Weltbankier und Bilderberger, äußerte sich wie folgt: *Manche glauben sogar, wir seien Teil einer geheimen Verbindung, welche gegen die besten Interessen der Vereinigten Staaten arbeitet; sie charakterisieren meine Familie und mich als Internationalisten und behaupten, dass wir uns weltweit mit anderen zur Errichtung einer global integrierten, politisch-wirtschaftlichen Struktur verschworen haben ... Wenn das die Anklage ist, bekenne ich mich schuldig, und ich bin stolz darauf.*

Eine andere Website bezog sich auf ein Zitat des derzeitigen bayrischen Ministerpräsidenten Horst Seehofer, der 2010 sagte:

Diejenigen, die entscheiden, sind nicht gewählt, und diejenigen, die gewählt werden, haben nichts zu entscheiden.

Im Internet findet sich eine große Anzahl von tiefsinnigen, teils geheimnisumwobenen, beklemmenden Theorien zu dem Thema ›Pläne der Mächtigen dieser Welt‹. Aktivisten – der Mainstream bezeichnet sie als Verschwörungstheoretiker – sprechen von einer Elite aus Wenigen, die das Ziel verfolgen, einen globalen Superstaat *Novus ordo seclorum* zu erschaffen, mit der Absicht der Neuordnung der Zeitalter und der Errichtung einer neuen Weltordnung. Andere sprechen von Schattenregierungen, die mehr Einfluss haben als die gewählten Regierungen und Staatsoberhäupter der jeweiligen Länder.

Was bedeutet eigentlich *Verschwörungstheorie?*, frage ich mich. Laut WIKIPEDIA versteht man darunter den Versuch, ein Ereignis, einen Zustand oder eine Entwicklung durch eine Verschwörung oder einen Komplott zu begründen. Der Begriff wird demzufolge kritisch und abwertend beurteilt, nicht zuletzt, da häufig keine allgemeingültige Akzeptanz beziehungsweise wissenschaftliche Signifikanz und Überprüfung gegeben ist. Zudem sind es oftmals sonderbare Zeitgenossen und Querdenker, die sich mit derartigen Gedankengebäuden und Weltbildern befassen.

Aber sind nicht Theorien und Denkansätze die wissenschaftliche Grundlage jeder Lehre? Sind nicht Fiktionen und Hypothesen unerlässlich, um neue Entwicklungsprozesse zu initiieren? Werden korrekte Sachverhalte nicht oftmals gezielt als Verschwörungstheorie dargestellt, um ihre öffentliche Brisanz zu reduzieren? Werden nicht häufig bewusst gedankliche Sperrgebiete errichtet, um eine kritische Auseinandersetzung mit dem Thema zu unterbinden?[27]

---

[27] Eine Forschergruppe aus den USA und Großbritannien hat im Juli 2013 eine neue Studie im Fachmagazin *PubMed.gov* vorgestellt, welche besagt, dass

Ich weiß nicht mehr genau, was ich glauben kann. Eines ist jedoch sicher: Es gibt eine Klasse von ›Superreichen‹, gleichgeschaltet im Streben nach Geld und Profit, mit dem Ziel, ihren Status aufrechtzuerhalten, zu sichern oder auszuweiten.

In den Vereinigten Staaten wurde und wird dies sogar ganz offen kommuniziert. Bereits James Madison, der 4. Präsident der USA, Mitverfasser der amerikanischen Verfassung, sagte öffentlich: *The primary responsibility of gouvernment is to protect the minority of the opulent against the majority.*[28] Als mögliches Staatssystem zur Umsetzung seiner Ideologie schlug er die repräsentative Demokratie vor, mit der sich geeignete Strukturen zum Schutz der Reichen durchsetzen lassen. Was für eine schockierende Sichtweise für einen Präsidenten der größten Demokratie dieser Welt!

Ich googele weiter. Um den Machtbereich der Finanzelite auszuweiten, ist globale Einflussnahme erforderlich, und diese kann nur durch Kontrolle des internationalen Finanz- und Wirtschaftssystems sowie durch Teilhabe an den relevanten politischen Entscheidungen des Weltgeschehens erfolgen.

Im Netz wird häufig die Bezeichnung ›Ur-Logen‹ genannt und in diesem Zusammenhang werden die sogenannten *Bilderberger* erwähnt – die scheinbar einflussreichste global agierende Geheimgruppierung, bestehend aus Staatspräsidenten, hochrangigen Politikern, Adeligen, Bankern und Eigentümern der Medienkonzerne. Laut den Ausführungen im Internet trifft sich diese Elite

---

Verschwörungstheoretiker entgegen allen Mainstream-Stereotypen sachlicher und vernünftiger sind als Menschen, welche die offizielle Version nicht hinterfragen und umstrittene oder beschrittene Ereignisse einfach als Wahrheit akzeptieren.

[28] Übersetzung: Die primäre Aufgabe einer Regierung ist es, die Minderheit der Reichen gegen die Mehrheit der Armen zu schützen.

jedes Jahr einmal an einem geheimen Ort. Verschwiegen und abgeschottet von der Öffentlichkeit werden dort weitreichende politische Entscheidungen getroffen, wichtige Geschehnisse strategisch vorausgeplant und in die Tat umgesetzt, natürlich im Sinne der Mächtigen. Der Name fand seinen Ursprung einst im *Hotel de Bilderberg* in Oosterbeek, Niederlande, dem ersten Tagungsort der Bilderberger.

Jetzt werden für mich die Andeutungen von Disraeli und Roosevelt transparenter. Eine derartige ungeheure Machtfülle kann, wann immer sie will, internationale Spannungen künstlich provozieren, Präsidenten berufen, Regierungen stürzen, sie kann selbst Kriege herbeiführen.

Meine Gedankengänge machen mir Angst. Sind diese Infos Realität, entsprechen sie tatsächlich der Wahrheit?

Ich getraue mich kaum weiterzudenken.

Wie ein Schleier fällt es mir von den Augen. Wenn die Behauptungen real sind, wenn sie der Wirklichkeit entsprechen, ist unsere Demokratie eine ungeheure Täuschung. Sind die Ausführungen Realität, werden wir kontinuierlich manipuliert und eine wenige Personen umfassende Machtelite regiert die Welt.

Ich muss mich bewegen! Ich stehe auf, ziehe meine Sportsachen an und jogge durch die Nacht. Es ist kalt und windig, meine Gedanken bleiben hartnäckig bei den Bilderbergern hängen. Ich zweifele an den Informationen im Netz und denke, das Ganze kann nicht wahr sein. Kurz darauf erwäge ich die Möglichkeit, dass es doch Realität sein kann, und es stellt sich mir immer wieder die Frage: Wie kann ich zu diesem essenziellen Sachverhalt Gewissheit erlangen?

Zurück auf meiner Bude surfe ich erneut im Netz. Ich googele und stoße auf andere Bündnisse: den *Council on Foreign Relation (CFR)*, den *Bohemian Club*, die *Trilaterale Kommission*, die *Federal Reserve, Skull & Bones, Chatham House*, alles private, global operierende Organisationen mit der gleichen Zielsetzung: Festigung und Erweiterung des Einflusses der Hochfinanz. Eine Fülle an Berichten und Videos, verfasst von namhaften Persönlichkeiten aus Wissenschaft, Politik und Medien, fesseln mich weiter ans Internet. Sie bestätigen, ja sie beweisen die Realität einer vorhandenen und im Geheimen arbeitenden Machtelite.

Meine eigenen Überlegungen führen mich zu der Schlussfolgerung: Diejenigen, die von den epochalen Entscheidungen profitierten, haben selbstredend ein elementares Interesse an den für sie vorteilhaften gesellschaftlichen Veränderungen.

Doch welche Entwicklungen, beispielsweise in den letzten 100 Jahren, hatten eine derartige einschneidende internationale Bedeutung?

Logischerweise die beiden Weltkriege, der Fall Jugoslawiens und seine Folgen, die Kriege in Vietnam, Afghanistan, dem Irak, in Lybien und Syrien, der Ukraine, letztendlich alle bewaffneten Konflikte. Darüber hinaus möglicherweise die Ölkrisen 1973 und 1979, der Kalte Krieg, der Ausbau der NATO, die Weltwirtschaftskrise 2001 und vermutlich die Verwirklichung der Europäischen Union.

Aus Kriegen und Krisenherden, das ist mir klar, konnte die Rüstungs- und Sicherheitsindustrie ihren Nutzen ziehen. Wie konnte hingegen eine sogenannte Machtelite aus den anderen Problemlagen profitieren?

Natürlich, denke ich. Über die Ressourcen der jeweiligen Staaten und die führende Beteiligung an Neuaufbau und Entwicklung.

Ich googele weiter nach den Bilderbergern.

Einige Namen tauchen immer wieder auf: *David Rockefeller*, die *Rothschilds*, der *Vatikan* und der *Europäische Hochadel*.

Der Banker Rockefeller scheint einer der mächtigsten Köpfe weltweit zu sein, und, wie man berichtet, die Autorität hinter den Dingen, die Politik und Wirtschaft bewegen. Personen wie Henry

Kissinger, Zbigniew Brzezinski, die Bushs, Richard B. Cheney, die Clintons, Barack Obama oder auch Nicolas Sarkozy und Toni Blair waren den Aussagen nach zwar sehr eng mit den wahren Entscheidungsträgern verbunden, jedoch lediglich als Kollaborateure, Zuträger oder ausführende Organe.

Die Mächtigen haben über die vergangenen Jahrzehnte globale Netzwerke errichtet, die bis in die nationalstaatlichen Machtinstanzen hineinreichen. Nicht die Staaten kontrollieren das Weltgeschehen, sie werden unter Kontrolle gehalten, häufig durch direkten Einfluss oder über bekannte Institutionen wie zum Beispiel den *Internationalen Währungsfonds (IWF)*, die *Europäische Zentralbank (EZB)* oder die *Organisation für wirtschaftliche Zusammenarbeit und Entwicklung (OECD)*.

Das enthüllende Interview eines ehemaligen Bankers eines der größten Schweizer Finanzinstitute fällt mir auf.[29] Er enthüllte, dass die renommiertesten Schweizer Banken in undemokratische und unethische, ja kriminelle Aktivitäten verwickelt waren, und es dabei um gigantische Beträge, um Billionen ging, die offiziell nicht verbucht und somit nicht versteuert wurden.

Die Gelder wurden eingesetzt, um die Pläne der Mächtigen zu realisieren, letzten Endes, um Profit zu erzielen, auch wenn dadurch Millionen Menschen getötet, in die Armut getrieben oder komplette Staaten zerstört wurden.

Konkrete gegenwärtige Beispiele sind die Kriege im Mittleren Osten und in der Ukraine, zudem gehören die Asylanten- und Flüchtlingsproblematik in der EU, die Griechenlandkrise beziehungsweise die Schwierigkeiten in den südeuropäischen Ländern dazu. Auch die Verlagerung maßgebender Industriebereiche aus der EU nach China oder Indien mit gleichzeitiger Öffnung Euro-

---

[29] Peter Odintsov - Interview with a Swiss banker done in Moscow 30.05.2011 (http://www.wearechange.ch).

pas für chinesische/indische Produkte kann eine Strategie der Finanzelite sein. Da die Lohnkosten in diesen Ländern wesentlich geringer sind als in Europa, können von den Investoren größere Gewinne erzielt werden. Zugleich bleibt der potente westliche Markt verfügbar. Die bisher erfolgreiche industrielle Entwicklung im Westen wird massiv gestört, die Arbeitslosenzahlen steigen und die Einkünfte der Lohnabhängigen verringern sich.

Meine Recherchen verdeutlichen mir, dass zumindest Europa, vermutlich jedoch die ganze Welt von einer geheimen Machtelite beherrscht wird. Eine beklemmende Realität. Es muss deshalb auf allen Ebenen der Gesellschaft Transparenz geschaffen werden, sodass diese Machenschaften öffentlich gemacht, und, so hoffe ich, zukünftige Schurkereien verhindert werden.

Ich stelle mir die Frage, wie kann man diese Zusammenhänge öffentlich machen?

Die Antwort ist einfach. Über die Massenmedien und das Internet.

Aber unsere Massenmedien gehören der herrschenden Elite an. Sie haben jahrzehntelang die Berichterstattung zensiert und würden auch zukünftig keine objektive Dokumentation ermöglichen.

Ein Beleg für die Richtigkeit dieser Annahme ist unter anderem in der Aussage von Rockefeller zu finden, der einst sagte: *Wir sind der Washington Post, der New York Times, dem Time Magazin und anderen großen Publikationen dankbar. Ihre Direktoren haben unsere Versammlungen besucht, und sie haben das Versprechen ihrer Diskretion seit nahezu 40 Jahren gehalten. Es wäre für uns unmöglich gewesen, unsere Pläne für die Welt zu entwickeln, wenn wir während dieser Jahre den Scheinwerfern der Publizität ausgesetzt gewesen wären.*

Wer also nicht ausschließlich die manipulierte und gleichgeschaltete Mainstream-Presse als Basis seiner Meinungsbildung verwenden will, muss das Internet als primäre Informationsquelle nutzen.

Ich frage mich weiter, wie lange es die freie Verfügbarkeit des Internets noch geben wird?

Schon heute kann man auf unterschiedlichen staatlichen Ebenen Bestrebungen erkennen, das Netz zu zensieren und zu kontrollieren. Insbesondere das Thema *Terrorismus* wird dergestalt in der Öffentlichkeit kommuniziert, dass aus Sicherheitsgründen eine umfassende Überwachung zwingend ist.

Am darauffolgenden Tag, beim Mittagessen in der Mensa, ich saß mit zwei Studenten aus dem 5. Semester Politikwissenschaft am Tisch, stellte ich die Frage nach den Bilderbergern und deren Relevanz in der internationalen Politik. Die Antwort der Kommilitonen war krass. In den Modulen ihrer Fachrichtung seien derartige Lerninhalte nicht vorgesehen und Verschwörungstheorien stellten zudem keine wissenschaftliche Lehrmeinung dar – sie hätten insofern keinen akademischen Wert. Sie führten weiter aus, dass politische Entscheidungen, national oder international, zumindest was den Westen betraf, immer auf demokratischer Grundlage entschieden würden.

Ich war geschockt.

Es gibt offensichtlich eine zweite verborgene Welt, von der die meisten Menschen nichts wissen. Dort geht es um Geld, Einfluss und globale Macht, dort werden die bedeutsamen Weichen für das Geschehen auf diesem Globus gestellt.

Insbesondere von den Politikstudenten habe ich mehr Wissen, Kompetenz und Kritikfähigkeit erwartet. Zugegebenermaßen waren mir selbst vor ein paar Tagen viele Zusammenhänge noch unbekannt. Ich ging jedoch davon aus, dass an den Universitäten, in der ›freien Lehre‹, derartige Gedankengebäude, wenn nicht gelehrt, zumindest angesprochen würden.

Ist die heutige Bevölkerung tatsächlich so leichtgläubig und ahnungslos? Erkennt sie nicht, was tatsächlich in der Welt geschieht? Mit dieser Frage im Kopf trat ich den Weg nach Hause an.

Die Demokratie der Medien

Der Journalismus ist eine Hölle,
ein Abgrund, in dem alle Lügen,
aller Verrat, alle Ungerechtigkeit lauert;
niemand bleibt rein, der ihn durchschreitet.

(Honoré de Balzac)

Vor einigen Monaten, an einem Sonntagvormittag, fuhren Iven und ich mit dem Pkw zu einer nahe gelegenen Brücke, die, schenkte man alten Dokumenten Glauben, römischen Ursprungs sein sollte.

»Pa, hast du in den vergangenen Jahren einmal den Begriff *Bilderberger* gehört?«, fragte Iven plötzlich, während er eine alte römische Karte studierte.

»Ja klar«, antwortete ich, etwas verwundert über die Frage. »Vor fast einem Jahrzehnt habe ich die Bezeichnung erstmals in einem Bericht über Geheimlogen und das internationale Finanzsystem vernommen. Die Bilderberger sind angeblich eine der mächtigsten und einflussreichsten Geheimgesellschaften der Welt, multinational und im Verborgenen agierend.«

»Hast du dazu weitere Infos?«, fragte Iven und schaute überrascht zu mir hin.

»Ja«, entgegnete ich. »Im Internet existiert eine Fülle von interessanten Hinweisen und Informationen zu den Bilderbergern, die von der breiten Öffentlichkeit aber fast ausnahmslos als unglaubwürdig betrachtet und in der Folge ignoriert werden. Fakt ist jedoch, dass es die Vereinigung der Bilderberger seit über 50

Jahren gibt. Sie sind aus älteren Strukturen der Hochfinanz entstanden, wirken im Geheimen, sind global vernetzt und streben nach weltumspannender Herrschaft. Alle namhaften Persönlichkeiten aus dem Wirtschafts- und Finanzsystem, der Politik und dem Militär gehören dazu, und man sagt, dass die zukünftigen Führungspersonen, ob Staatspräsidenten oder Generäle, Banker oder Geheimdienstchefs, von ihnen auserwählt und eingesetzt werden.«

»Eine solche international agierende Organisation muss doch strategisch aufgebaut sein, weißt du dazu Genaueres?«, wollte Iven wissen.

»Ja. Die äußere Verwaltungs- und Arbeitsstruktur der Bilderberger besteht meines Wissens aus vier Gremien oder Kreisen. Der erste Kreis besteht aus dem elitären Kern, den direkten Vertretern der Mächtigen. Er setzt sich zusammen aus dem Vorsitzenden (Chairman) und seinen Vertretern. Die Mitglieder des Beratungsausschusses (Member Advisory Group), es sind hochrangige Entscheidungsträger, gehören zum zweiten Kreis. Der Lenkungsausschuss (Steering Committee) stellt den dritten Kreis dar. Er ist verantwortlich für die Organisation, die Agenda, und für die Selektion der Teilnehmer an den Zusammenkünften. Die eingeladenen Teilnehmer (Members), überwiegend Politiker und Leute aus unterschiedlichen Einflussbereichen, bilden den vierten Kreis. Sie werden sorgfältig ausgesucht, müssen natürlich den Zielen der Organisation positiv gegenüberstehen und, was dem Bündnis sehr wichtig ist, sie müssen bereit sein, Gespräche und Zielabsprachen absolut diskret zu behandeln.«

»Um ihre Ziele zu erreichen beziehungsweise den Status quo aufrechtzuerhalten«, sprach ich weiter, »sind, so glaube ich, drei Prozesse zwingend, und diese sind schon längst von ihnen verwirklicht: Erstens die Beherrschung des Militärs, zweitens die

Gleichschaltung der Massen mittels der Medien und drittens die Beseitigung nationaler politischer Strukturen!«

»Interessant, ist die Bilderberger-Organisation nur ein ausführendes Organ für die tatsächliche Machtelite?!«, fragte Iven.

»Ja, sie sind sehr einflussreich, aber sie sind nicht die absolute Spitze der Machtelite dieser Welt«, entgegnete ich. »Über ihnen stehen wenige Personen der Hochfinanz, in der Öffentlichkeit teilweise unbekannt, die stringent seit Jahrzehnten Richtung und Strategie der Weltpolitik vorgeben. Diese Menschen dominieren das internationale Finanzsystem und besitzen in Folge dessen die Mittel und Wege, auch alle anderen Ressorts wie den Energiesektor, den Nahrungsmittelsektor, die pharmazeutische Industrie und selbst das Militär, ich denke hier im Besonderen an die NATO, zu kontrollieren und zu steuern!«

»Dann gehören die schwerreichen Dynastien wie die Rothschilds und Rockefellers, die Morgans und Carnegies, die Warburgs und Schiffs und der Europäische Hochadel offensichtlich dazu!«, warf Iven ein.

»Vermutlich ja«, erwiderte ich. »Eines ist unbestritten, diese Familien verfügen über gewaltige, für uns kaum vorstellbare finanzielle Mittel, und, das liegt auf der Hand, wer über das nötige Kapital verfügt, besitzt die absolute Macht und hat alle Optionen für jede gewünschte Veränderung!«

»Diese allgemeinen Begriffe wie die *Hochfinanz*, die *Machtelite* oder die *Wirtschaftselite* sind ziemlich abstrakt und schwer zuzuordnen. Gibt es keine generelle Terminologie für diese Superreichen?«, fragte Iven, während er selbst noch überlegte.

»Nein, meines Wissens nicht«, antwortete ich. »Man spricht oft von den Kapitalisten und Geld-Aristokraten, aber diese Begriffe scheinen mir nicht passend. Die riesigen Privatvermögen sind nicht durch eigene Arbeit entstanden, sondern durch Ausbeutung von Arbeitskraft und aufgrund unseres Geldsystems, das heißt aufgrund des Zinses und der Zinseszinsen. In der griechischen Sprache gibt es für Ausbeuter oder Wucherer den treffenden Ausdruck *Tokoglifos*, den ich gern benutze.«

Nach einer kurzen Gesprächspause fragte Iven: »Pa, was glaubst du, wie lange können wir das Netz noch als freies Informations- und Kommunikationsmittel nutzen? Ich habe große Bedenken, dass man uns wie in China oder Nordkorea in Kürze den Zugang sperren könnte!«

»Deine Sorge ist berechtigt«, antwortete ich. »Gegenwärtig ist das Internet in Deutschland noch ein für alle frei zugängiges Medium. Wir können uns im WWW ausreichend informieren und uns eine eigene Meinung bilden. Aber der offene Status wird in vielen Ländern, offiziell natürlich zum Schutz der Bevölkerung, längst zensiert, teilweise eingeschränkt oder sogar gelegentlich abgeschaltet.«

»Was du hier anführst, bestätigt meine eigenen Infos. Aber Deutschland ist doch ein Staat freiheitlich-demokratischer Grundordnung, wir haben ein Grundgesetz und die Gewaltenteilung – kann eine kleine elitäre Gruppe eine derartige Macht auch über ein Land wie Deutschland erlangen?«

»Die Antwort auf deine Frage lautet: ja, leider ja. Im Detail ist der Sachverhalt jedoch recht kompliziert, da vielschichtig«, antwortete ich.

»Eine Hauptursache liegt mit Gewissheit in der Konstellation unserer Medienlandschaft, aber, time-out, wir sind an unserem Zielort angekommen. Lass uns erst mal die geplante Prospektion durchführen.«

Nach der wenig erfolgreichen Brückenbegehung, es waren auch nach Stunden intensiver Suche keine Rudimente römischer Kultur zu finden, fuhren wir nach Hause zurück. Während der Rückfahrt griff Iven das Thema wieder auf.

»Ich verstehe immer noch nicht wie eine kleine Gruppe, wenn auch reicher und mächtiger Menschen, einen so großen Einfluss über ein ganzes Land erlangen kann.«

»Über die Massenmedien, Iven.«

»Ich mache mir seit Jahren Sorgen um unsere freiheitlich-demokratische Rechtsordnung, und ich fühle mich aufgefordert, ja regelrecht gedrängt, meine Gedanken niederzuschreiben, um einer breiteren Öffentlichkeit als Informationsquelle und als kognitive Stütze zu dienen. Meine Hinweise sollen wachrütteln und zum Nachdenken anregen. Sie sollen ein aufgeklärtes Bewusstsein für die gegenwärtige gesellschaftliche Situation in der Bundesrepublik Deutschland induzieren, und sie sollen die Menschen dazu anregen, sich aktiv und unbeirrt für die freiheitlich-demokratischen Rechte einzusetzen. Wenn du willst, skizziere ich dir meine Sichtweisen zu diesem grundlegenden Problem.«

»Ich teile deine Sorge, aber bitte erzähl.«

»Der Begriff *Demokratie* entstammt der griechischen Sprache und bedeutet *Herrschaft des Volkes*[30]; in einer Demokratie ist demzufolge das Volk der Souverän. Sie ist grundsätzlich auf fünf tragenden Eckpfeilern aufgebaut: die Garantie der Grundrechte, die Gewaltenteilung, das Wahlrecht, die Meinungsfreiheit (Pressefreiheit) sowie die Versammlungs- und Demonstrationsfreiheit. Die wichtigste Aufgabe des Staates ist nun dafür zu sorgen, dass alle auf seinem Gebiet lebenden Menschen in Würde, Freiheit und sozialer Sicherheit leben können.

Als Folge des Terrors und der fatalen Konsequenzen des Nationalsozialismus im Dritten Reich, entwickelten unsere Gesetzesväter 1949 im Grundgesetz der Bundesrepublik Deutschland eine

---

[30] Demos = Volk, kratein = herrschen. Die griechischen Politiker Solon und Kleisthenes ermöglichten im 6. Jahrhundert v. Chr. erstmals in der Geschichte die Mitbestimmung des Volkes am politischen Geschehen im damaligen Stadtstaat Athen.

rechtliche und politische Grundordnung, die auf allen Ebenen den genannten freiheitlich-demokratischen Maximen entspricht. Fällt jedoch einer der konstitutiven demokratischen Eckpfeiler aus dem Gesetzeskomplex heraus, ist der Weg frei für ein autoritäres Gesellschaftssystem.

Ein substanzielles Recht in einer Demokratie ist die Freiheit der Meinungsäußerung. Im Artikel 19 der allgemeinen Erklärung der Menschenrechte (UN-Menschenrechtscharta) und in Artikel 5 des Grundgesetzes der Bundesrepublik Deutschland ist dieses Recht, seine Meinung in Wort, Schrift und Bild frei zu äußern und zu verbreiten, wenn sie nicht gegen gesetzliche Bestimmungen verstößt, besiegelt. Die Pressefreiheit und die Freiheit der Berichterstattung durch Rundfunk und Film, ohne Zensur, werden in Artikel 5, Absatz 1 namentlich genannt.

Diese Vorgaben zeigen unmissverständlich, welche enorme gesellschaftliche Bedeutung den Medien als objektive Informationsgeber und damit implizit als Wächter der Demokratie zugeschrieben wurde. Der politische Auftrag der Medien besteht darin, Informationen öffentlich zu machen. Sie sind einerseits das Sprachrohr für die Bevölkerung, indem sie deren Willen und Erwartungen transportieren und dadurch politische Entscheidungen legitimierbar machen. Sie sind andererseits gleichzeitig ein Hilfsmittel für die am politischen Geschehen Beteiligten, indem sie deren Programme, Ziele und Entscheidungen kommunizieren. Der dauernde Informationsaustausch ist das Fundament für die politische Willensbildung und gestattet erst die aktive Partizipation der Bürger am politischen Prozess.

Doch wie ist die reale Situation heute?

In den Massenmedien der Bundesrepublik Deutschland gibt es, was brisante politische und gesamtgesellschaftliche Themenbereiche angeht[31], keinen investigativen Journalismus mehr. Die Medien sind gleichgeschaltet, und stehen im Dienst von Halbwahrheiten, Unwahrheiten, Falschinformationen und Verleumdung. Politische Informationen von großer Tragweite werden in allen Kommunikationsmedien zensiert und einander angeglichen in der Öffentlichkeit verbreitet. Man muss schon das Wort *zentralistisch* verwenden, und eine objektive Berichterstattung, der so enorm wichtige Eckpfeiler der echten Meinungs- und Pressefreiheit, ist nicht mehr gegeben.«

Nach einigen Minuten der Stille setzte Iven das Gespräch fort. »Ich erinnere mich an den Sozialkundeunterricht am Gym. Schon im 19. Jahrhundert wurden die öffentlichen Medien von Jean-Jacques Rousseau als *Vierte Gewalt* oder *Publikative Gewalt* bezeichnet. Sie hatten schon zu dieser Zeit den gesellschaftlichen Auftrag, eine freie Meinungs- und Willensbildung durch objektive Berichterstattung zu ermöglichen.«

»Ja, wenn die Medien unparteiisch berichten würden, könnten sich die Menschen tatsächlich eine eigene Meinung bilden«, fuhr ich fort. »Fatalerweise ist dem nicht so. Hier wird eines der größten Probleme einer Demokratie offenkundig. Die Massenmedien, ursprünglich der Herzschlag einer Demokratie, mutieren zur Propagandamaschinerie der herrschenden gesellschaftlichen Mächte, der Tokoglifos, durch gezielten Missbrauch und Verfälschung von Informationen und durch zweckgerichtete Vorteilsnahme.

In Deutschland gibt es beispielsweise circa 400 Zeitungen, die allesamt zu drei großen Konzernen gehören. Es steht außer Frage,

---

[31] Z.B. verdeckte Kriegsführung des Westens, geostrategische Pläne, Manipulation der Bevölkerung etc..

dass die spezifische Unternehmenspolitik, sie ist natürlich die Politik der Eigentümer, also der Tokoglifos, in den einzelnen Redaktionen konsequent umgesetzt wird.

Durchleuchtet man die in den öffentlichen Medien arbeitenden Spitzenkräfte im Journalismus, bemerkt man schnell, dass sie fast ausnahmslos in den gleichen *Thinktanks* organisiert sind. Die Folge ist deutlich: eine fast identische politische Meinung in ihren Veröffentlichungen.

Der wichtigste Interessenverband in diesem Kontext ist die sogenannte *Atlantikbrücke*. Ihr Ziel ist es, deutschen und amerikanischen Entscheidungsträgern sowie Nachwuchsführungskräften aus Wirtschaft, Politik, den Streitkräften, der Wissenschaft, den Medien und der Kultur einen Rahmen für vertrauliche Gespräche zu bieten. Seit Gründung 1952 ist die Atlantikbrücke zu der machtvollsten Pressegroup in Deutschland herangereift. Mitglieder sind Bundeskanzler und Bundespräsident, Ex- und amtierende Politiker aller Parteien, wahrscheinlich außer den Linken, führende Personen aus dem Wirtschafts- und Finanzwesen, Leiter der großen Medienkonzerne, Fernsehredakteure, Chefredakteure der größten Boulevardzeitungen und Rüstungslobbyisten. Die Mitgliedschaft erfolgt auf Einladung; es werden natürlich nur Personen eingeladen, die systemkonform die Politik der Atlantikbrücke umsetzen.«

»Dann ist eine objektive Pressearbeit schlicht und einfach nicht mehr möglich«, warf Iven ein. »Nach außen wird eine freie Presse simuliert und das, was wir an Informationen erhalten, ist bewusst und auf Linie zensiert. Wenn man sich anschaut, was die hiesigen Medien, von *TAZ* bis *Welt* berichten, muss man tatsächlich von Desinformation bis hin zu Verdrehung der Tatsachen im großen Stil sprechen. Die Menschen werden faktisch eingeschlossen in ein kollektives Mainstream-Gedankengut.«

»Fakt ist«, fuhr ich fort, »auch in einer Demokratie wie der unsrigen nutzen die politischen Parteien zur Etablierung einer bestimmten Volksmeinung, und damit zur Realisierung ihrer eigenen Pläne, oft falsch informierend, die Massenmedien. Es ist eine arglistige Täuschung an der Bevölkerung, wenn Politik und Presse nicht mehr überprüfbare Falschmeldungen als wahre Sachverhalte verkünden, oder wenn Minderheitsmeinungen durch die Medien umkonstruiert und als Mehrheitsmeinungen veröffentlicht werden. Jean-Claude Juncker, ehemaliger Premierminister Luxemburgs und jetziger Kommissionschef der EU, sagte dazu Folgendes: *Wenn es ernst wird, muss man lügen.*[32] Ist das nicht eine Offenbarung?!«

»Als kritisch denkender Mensch bleibt keine andere Schlussfolgerung übrig«, sagte Iven. »Politik und Medien können nicht mit der Machtelite zusammensitzen und unparteiisch sein, denn wer zu den Mächtigen gehört, unterstützt auch deren Intentionen. Was sich hier fast täglich in unserer Demokratie ereignet, ist ein infamer Betrug an der Bevölkerung und an Hinterhältigkeit kaum zu überbieten.«

---

[32] Weitere Zitate von J.-C. Juncker in diesem Zusammenhang:
Verlogenheit und Profilierungssucht gehören zum Anforderungsprofil eines Politikers. Von diesem Zuschnitt sind die Leute, die unsere Geschicke lenken, und dementsprechend sind auch die Resultate.
Man setzt ein Gerücht in Umlauf und wartet auf die Reaktion von wem auch immer. Aus dieser Reaktion filtert man ein Extrakt, das die Möglichkeit beinhaltet, wie weit kann man gehen. Wenn der Widerstand zu groß wird, nimmt man eben nur die Hälfte davon, die andere Hälfte folgt später nach, um genau das zu erreichen, was man mit der ersten Version nicht erreichen konnte, da es zu viel Widerstand gegeben hätte. Niemand kann sich erinnern an die erste Version. Das liegt in der Natur der Sache und an der Vergesslichkeit des Volkes.

»Dessen ungeachtet«, fuhr ich fort, »gibt es definitiv viele Mitarbeiter bei Presse, Funk und Fernsehen, ich denke da an die überwiegende Mehrheit, für die eine verantwortungsvolle Berichterstattung gebotenermaßen das Ziel ist. Aber es besteht vor Ort, in den Redaktionen, keine innere Pressefreiheit mehr. Wer seinen Job bei den Mainstream-Medien behalten will, muss mitmachen, und freie Journalisten, die ihren Berufsethos leben, werden als unglaubwürdige Querdenker oder Verschwörungstheoretiker in Misskredit gebracht. Doch es geht noch schlimmer. Gegenwärtig sind es die Bezeichnungen *Nazi* oder *Antisemit* mit denen Freidenker, die in Wirklichkeit jedoch die national-sozialistische Ideologie in vollem Umfang ablehnen, auf diffamierende Art und Weise aus der Öffentlichkeit gedrängt werden und auf dem moralischen Scheiterhaufen landen.«

»In dem Zusammenhang fällt mir der Begriff *Political Correctness* ein«, ergänzte Iven. »Obwohl unser Grundgesetz den Bürgern Meinungsfreiheit in Wort, Schrift und Bild garantiert, beherrschen Sprech- und Denkverbote die öffentlichen Debatten. Das funktioniert anscheinend ohne gesetzlichen Zwang. Neben den Medien bestimmen führende Politiker heute, was wir noch sagen dürfen. Sie geben die Richtung vor, und die schweigende Mehrheit nimmt es hin. Und das geschieht bei uns, im Land der Nachkommen der großen Aufklärer, der Dichter und Denker. Wir lassen uns von Wenigen das kritische Denken verbieten. Ist das nicht der geistige Exitus unserer freien Gesellschaft?«

»Absolut. Aber auch, zumindest in Grenzen, begreiflich! Die Menschen übernehmen die Mainstream-Meinung aus Angst vor Ablehnung und sozialer Isolation, denn keiner will im Freundeskreis, in der beruflichen Umgebung oder in der Gesellschaft ausgegrenzt werden«, entgegnete ich. Der Einzelne beobachtet - meist unbewusst - sein soziales Umfeld auf der Suche nach der vorherrschenden Meinung und adaptiert sie, um seine gesellschaftliche Stellung zu behalten. Für mich ist die Akzeptanz gesellschaftlicher Tabus in diesem Zusammenhang entschuldbar, es ist gleichwohl der Anfang vom Ende menschlicher Individualität im Sinne von Kritikfähigkeit, Selbstbestimmung und Verantwortung. Voltaire, einer der großen französischen Aufklärer und Kritiker an den Missständen des Absolutismus, sagte einmal: *Ich hasse jedes Wort, was sie sagen, doch ich werde dafür kämpfen und ich werde mein Leben dafür geben, dass sie es sagen dürfen.*

Eine echte Demokratie muss andere Meinungen vertragen, nur totalitäre Staaten verhindern die Meinungsvielfalt. In der Bundesrepublik sind wir heute aufgrund der Informationsgleichschaltung der Mainstream-Presse nicht mehr in der Situation, durch kritisches Denken zu eigenen Urteilen und Erkenntnissen zu kommen. Und das Verrückte ist, wir bezahlen – gezwungenermaßen - über die Rundfunkgebühren des öffentlich-rechtlichen Fernsehens für Kontrolle, Zensur und Propaganda, welche die Meinungsvielfalt verhindert und uns deswegen die faktische Wahrheit verheimlicht. Die Tokoglifos brauchen nicht einmal mehr zu lügen, um ihre Forderungen bei den narkotisierten Massen durchzusetzen. Wozu, wenn eine andauernde Propaganda uns bereits entwaffnet hat?«

»Es kommt noch ein wichtiger Punkt hinzu«, sagte Iven. »Die wichtigste Informationsquelle der Bürger sind die Nachrichtensendungen in den Bildmedien. Die Informationen werden, auch wenn sie inhaltlich den Tatsachen entsprechen, in Videosequenzen mit wenigen Minuten Inhalt verkürzt zusammengefasst, sodass der Zuschauer glaubt, die Meldung klar zu erfassen, der elementare Sinnzusammenhang jedoch nicht erschließbar wird. Wir glauben zu verstehen. In der Folge überlegen und reflektieren wir nicht weiter. Was ist das Ergebnis? Die Medien gewöhnen uns das Nachdenken ab.

Sich tatsächlich zu informieren und zu verstehen, bedeutet, die Nachricht im Gesamten zu erarbeiten, und dazu ist Zeit notwendig, alles andere ist pure Unterhaltung. Es ist heute sehr schwer, aus der Fülle der zum Teil entgegengesetzten Informationen den wahren Sachverhalt einer Nachricht herauszufiltern. In den Mainstream-Medien gibt es bei politisch brisanten Themen keine alternativen Informationen. Ausschließlich das Internet ermöglicht uns, durch die Vielzahl konträrer Meinungen zu einem Thema, die kritische Auseinandersetzung und damit eine eigene Meinungsbildung.«

»Du hast recht«, entgegnete ich. »Informationsverarbeitung bedeutet de facto, sich mit einem Thema aktiv und über eine längere Zeit auseinanderzusetzen, und das zu leisten, womöglich nach Feierabend oder in der Freizeit, sind nur Wenige bereit. Die Bevölkerung macht es den Massenmedien aus diesem Grund sehr leicht, und woran mangelt es, ich wiederhole mich, an persönlichem Engagement und kritischem Hinterfragen der erhaltenen Nachrichten.«

»War die Berichterstattung früher objektiver?«, wollte Iven wissen.

»Ich glaube ja. Nach dem Zweiten Weltkrieg bis in die 1960er-/1970er-Jahre gab es meines Erachtens einen ehrenwerten Journalismus, der seine Aufgaben als Wächter der Demokratie im Allgemeinen und im Besonderen erfüllte. Heute, so scheint es mir, sind vergleichbare Zustände wie vor dem Zweiten Weltkrieg unverkennbar, und ich habe die Befürchtung, nein ich sehe deutlich, dass wir auf uniforme Art und Weise von den Medien überformt werden. Nachrichten werden im wahrsten Sinne des Wortes gemacht und wir glauben sie! Und dies geschieht, mehr oder weniger versteckt, durch regierungsnahen Journalismus, oft wissenschaftlich unterstützt durch professionelle Strategien der Verhaltenspsychologie. George Orwell schrieb 1948 vom Wahrheitsministerium. In autoritären Staaten wird diese Arbeit der Medien an den Menschen ›Regierungspropaganda‹ genannt, und in unserer Demokratie sprechen wir offiziell, um den Schein zu wahren, von der unabhängigen Instanz der Journalisten oder vom investigativen Journalismus.«

»Dann müssen wir wohl befürchten, mit einem von den ›Mächtigen‹ vorgeschriebenen Weltbild erzogen zu werden«, sagte Iven.

»Ich bin davon überzeugt«, antwortete ich. »Die meisten informierten und zum eigenständigen Denken fähigen Menschen haben die sogenannten Mainstream-Medien längst abgeschrieben. Es gibt deutlich wahrnehmbar ein ideologisch einseitiges Meinungskartell und die Macher und Machthaber sorgen mit allen Mitteln dafür, dass ihre globalen Zielvorstellungen durch den Mainstream strategisch vorbereitet und dann in die Tat umgesetzt werden. Letztendlich geht es um die Festigung dieser Macht und des Profits von Wenigen gegenüber dem Rest der Menschheit.«

Feindbilder und geopolitische Interessen

Wer davon lebt, einen Feind zu bekämpfen,
hat ein Interesse daran, daß er am Leben bleibt.

(Friedrich Wilhelm Nietzsche)

Es war Samstagnachmittag, die Sonne schien, und ich saß in unserem Garten und überarbeite einen soeben verfassten Text. »Wir haben Besuch«, rief Angelena vom Hauseingang her, »Kersten hat sich nach Hause verirrt«.

»Schön«, antwortete ich lachend, »vermutlich ist er völlig ab-gebrannt und beansprucht seinen gesetzlichen Erbanteil.«

»Hallo Pa, für Geld bin ich immer offen, aber das ist nicht der Grund meines Besuches,« sagte er lächelnd, während er sich zu mir an den Gartentisch setzte.

»Ich habe zurzeit beruflich mit einem Problem zu tun, das als *Feindbildprojektion* bezeichnet wird. Bevor ich die gängige Sichtweise übernehme, möchte ich die Perspektive eines Quer-denkers hören, und Pa – bitte in Kurzform.«

»Eine Verkürzung bedeutet in den meisten Fällen auch eine Verfälschung, das weißt du. Den Sachverhalt *Feindbildgenese* ›en passant‹ zu erörtern, gelingt nicht. Wenn du lediglich eine schlichte Definition willst, kannst du dich schnell und unkompli-ziert über Wikipedia informieren. Willst du aber die brisante Problematik, die latent in diesem Thema steckt, grundlegend ver-stehen, gilt es, fast wissenschaftlich-methodisch, die verschiede-nen Betrachtungsebenen zu durchleuchten.«

»OK«, antwortete Kersten mit gebremster Neugier, offenbar war er auf einen längeren Vortrag gefasst. »Ich bin gespannt. Wie und warum sind denn Feindbilder entstanden?«

»In unserem Alltag scheint es gemeinhin so, als handelten wir Menschen eigenständig, überlegt und souverän. Doch in Wirklichkeit spielen biochemische Prozesse in unserem Gehirn die dominierende Rolle. Die moderne Hirnforschung besagt, dass unbewusste neuronale Prozesse, basierend auf Stereotypen, unsere Denkweisen, Gefühle und Entscheidungen bestimmen. Diese Schablonen sind mentale Vereinfachungen, die wir uns von komplexen Eigenschaften oder Verhaltensweisen von Personen, Gruppen oder gar Völkern machen. Obwohl diese reduzierten Wahrnehmungen und Vorstellungen nicht immer der Wahrheit entsprechen, benötigen wir sie, um die Komplexität sozialer Systeme zu vereinfachen und damit verständlicher zu machen, und um die Interaktion mit Personen anderer Gruppierungen zu erleichtern. Damit geben wir unserer persönlichen Weltanschauung die Struktur, die wir zur Orientierung in unserer Existenz brauchen. Von daher ist die Entstehung und Anwendung von Stereotypen ein gewöhnlicher Vorgang und so lange wertneutral, wie man sich der starken Reduzierung der realen Verhältnisse bewusst ist.«

»Für die Entstehung von Feindbildern sind demzufolge individuelle Stereotypen verantwortlich?«, fragte Kersten.

»Ja, und das ist genau das Problem.

Die Stereotypen sind das Ergebnis unserer Lebensgeschichte und unserer Sozialisation. Es entwickeln sich mit der Zeit ›psychische Schubladen‹, nicht rational geprägt, welche für die Individualität, das kritische Hinterfragen und Verstehen anderer Personen oder Gruppen wenig Raum lassen, und hieraus projizieren wir Feindbilder. Wir Menschen wollen die Dinge und Eigenschaften herausgreifen, die wir gerne sehen möchten, und blenden gleichzeitig alles aus, was uns nicht sympathisch ist. Damit belügen wir - bewusst oder unbewusst - andere und uns selbst.«

»Sind Vorurteile auch Feindbilder?«

»Vorurteile sind die Vorstufe, müssen sich aber nicht zwangsläufig zu Feindbildern entwickeln. Sie entstehen in uns und werden dann im Außen auf Menschen, Gruppen, Nationalitäten, aber auch auf Gegenstände und Begriffe übertragen, die diesen inneren Bildern entsprechen. Psychologen sprechen in diesem Zusammenhang von Projektionen, das heißt, von dem Hinausverlegen innerer Vorgänge nach außen. Meist sind es subjektiv vorgefasste, ungeprüfte Meinungen und Einstellungen, die nicht auf objektiv gesicherten Informationen basieren, die aber als Folge oft zu diskriminierendem Verhalten führen.«

Kersten beobachtete mich aufmerksam und fragte: »Wenn wir Menschen nicht wahrnehmen können ohne zu interpretieren, dann ist ein Leben ohne Vorurteile und Feinbilder nicht möglich?«

»Nein, ich gebe dir recht, im Allgemeinen ist es nicht möglich. Wir Menschen haben den Automatismus, die Realität, also das, was wir durchleben und was uns begegnet, in gut oder böse beziehungsweise in richtig oder falsch zu klassifizieren. Diese Polarität zu durchbrechen, ist eine große Herausforderung an die Psyche und kann nur partiell erfolgreich bewältigt werden. William Hazlitt, ein englischer Schriftsteller, sagte einmal: *Das Vorurteil ist das Kind der Unwissenheit.* Ich stimme dem zu und sage: Vorurteile können durch Wissen, sprich Bildung und Erfahrung, wenn auch nicht vollständig beseitigt, so doch deutlich reduziert werden. Hier ist unser Bildungssystem gefordert, um die junge Generation im Rahmen des regulären Unterrichts für die so wichtige Problematik zu sensibilisieren. Spätere Einstellungsänderungen, beispielsweise in der Erwachsenenbildung durch entsprechende ›Trainee-Programme‹, erfolgen auf freiwilliger Basis und bleiben schon alleine deshalb die große Ausnahme. Doch Achtung: Da jedes staatliche System sich durch das Bildungssystem selbst reproduziert, ist eine ehrliche, neutrale Hinterfragung von Bildungsinhalten/Feindbildern verdächtig.«

»Was mich im Besonderen interessiert, ist die Entstehung von Feindbildern auf politischer Ebene«, fuhr Kersten fort. »Ich nehme an, dass Feindbilder je nach Erfordernissen künstlich geschaffen werden?«

»Leider ja. Es ist brutal und durchweg inhuman, aber im politischen Kontext gängige Praxis. Das übergeordnete Ziel ist stets, die eigenen Machtansprüche zu wahren und auszubauen. Sie dienen einerseits dazu, den eigenen Standpunkt in der Bevölkerung natürlich positiv zu definieren. Andererseits werden dem Gegner negative Merkmale wie Entmenschlichung, Bösartigkeit, Grausamkeit und aggressive Handlungen, zum Beispiel Lügen, Foltern und Morden vorgeworfen, und diese für ›die gute Welt‹ als gefährlich dargestellt.

Feindbilder sind die extremste Ausprägung von Vorurteilen, sie sind immer negativ, oft zerstörend und deshalb auch nur schwer zu korrigieren. Wer einmal als Feind bezichtigt wird, der kann sich praktisch nicht dagegen wehren. Oft endet die anfängliche Antipathie in Hass, aus Hass werden Aggression und Angst, und diese führen zu unkontrolliertem destruktivem Verhalten. Je nach persönlicher Betroffenheit reicht schon die Erwähnung eines Wortes, ich denke hier beispielsweise an Begriffe wie *Sowjetunion, Russland, Juden, Muslime, Diktator* und andere, um mehr oder weniger negative Assoziationen und Handlungen zu erzeugen.

In politischen und wirtschaftlichen Krisenzeiten spielen die Feindbilder eine besondere Rolle. Der Antagonist wird als Urheber einer konkreten Situation denunziert, als Gegner dargestellt, und der sich hieraus ergebende Konflikt gegen ihn wird als sinnvoll und absolut notwendig in der Öffentlichkeit kommuniziert.

Rainer Rothfuß, Professor für geografische Konfliktforschung an der Universität Tübingen, hat die Mechanismen der Feindbildgenese auf geopolitischer Ebene umfassend untersucht. Er stellte fest, dass am Anfang eines Konfliktes immer die Erzeugung eines Feindbildes steht, um in der Bevölkerung oder bei den Soldaten den nötigen Rückhalt für die Mobilisierung zu erhalten. Gewalt ist immer erst die zweite Stufe, sie braucht eine Vorstufe – die Feindbildgenese. Diese entwickelt sich zunächst aus realen negativen Handlungen des Gegners. Die unguten Handlungen werden anschließend stark überzeichnet, oft sogar künstlich inszeniert. Mehr noch, im Extremfall werden auch Verbrechen durchgeführt und dem Gegner zugeschrieben. Die Distanz des positiven Selbstbildes zum Feindbild wird immer größer, da das Bild vom Anderen fast ausschließlich negative Attribute wie zum Beispiel Unfreiheit, Brutalität, Terrorismus, Fundamentalismus, Primitivität und so weiter enthält. Im öffentlichen Diskurs werden diese Eigenschaften abschließend dahingehend kommuniziert, dass ein kollektives härteres Vorgehen, natürlich zur Aufrechterhaltung von Frieden im Sinne des Allgemeinwohls, unabwendbar ist.«

»Kann ich es denn verhindern, ein Opfer der Feinbildgenese zu werden?,« stellte Kersten eine Zwischenfrage.

»Die Mechanismen zu dechiffrieren, ist äußerst schwierig, da eine objektive Überprüfung der Informationen, auch mithilfe des Internets, nicht wirklich möglich ist. In diesem Zusammenhang sieht man wieder, dass unsere Massenmedien eine entscheidende Rolle spielen. Sie übertragen die Konflikte in jedes Wohnzimmer, stellen sie je nach Erfordernis als Wahrheiten oder Lügen hin, und transportieren beziehungsweise verstärken damit die Feindbilder. Das Netz als Alternativmedium zu nutzen, ist zwar gegenwärtig noch möglich, jedoch werden diesbezügliche Informationsquellen bewusst an den Rand gedrängt, als unwahr, als Verschwörungstheorien oder als gegnerische Propaganda dargestellt. Auch das Internet kann als Manipulationsmedium benutzt werden beziehungsweise es wird gezielt dafür genutzt.«

»Was ist dann aus der Medienethik im Sinne von ›Aufklärung der Gesellschaft‹ geworden?«

»Willst du wirklich eine Antwort darauf haben?

In meinen Augen gibt es, zumindest was die weitreichenden großen politischen Themen anbelangt, keine Medienethik mehr. Die Massenmedien sind ideologisch gebunden, unterliegen ausschließlich wirtschaftlichen Interessen und sind ›Täter‹ geworden. In Diktaturen können gezielte Falschinformationen durch unmittelbare Zensur in den Medien veröffentlicht werden, in demokratischen Ländern mit vermeintlicher Pressefreiheit geschieht das Gleiche – die Bevölkerung wird durch versteckte Zensur mithilfe von Fehlinformationen oder Halbwahrheiten beeinflusst und gesteuert.

In ganz Amerika gibt es gegenwärtig beispielsweise nur circa sechs größere Presseorgane; vier davon gehören zu den großen Ölkonzernen, die Eigentümer der restlichen zwei Presseorgane sind die zwei wichtigsten Rüstungsunternehmen.

»Wie kann in derartigen Allianzen eine neutrale Berichterstattung möglich sein?«, hakte Kersten nach.

»Sie ist schlichtweg nicht möglich! Ein intensives Feindbild führt dazu, die Geltung des Militärs in einer Gesellschaft zu vergrößern. Militärische Aktionen, ich gehe so weit, zu sagen, bis hin zum Völkermord, werden als absolut unvermeidliche Handlungen legitimiert, um das Böse zu bekämpfen und die eigenen Werte zu übertragen. Auf diese Weise werden gleichzeitig sehr hohe eigene Militärausgaben gerechtfertigt. Gerade in den USA spielt die Rüstungs- und Waffenindustrie eine überdimensionale Rolle. So sollen mehr als ein Viertel des gesamten Bruttoinlandsprodukts der USA auf das Konto von militärnaher Produktion gehen. Sherwood Ross hat die Verhältnisse 2009 folgendermaßen zusammengefasst: *The U.S. spends more for war annually than all state governments combined spend for the health, education, welfare, and safety of 308 million Americans.*«[33]

»Kannst du mir beweisbare Beispiele für folgenschwere Feindbildkonstruktionen der Gegenwart oder der nahen Vergangenheit nennen?«, fragte Kersten.

»Geopolitische Interessen haben in den letzten Jahrzehnten eine Vielzahl von Feindbildern produziert. Ein offenkundiges Musterbeispiel für die Verwirklichung eines Feindbildes in Zusammenhang mit der Rolle der Medien ist der Zweite Golfkrieg 1990/1991. Der irakische Diktator Saddam Hussein hat die Opposition im eigenen Land und Minderheiten, insbesondere die Kurden, unterjocht, hat sie ermorden lassen und einen Krieg gegen das Nachbarland, den Iran, geführt. Das entsetzliche Ergebnis: über eine Million Tote. Da der irakische Diktator als wirtschaftlicher Partner der USA und als Schutzschirm gegen den Iran galt, wurden seine Untaten, er setzte zum Beispiel das völkerrechtlich geächtete Giftgas[34] ein, vom Westen anfangs ignoriert, später sogar durch Waffenlieferungen unterstützt. Dies änderte sich erst, als er Kuwait überfiel und über die Erdölvorkommen energietechnische Interessen des Westens gefährdete. Über Nacht wurde Saddam Hussein von den USA vom Freund zum gefährlichsten Feind des Westens erklärt, zum Irren von Bagdad oder wie die deutschen Medien schrieben, zum ›neuen Hitler‹.

»Ich frage mich, wie damals die Öffentlichkeit mobilisiert wurde?«, hakte Kersten nach.

---

[33] Übersetzung: Die jährlichen militärischen Ausgaben der USA sind größer als die gesammelten Ausgaben für Gesundheit, Bildung, Wohlfahrt und Sicherheit von 308 Millionen Amerikanern.

[34] Das Giftgas stammte aus von Deutschen gebauten Fabriken, hergestellt mit deutscher Technologie (siehe Deutschlandfunk, Saddams Rüstungslieferanten, Woher Irak seine Waffentechnologie bezog, 17.03.2003).

Unter anderem durch Berichte über Gräueltaten irakischer Soldaten in Kuwait. Sie sollen Kinder und Babys ermordet und sogar Frühgeburten aus Brutkästen misshandelt haben. Diese Informationen wurden im UN-Weltsicherheitsrat, im US-Menschenrechtsausschuss und sicher in weiteren Menschenrechtsinstitutionen zur Sprache gebracht und über die Medien weltweit als ›Brutkastenmord‹ kommuniziert. Nach dem Ende des Krieges wurde die Propagandalüge aufgedeckt. Im Auftrag der kuwaitischen Regierung hatte die große amerikanische PR-Agentur *Hill and Knowlton* die Kampagne produziert und international publiziert.[35]

Ein anderes bekanntes Beispiel ist der Kosovokrieg 1998/1999. Die deutschen Massenmedien berichteten vor Beginn des Konflikts unisono von systematischen Vertreibungen, Internierungslagern und kosovo-albanischen Flüchtlingsgruppen. Bundeskanzler Gerhard Schröder begründete am 24.03.1999 eine militärische Intervention der NATO durch Verletzung der Menschenrechte[36] und die Bildzeitung schrieb am 01.04.1999: *Sie treiben sie ins KZ. (...) Ein Alptraum ist wiederauferstanden. Aus dem Kosovo verstärkten sich gestern Berichte, dass die Serben Tausende von Albanern in riesige Lager zusammentreiben.*

Angehörige der *Organisation für Sicherheit und Zusammenarbeit in Europa (OSZE)* waren zur Beobachtung im Kosovo und konnten die von den Medien veröffentlichten Vorkommnisse

---

[35] Siehe: Am Anfang stand die Lüge, Telepolis (https://www.heise.de/tp/features/Am-Anfang-stand-die-Luege-3428612.html).

[36] Zitat: Liebe Mitbürgerinnen und Mitbürger, heute Abend hat die Nato mit Luftschlägen gegen militärische Ziele in Jugoslawien begonnen. Damit will das Bündnis weitere schwere und systematische Verletzungen der Menschenrechte unterbinden und eine humanitäre Katastrophe im Kosovo verhindern. Der jugoslawische Präsident Milosevic führt dort einen erbarmungslosen Krieg. Wir führen keinen Krieg, aber wir sind aufgerufen eine friedliche Lösung im Kosovo auch mit militärischen Mitteln durchzusetzen.

nicht bestätigen. Der damals leitende deutsche General bei der O-SZE, Heinz Loquai, sagte später: *Die Legitimationsgrundlage für die deutsche Beteiligung war die sogenannte humanitäre Katastrophe. Eine solche humanitäre Katastrophe als völkerrechtliche Kategorie, die einen Kriegseintritt rechtfertigte, lag vor Kriegsbeginn im Kosovo nicht vor.* Und doch war sie die offizielle Begründung für die ›humane Intervention‹ der NATO gegen Jugoslawien.[37]

Ein weiteres Beispiel ist die Stationierung neuer atomarer Mittelstreckenraketen der Vereinigten Staaten 1980 gewesen, mit denen von Deutschland aus die damalige UdSSR bekämpft werden konnte. Auf der Basis des NATO-Doppelbeschlusses einigte man sich in Brüssel auf die Nachrüstung mit Pershing II und Cruise-Missile, die, mit Nuklearsprengköpfen ausgerüstet, im sogenannten *Kalten Krieg* eine Überlegenheit darstellten.

Die Stationierung löste in der Bevölkerung heftige Proteste aus. Millionen Menschen gingen auf die Straße und es entstand eine Friedensbewegung mit dem Ziel, die Rüstungsspirale endlich zu beenden und Deutschland zu entmilitarisieren.

Der Erfolg der Aufrüstungsgegner war enttäuschend. Anstatt die USA als Kriegstreiber zu demaskieren, wurde den politischen Gegnern unter anderem vorgeworfen, sie wären gegen den Westen und würden Politik für Moskau betreiben.

Auf fast allen Kriegsschauplätzen der letzten Jahrzehnte haben die Vereinigten Staaten, offiziell als selbst ernannte Weltpolizei, eine dominierende Rolle gespielt. Auch in den Staaten muss die Legitimation für militärische Interventionen in der Bevölkerung erwirkt werden. Und dies geschah und geschieht heute nach wie vor durch die Installation von Feindbildern.

---

[37] Siehe: Deutscher Bundestag, Drucksache 18/2421 vom 28.08.2014.

Der US-Präsident Ronald Reagon und viele seiner Nachfolger sprachen von der UdSSR als dem ›Reich des Bösen‹[38], Bush sprach von der ›Achse des Bösen‹[39] und nach dem 11.09.2001 von einem ›monumentalen Kampf zwischen Gut und Böse‹. In einer Grundsatzrede im Deutschen Bundestag am 23.05.2002 sagte er: *Wir bauen eine Welt der Gerechtigkeit (...) und mit unseren Freunden werden wir das Haus der Freiheit bauen - für unsere Zeiten und für alle Zeiten.*

Circa drei Wochen nach diesem Gespräch saß ich erneut mit Kersten am Gartentisch. Schon bei der Begrüßung erzählte er mir aufgeregt, dass er krasse, ja unglaubliche neue Infos, passend zu meinem Thema *Manipulation der Bevölkerung*, bei seiner Recherche im Internet entdeckt hatte.

»Du glaubst nicht, was ich im Netz gelesen habe«, begann er die Unterhaltung. »Es ist einfach unglaublich, es ist krass – hast du schon einmal etwas von *Mind Control* gehört?«

Ohne eine Antwort abzuwarten, sprach er weiter.

»Ins Deutsche übersetzt, bedeutet es *Bewusstseinskontrolle*. Nach einer Definition im Internet versteht man darunter unterschiedliche Methoden, um das Verhalten und Denken sowie die Gefühle von Menschen zu steuern, bis hin zur kompletten Kontrolle. Dabei wird die Wahrnehmung massiv manipuliert und in gewünschter Richtung beeinflusst. Die Propaganda der Massenmedien und die Manipulation durch Werbekampagnen sind allgemein bekannte Manipulationsstrategien, auch die Feindbildgenese gehört dazu, und, ich kann es noch immer nicht fassen, die vollständige Bewusstseinskontrolle durch Gehirnwäsche und Gedankenübertragung mittels Strahlung ist heute möglich und wird

---

[38] ›Evil Empire‹, R. Reagon prägte den Begriff in einer Rede am 08. März 1983 an die National Association of Evangelicals in Orlande, Florida.

[39] Nordkorea, Iran und Irak.

auch unbemerkt, hinter dem Rücken der Bevölkerung, eingesetzt.«

»Ja, ich kenne schon recht lange derartige Methoden der Manipulation«, entgegnete ich.

»Die Technik, versteckte Nachrichten in Musikstücken und Filmen zu platzieren, ist schon länger bekannt, und wird als verkaufsfördernde Werbemaßnahme von staatlicher Seite anscheinend geduldet.[40] Mir ist auch bekannt, dass die Nazis schreckliche Experimente an lebenden Menschen durchgeführt haben, um den freien Willen der Menschen zu brechen, und so den perfekten gehorsamen Untertan zu erschaffen. Aber was du mutmaßt, den Einsatz bewusstseinskontrollierender Methoden an der Bevölkerung, in der heutigen aufgeklärten Zeit, ist mit sehr viel Vorsicht zu betrachten, denn es grenzt schon an eine Verschwörungstheorie und ist schwer zu beweisen. Wenn es jedoch tatsächlich stimmen sollte, wäre es ein gravierender Angriff auf die Grundrechte und müsste von staatlicher Seite sofort unterbunden werden.«

»Wir wissen doch alle, wozu Menschen fähig sind, wenn sie sich Vorteile erhoffen und die entsprechende Machtstellung haben«, übernahm Kersten wieder das Wort.

»An bewusstseinskontrollierenden Methoden wird seit Jahrzehnten in den Vereinigten Staaten, Russland, China, Nordkorea, Großbritannien und in weiteren Staaten geforscht.

---

[40] Musik und Worte sind starke Kräfte und haben beträchtlichen Einfluss auf die Zuhörer. Sie erzeugen Emotionen, welche kontrolliert in eine bestimmte Richtung gelenkt werden können.
Siehe auch: Bryant, J. und Zimmermann, D. : Media effects, 1994, Hillsdale.
Bornstein, R.F. : Subliminal techniques as propaganda tools. In: Journal of Mind and Behavior, Summer 1989, 231-262.

Nach dem Zweiten Weltkrieg wurden die Nazi-Experimente in den Vereinigten Staaten unter Beteiligung deutscher Wissenschaftler[41] fortgesetzt. Forschungsprojekte wie *Bluebird, MK Ultra, Paperclip* oder *Project Monarch* kamen an die Öffentlichkeit, viele andere Projekte werden auch heute noch von Geheimdiensten, Militärs, Regierungen, Industrie, Wissenschaft, Kirchen, Logen und Sekten im Verborgenen abgewickelt. Testpersonen sind oft Gefängnisinsassen, hilflose Patienten in Kliniken und Sanatorien sowie absolut ahnungslose Teile der Bevölkerung. «

»Was du hier berichtest, ist absolut schockierend. Gibt es denn wirklich eindeutige Hinweise über Praktiken, Resultate und Gebrauch dieser unheimlichen Forschungen?«, fragte ich beunruhigt.

»Eindeutig ja. Nach meinen Infos werden die Probanden meist mit Drogen, Hypnose, Folter, Chirurgie und Strahlung zu willenlosen Marionetten abgerichtet«, antwortete Kersten.

»Das Project Monarch ist relativ bekannt und kann im Internet easy recherchiert werden. Das Ziel dieser Forschungen war es, die *Multiple Persönlichkeitsstörung* zu erzeugen, das heißt, die in der Regel einzige Persönlichkeit eines Menschen in mehrere Teilpersönlichkeiten zu spalten und diese zu modifizieren.

In zahlreichen Berichten verschiedener Autoren wird das Geheimprojekt als zielführend und abgeschlossen beschrieben. Durch bestialische Praktiken wird zunächst der Verstand des Opfers fragmentiert. Diese Fragmente werden dann, voneinander abweichend, nach erforderlicher Funktionalität programmiert, und je nach Erfordernis wird eine bestimmte Persönlichkeit für den praktischen Einsatz abgerufen.«

---

[41] Unter anderen arbeitete der skrupellose Nazi Dr. Josef Mengele in den USA unter dem Namen Dr. Green in führender Position an den menschenverachtenden Experimenten der Bewusstseinskontrolle weiter.

»Unvorstellbar, es läuft mir kalt den Rücken herunter, wenn ich daran denke, welches Unheil mit dieser teuflischen Praktik angerichtet werden kann«, sprach ich nach einigen Sekunden des Nachdenkens.

»Das bedeutet letztendlich, dass menschliche Roboter erzeugt werden können, die sich für jede Art von Verbrechen, sei es zum Beispiel ein Überfall, Mord oder Attentat, jederzeit auf Kommando einsetzen lassen.

Heimtückisch und schändlich.

Was sind das nur für Subjekte, die sich für derartige Forschungen zur Verfügung stellen und Mitmenschen auf diese Weise quälen? Was sind das für sadistische Forschungen, deren Endergebnisse seelenlose Hüllen sind, die auf Befehl zu wilden Bestien ohne Mitgefühl, Schuldbewusstsein oder Reue umfunktioniert werden können? Was sind das für Forscher, die im Namen der Wissenschaft verantwortungslos am Menschen experimentieren, und dies zu seinem Schaden? Wer besitzt die Schlüssel zu den Forschungsergebnissen, die, wenn sie in falsche Hände geraten, jeglicher Art von Verbrechen Tür und Tor öffnen, und warum weiß der überwiegende Teil der Bevölkerung nichts von diesen grausamen Experimenten am Menschen?«

»Ich kann dir deine Fragen nicht alle beantworten«, übernahm Kersten ernst das Wort. »Aber aus welchem Grund die Forschungen vor der Öffentlichkeit verborgen bleiben, ist doch klar. Sie sind illegal, gegen die Menschlichkeit gerichtet, und sie würden bei uns niemals mehrheitlich von den Bürgern akzeptiert werden. Die Infos der Mainstream-Presse dazu sind daher sehr knapp gehalten, oder anders ausgedrückt, vorenthaltene Informationen sind auch eine Form von Mind Control!

In den Medien anderer Länder, insbesondere in den USA, wird die Thematik relativ offen kommuniziert. Durch den *Freedom of*

Information Act[42] konnten bisher geheime Unterlagen eingesehen und dadurch nachgewiesen werden, dass an amerikanischen Universitäten und in Einrichtungen der Psychiatrie Versuche mit Patienten ohne deren Einwilligung durchgeführt worden sind. Gordon Thomas, ein ehemaliger Geheimdienstspezialist, hat sich diesbezüglich in einer ZDF-Doku folgendermaßen geäußert: *Das Projekt MK Ultra hat für immer unser Vertrauen in die Ärzte und die moderne Medizin zerstört. (...) Am Ende bleibt uns nur die Gewissheit: Je weiter wir vom letzten MK-Ultra-Programm entfernt sind, desto näher ist das nächste.*«[43]

»Ist Mind Control in dieser massiven Form auch bei uns relevant?«, fragte ich aufgewühlt.

»Ja klar«, sagte er, »ich möchte aber, bevor wir darauf zu sprechen kommen, dir noch eine andere, schon sehr weit entwickelte und vermutlich noch gefährlichere Methode der Gehirnwäsche nennen – Gedankenübertragung und Erzeugung gesundheitlicher Probleme mittels Strahlung.

Es ist heute technisch möglich, unbemerkt und geräuschlos durch eine funkähnliche Übertragungstechnik einzelne Personen oder Menschengruppen gezielt zu manipulieren. Neurophysiologen haben die erforderliche Technik so weit entwickelt, dass die biologischen Schutzmechanismen des Gehirns umgangen werden und gewünschte Informations- oder Störsignale sich dort ungehindert entfalten können. So können gezielte Informationen im

---

[42] Dies ist ein 1967 in Kraft getretenes Gesetz in den USA zur Informationsfreiheit und gibt jeder Person, ob Staatsbürger oder nicht, das Recht, Zugang zu Dokumenten von staatlichen Behörden zu verlangen. Unter der Bezeichnung 'Central Intelligence Agency, Library, Freedom of Information Act, Electronic Reading Room' können die Aussagen zu Bluebird, MK Ultra, Paperclip etc. im Internet überprüft werden (https://www.cia.gov/library/readingroom/).

[43] ERSTAUNLICH: ZDF-Dokumentation über das MK-Ultra-Programm der USA! *Alles nur Verschwörungstheorie?* (Quelle: YouTube.)

menschlichen Gehirn platziert und/oder die Lebensfunktionen negativ beeinflusst werden.«

»Ein schreckliches Szenario«, sagte ich gedankenversunken. »Das Grauen ist schon Realität!«

»Was Deutschland betrifft«, sprach Kersten weiter, »muss man davon ausgehen, dass auch bei uns modernste Mind-Control-Techniken angewandt werden.

Der Diplom-Psychologe Heiner Gehring[44], ehemaliger wissenschaftlicher Mitarbeiter an der Universität Osnabrück, schrieb in seinen beiden Büchern[45] ausführlich über bewusstseinskontrollierende Projekte und Methoden, die in vielen Ländern, Deutschland eingeschlossen, seit den 1950er-Jahren sowohl in militärischen als auch in zivilen Forschungseinrichtungen durchgeführt worden sind. Deutschland ist also kein Mind Control freier Raum oder wie Heiner Gehring es ausdrückte: *Die Methoden werden auch bei uns angewendet. Jetzt, hier in Deutschland, und an Ihnen!*

---

[44] H. Gehring war einer der führenden deutschen Wissenschaftler auf dem Gebiet der Bewusstseinskontrolle, verstorben am 25. Juli 2004.

[45] Gehring, H.: Im Vollbad der Bosheiten. Mind-Control und die Illusion einer schönen neuen Welt, Amun-Verlag Foerster, Foerster und Mehner GbR 2000.
Gehring, H.: Versklavte Gehirne. Bewusstseinskontrolle und Verhaltensbeeinflussung, Kopp Verlag, 2004.

Imperium Americanum

Keine Macht darf über dem Recht stehen.

(Marcus Tullius Cicero)

Vor circa einem Jahr, Iven hatte Semesterferien und kam gerade von der Erkundung einer römischen Siedlung unweit unseres Wohnorts zurück.

»War deine Prospertion erfolgreich?«, wollte ich wissen.

»Ja«, antwortete er, und hielt mir die geöffnete Hand entgegen. »Ich habe auf einer Villa rustica drei konstantinische römische Münzen aus dem 4. Jahrhundert gefunden. Es sind zwei recht gut erhaltene Follis sowie wahrscheinlich eine Mittel-Follis schlechter Qualität, und sie bestätigen meine Vermutung, dass die Römer auch noch nach dem 3. Jahrhundert unsere heimatliche Region besiedelt hatten.«

Während ich die Münzfragmente betrachtete, sagte er mit einem kritischen Blick:

»Unsere Nachfolgegenerationen werden wohl amerikanische Quarter und Dollars finden!«

Ich musste lächeln, denn seine Aussage beinhaltete einen politisch brisanten und hochexplosiven Sachverhalt.

»Wie meinst du das konkret?«, fragte ich, und legte die Münzen beiseite.

»Das römische Imperium hat, wie du an meinem Bodenfund erkennst, bei uns und in zahlreichen anderen Ländern deutliche Spuren hinterlassen. Die Münzen, die ich heute gefunden habe, sind ein sichtbares Symbol für die einstige Expansionspolitik Roms.

Ist die Situation in der Gegenwart nicht ähnlich?

Die Römer glaubten fest an einen politischen Sendungsbefehl, und Gerechtigkeit war, nach den überlieferten schriftlichen Reden des römischen Philosophen und Politikers Marcus Tullius Cicero, der einzige Grund, warum man sich an Kriegen beteiligt hat. Cicero sagte ebenfalls, Rom hätte ausschließlich rechtmäßige Konflikte ausgetragen, also kriegerische Auseinandersetzungen, die dem Reich durch feindliche Übergriffe aufgezwungen, niemals aber selbst begonnen wurden, um seinen Machtbereich zu vergrößern. Diese positiven Begründungen militärischer Interventionen wurden jedoch damals schon durch Polybios, einem antiken griechischen Schriftsteller, infrage gestellt, und werden auch heute von zahlreichen Altertumsforschern angezweifelt.

Pa, siehst du die Parallelen zur Gegenwart?«

»Klar, sie sind ja offensichtlich.

Die Amerikaner rechtfertigen sich in gleicher Art und Weise, und führen seit Jahrzehnten ein *bellum iustum*, einen weltweiten Verteidigungskrieg zum Schutz ihrer eigenen Existenz und zum Schutz ihrer verbündeten Nationen. Wurde die römische Herrschaft als gottgewollt und als auf das Wohl des eigenen und der unterworfenen Länder hin ausgerichtet beschrieben, betrachten sich die Amerikaner als Weltpolizei mit dem Auftrag, die gemeinschaftlichen demokratischen und zivilisatorischen Werte der westlichen Welt vor den Gefahren aus dem Osten zu beschützen, und sie in die unterdrückten Staaten der Erde zu tragen.«

»Leider waren und sind diese genannten edlen Motive sowohl früher bei den Römern als auch heute bei den Amerikanern nicht die wahren Triebfedern ihres politischen Handelns«, sagte Iven. »Es geht und es ging immer um Machtvergrößerung, Wohlstandsmehrung und räumliche Expansion. Es geht und es ging um das große Ziel ›Weltmacht‹, und dies gelingt und gelang durch militärische Überlegenheit.«

»Das sehe ich genauso«, antwortete ich.

»Geopolitisch resultiert die Vormachtstellung der Vereinigten Staaten vor allem aufgrund ihrer militärischen Überlegenheit. Sie haben die größte Militärmacht der Welt. Ähnlich wie die Engländer Jahrhunderte vor ihnen in ihren Kolonien haben sie Marinebasen um die ganze Welt verteilt. Offiziell spricht man allein von circa 800 militärischen Stützpunkten außerhalb des Landes[46]; mit 11 Flugzeugträgern und circa 500 weiteren militärischen Schiffen verfügen sie qualitativ und quantitativ über die bedeutendste Seemacht, mit circa 13.700 Flugzeugen ebenso über die größte Luftwaffe.

»Traurigerweise ...«, sagte Iven, während er die Treppe zu seinem Arbeitszimmer herunterging und sich in einen Sessel setzte.

»... Traurigerweise sind die wirklichen geopolitischen Hintergründe der geführten Kriege für viele Menschen, selbst in Amerika und in den westlichen Ländern, aufgrund einseitiger und manipulierter Berichterstattung der Mainstream-Medien nicht transparent. In den letzten Jahrzehnten drehte sich die amerikanische Außenpolitik zentral um die Kontrolle der Erdöl- und Erdgasvorkommen auf der ganzen Welt. Sowohl die Förderung und Überwachung der Transportwege als auch deren strategische Absicherung bildeten die Hauptkriterien für jegliche Diplomatie, und sie waren die Grundlage der geführten militärischen Interventionen. Und warum? Um ihre Vormachtstellung in der Welt zu erhalten. [47]«

---

[46] Die USA unterhalten circa 800 militärische Stützpunkte in 130 Ländern der Welt. Dies entspricht schlichtweg 95 Prozent aller militärischen Auslandsstützpunkte.

[47] George Friedmann, Vorsitzender von *Strategic Forecasting, Inc* (US-amerikanischer Informationsdienst, der Analysen, Berichte und Zukunftsprojektionen zur Sicherheitsfragen und Geopolitik erstellt) und Vordenker der US-Außenpolitik äußerte sich vor dem *Chicago Council on Global Affairs (15.03.2015):* Die USA haben ein fundamentales Interesse: Sie kontrollieren alle Ozeane dieser Welt. Keine Macht hat das jemals getan. Deshalb

»In der Öffentlichkeit wird das aber ganz anders gedeutet«, warf ich ein.

»In den Medien heißt es, dass keine andere Macht sich so sehr gegen ihren Willen und ihre Tradition in die imperialistische Rolle als Weltpolizei drängen lassen hat wie die Vereinigten Staaten.«

»Das ist Mainstream«, antwortete Iven. »Der wahre Sachverhalt sieht anders aus.

Zbigniew Brzezinski, polnisch-amerikanischer Politikwissenschaftler, einer der führenden Strategen amerikanischer Außenpolitik und Mitglied der bedeutendsten elitären Gruppierungen, hat 1997 in seiner Publikation *The Grand Chessboard: American Primacy and Its Geostrategic Imperatives*[48] umfassend und unverblümt die langfristigen geostrategischen Pläne der Vereinigten Staaten beschrieben. Seine Schrift formuliert einen exakten analytischen Abriss der Zielsetzungen für den Zeitraum von 30 Jahren.

Mit seinen Visionen einer neuen politischen Weltordnung vertritt Brzezinski unverhohlen die Sichtweisen und Interessen der amerikanischen Elite. Amerika soll die einzige Weltmacht bleiben.

In seinen Ausführungen betont er, dass Amerika es nach dem Zusammenbruch der UdSSR versäumt hat, ein globales System

---

intervenieren wir weltweit bei den Völkern, aber sie können uns nicht angreifen. Das ist eine sehr schöne Sache... Die Kontrolle über die Ozeane und das Weltall zu behalten, ist das Fundament unserer Macht. Der beste Weg, eine feindliche Flotte zu besiegen, ist zu verhindern, dass sie aufgebaut wird... Die Politik, die ich empfehlen würde, ist diejenige, die Ronald Reagan im Irak und Iran angewandt hat. Er finanzierte beide Seiten, sodass sie sich gegenseitig bekämpften und nicht uns. Es war zynisch, sicher nicht moralisch vertretbar, aber es hat funktioniert. Das ist der Punkt. (https://www.youtube.com/watch?v=ablI1v9PXpI)

[48] Die einzige Weltmacht: Amerikas Strategie der Vorherrschaft.

amerikanischer Vorherrschaft zu errichten. Nach seiner Überzeugung wird der Konflikt um die globale Weltherrschaft in Zukunft auf dem ›Schachbrett Eurasien‹ ausgefochten. Er schlägt deshalb vor, die einseitige Interventionspolitik im eurasischen Raum zu verlassen und die Kooperationen mit Europa und China auszubauen. Mit dem Iran und Venezuela sollen Verhandlungen aufgenommen, zugleich soll Russland weitgehend isoliert werden.«

»Mit diesen Planungen will Amerika vermutlich das russische Eurasien-Projekt verhindern!«, sprach ich und setzte mich zu ihm.

»Ja«, antwortete Iven, und zeigte auf eine Weltkarte an der Wand.

»Wenn es schon kein großes ›Europa-Haus‹ mit Russland geben soll, die EU wollte unter dem Druck aus Washington eine derartige Partnerschaft nicht eingehen, entwickelt sich zurzeit, entgegen den Bestrebungen der Vereinigten Staaten, ein großes ›Eurasien-Haus‹, in der sich die *BRICS-Gruppe*, eine zwischenstaatliche Vereinigung von Brasilien, Russland, Indien, China und Südafrika, und die *Shanghaier Organisation für Zusammenarbeit (SOZ)*, hierzu gehören Russland, China, Kasachstan, Kirgisistan, Tadschikistan, Usbekistan, Pakistan und Indien, wirtschaftlich zusammenschließen wollen. Das Ziel ist eine *Eurasische Wirtschaftsunion(EEU).*«

»Aber das ist noch nicht alles. Die chinesische Regierung will über eine neue Seidenstraße Eurasien mit China vernetzen und einen neuen Wirtschaftsgürtel mit Freihandelszonen schaffen. Alle hiervon betroffenen 65 Länder, sie stehen zusammen für 4,4 Milliarden Menschen oder 63 Prozent der Weltbevölkerung und 29 Prozent der globalen Wirtschaftsleistung, sollen zu einer modernen Wirtschaftsregion verknüpft werden.

Der Bau dieser Straße von China über die riesige Landfläche Eurasiens bis nach Europa ist derzeit das größte Infrastrukturprojekt der Geschichte. Es wird die Weltkarte komplett verändern. Dort wo heute Wüste und Berge sind, werden bald moderne Städte der Zukunft entstehen. Die Straße hat nicht allein den Zweck, die Frachtzeiten zu verringern. Es geht vielmehr um die Umwandlung einer bisher ärmlichen Region, die jedoch mit Bodenschätzen gesegnet ist, in einen pulsierenden und wachsenden neuen Wirtschaftsraum – durch Ansiedlung von Technologie und Industrie.«

»Ja, ich habe davon gehört«, sagte ich.

»Das gesamte Konzept ist offensichtlich nicht allein als Infrastrukturprojekt aufgebaut, es geht latent um die Schaffung einer neuen wirtschaftlich-politisch-kulturellen Verbindung zwischen Asien, Europa und eventuell Afrika.«

»Tatsächlich hat China bei dem Konzept der modernen Seidenstraße nicht nur die schnelleren Handelsverbindungen nach Europa und die gewaltigen Ressourcen der Anrainerstaaten im Blick«, sprach Iven weiter. »Offiziell heißt es ›Wohlstand und Frieden‹ schaffen. Mit der Zeit, so denke ich zumindest, wird die starke ökonomische Zusammenarbeit auch zu Sicherheitsbindungen und politischer Annäherung führen. Dennoch, für Chinas ›Win-Win-Strategie der Kooperation‹ und politischer Zurückhaltung stehen die Stabilität und die autonome wirtschaftliche Nutzung jedes einzelnen Landes im Vordergrund. Übrigens, China hat die Europäische Union wiederholt eingeladen, sich an diesem Jahrhundertprojekt zu beteiligen – leider bisher erfolglos, denn auch in dieser Angelegenheit hat der amerikanische Einfluss zu einer negativen Haltung geführt.

Wusstest du eigentlich, dass die Amerikaner zu Beginn der 1990er-Jahre schon den Bau einer solchen Seidenstraße planten?«

»Nein«, antwortete ich, »das ist mir neu.«

»Die *Silk Road Strategy*, eine bedeutende Zielvorstellung der damaligen US-Außenpolitik, wurde offiziell als ›transeuropäisches Sicherheitssystem‹ entwickelt«, sagte Iven. »Es ging den Amerikanern jedoch primär um die ›Militarisierung des eurasischen Korridors‹ mit der Zielsetzung, die vormaligen Sowjetrepubliken unter die Machtsphäre der USA zu bringen. Im weiteren Entwicklungsverlauf sollte, durch Ansiedlung von Handel und Industrie, die amerikanische Wirtschaftsmacht weiter gestärkt werden. Als positiver Nebeneffekt hätte sozusagen, aufgrund der großen Öl- und Gasvorkommen in diesen Landstrichen, die Energieabhängigkeit der USA von der Golfregion deutlich reduziert werden können.«

»Und warum wurde die Intention nicht umgesetzt?«

»Der *Silk-Road-Strategy-Act* wurde 1999 vom US-Abgeordnetenhaus verabschiedet, jedoch nie in Kraft gesetzt, weil die Amerikaner es nicht schafften, die Mehrzahl der ehemaligen Sowjetrepubliken in einer gemeinsamen militärischen Kooperation zusammenzuführen. Mutmaßlich waren auch die gewichtigeren militärischen Interventionen im Mittleren Osten ein entscheidender Grund. «

»Ich begreife gerade«, sagte ich, »warum Amerika das komplexe Geschehen im eurasischen Raum mit Argusaugen betrachtet. Es geht um die globale politisch-ökonomische Vormachtstellung, die massiv gefährdet werden könnte. Die eingeschränkte wirtschaftliche Präsenz vor Ort und vor allem das mögliche Szenario einer neuen Gegenwährung zum Dollar, der sich andere Länder anschließen könnten, würde die heutige Dominanz der USA deutlich verringern.«

»Genau«, bestätigte Iven. Der Plan einer Silk Road, mit dem Brzezinski 1997 die globale Vormachtstellung Amerikas weiter ausbauen wollte, wird jetzt unter chinesischer und russischer Führung verwirklicht – für Amerika eine totale Niederlage. Ich sehe das äußerst positiv, denn die chinesische Diplomatie, die sich bisher aus dem innenpolitischen Geschehen anderer Länder heraushielt, könnte eine neue Ära der Gerechtigkeit und Gleichheit und die Rückkehr selbstbestimmter und selbstverantwortlicher Staaten in dieser Region einleiten.«

»Wenn die Vereinigten Staaten es zulassen«, entgegnete ich skeptisch. »Es ist zu erwarten, dass sie alle erdenklichen Anstrengungen unternehmen, ich denke hier auch an militärische Maßnahmen, um die chinesisch-russische Konzeption zu durchkreuzen, oder zumindest als mitentscheidender Bündnispartner ihre eigenen Vorstellungen und Interessen mit einzubringen und umzusetzen.

Amerika wird sicher mit allen Mitteln versuchen, seine globale Vormachtstellung zu behalten und möglichst weiter auszubauen. Dafür ist in jedem Fall eine gewichtige Teilhabe an dem größten Projekt der bisherigen Geschichte notwendig. Das meinte auch Brzezinski als er schrieb: *Das primäre Ziel amerikanischer Außenpolitik muss darin bestehen, daß kein Staat oder keine Gruppe von Staaten die Fähigkeit erlangt, die Vereinigten Staaten aus Eurasien zu vertreiben oder auch nur deren Führungsrolle entscheidend zu beeinträchtigen. Es gilt die Gefahr eines plötzlichen Aufstiegs einer neuen Macht zu verhindern und die beherrschende Stellung Amerikas für noch mindestens eine Generation und vorzugsweise länger zu bewahren.[49]«*

»Welche Rolle spielt denn deiner Meinung nach die NATO in diesem Zusammenhang?«, fragte Iven nachdenklich, während er die römischen Münzen betrachtete. »Am Gymnasium haben wir gelernt, dass die NATO 1949 zur Friedenssicherung gegründet wurde.«

---

[49] Vgl. The Grand chessboard S. 280 ff..

»Ja, das stimmt auch. Nach dem Zweiten Weltkrieg wurden große Gegensätzlichkeiten zwischen den kommunistischen Ländern, vornehmlich der UdSSR, und den westlichen Siegermächten deutlich. Im Westen schlossen sich aus diesem Grund 12 Länder unter der Führung der Vereinigten Staaten von Amerika zu einem Sicherheitsbündnis, der NATO, zusammen. Nur fünf Tage später entstand als Gegenpart im Osten der *Warschauer Pakt*. Beide Bündnisse setzten sich das Ziel, die Freiheit und Sicherheit ihrer Mitgliedstaaten zu gewährleisten und sich in einem Angriffsfall gegenseitig zu verteidigen. In Artikel 5 der NATO-Statuten heißt es sinngemäß: *Die Mitgliedsstaaten legen fest, dass ein bewaffneter Angriff gegen eine oder mehrere von ihnen als ein Angriff gegen alle angesehen wird, und sie vereinbaren daher, dass im Falle eines solchen Angriffs jede von ihnen der Partei oder den Parteien, die angegriffen werden, Beistand leistet einschließlich der Anwendung von Waffengewalt, um die Sicherheit des nordatlantischen Gebiets wiederherzustellen oder zu erhalten.*«

»Die beiden Bündnisse waren doch eine gute Sache und die Vergangenheit zeigt, dass sie tatsächlich den Frieden gesichert haben.«

»Ja und nein«, warf ich ein, »es trat zwar kein realer Kriegsfall ein, es entwickelte sich jedoch in beiden Koalitionen eine, ich möchte sagen, teuflische Aufrüstungswelle, die aufgrund der ungezählten atomaren Sprengsätze im Extremfall zum globalen Exitus hätte führen können. Man sprach vom *Kalten Krieg* oder auch vom *Aufrüstungskrieg*, und erst Jahre später, 1990, wurde mit dem Vertrag über gegenseitige Rüstungsbeschränkung deutlich, in welcher immensen Gefahr sich die Menschheit zu jener Zeit befunden hatte.«

»Der Warschauer Pakt wurde 1991 aufgelöst, warum hat man im Westen den Zusammenschluss der NATO nicht auch beendet?«, fragte Iven.

»Jetzt wird unsere Unterhaltung interessant«, erwiderte ich. »Wir haben vorhin über Geopolitik gesprochen und über die enorme Bedeutung einer führenden Teilhabe am Aufbau einer modernen Infrastruktur im ressourcenreichen eurasischen Raum. Die NATO, und mit ihr das transatlantisch orientierte Europa, hat für Amerika die Funktion einer idealen Ausgangsbasis. Sieh einmal auf deine Weltkarte an der Wand und du wirst erkennen, dass sich die Vereinigten Staaten für die Umsetzung ihrer Interessen auf dem eurasischen Kontinent über das Bündnis ›NATO‹ signifikant positioniert haben. Zeichnest du die militärischen Stützpunkte der Amerikaner in dieser Region ein, wird ein fast geschlossener Gürtel um Russland und die russlandfreundlichen Staaten sichtbar. Das allgemein bekannte Ziel der amerikanischen Außenpolitik, siehe Brzezinski, aber auch die Empfehlungen der heutigen Berater wie die ehemalige Außenministerin Madeleine Albright oder Derek Chollet, ist in aller Deutlichkeit erkennbar; sie hoffen auf die Renaissance einer Aussenpolitik der militärischen Stärke. Ein Wechsel der Perspektive lässt die massive Präsenz der NATO und der vielen amerikanischen Stützpunkte an den territorialen Grenzen Russlands als hochgradige durchgehende Bedrohung nachempfinden.«

»In deinen Ausführungen werden Amerika und die NATO sehr negativ, mehr noch, als Aggressor dargestellt.«

»Das ist mir bewusst. Bei kritischer Betrachtung der Fortentwicklung der NATO in den letzten zwei Jahrzehnten bleibt einem keine andere Wertung. Offiziell spricht man von Freiheit, Sicherheit, Frieden, Demokratie und humanitäre Hilfe, in Wirklichkeit geht es um die Mithilfe und Unterstützung der Amerikaner hinsichtlich ihrer geopolitischen Ziele. Es geht um machtpolitische Interessen und um Ressourcen.

Das Unrecht begann mit der völkerrechtswidrigen Militärintervention der NATO unter der Führung der Vereinigten Staaten 1999 im ehemaligen Jugoslawien. Dies war die erste kriegerische Auseinandersetzung, welche die NATO sowohl außerhalb eines Bündnisfalls als auch ohne ausdrückliches UN-Mandat geführt hat. Für Deutschland war es ein dreifacher Rechtsbruch: das Nichteinhalten des Völkerrechts, der Bruch des internationalen Vertragsrechts und die Nichtachtung des Grundgesetzes. Deutsche Politiker belogen das Parlament und die Öffentlichkeit, um die Mitwirkung der Bundeswehr am Angriffskrieg im ehemaligen Jugoslawien zu legitimieren. Unser ehemaliger Verteidigungsminister Rudolf Scharping sprach von Massenhinrichtungen, von Völkermord, von schwangeren Frauen mit aufgeschlitzten Körpern, von Konzentrationslagern, jedoch ohne Beweise vorzulegen. Bis heute versuchen die NATO-Staaten den Völkerrechtsbruch als unvermeidbare humanitäre Intervention zu rechtfertigen, obwohl, wie vorher als Legitimierung behauptet wurde, keine serbischen Menschenrechtsverletzungen gegen die Albaner im Kosovo nachgewiesen werden konnten.

Im Rahmen der NATO-Erweiterung wurden später mehrere Staaten des ehemaligen Jugoslawien in die EU beziehungsweise in die NATO aufgenommen. Da in den vergangenen Jahren auf deren Territorium amerikanische Stützpunkte entstanden sind, wird die langfristige Strategie für alle erkennbar.«

»Das bedeutet ja, dass die humanitären Interventionen der letzten Jahre, also die Wahrung und Befolgung der Menschenrechte, missbraucht wurden, um grundlegende andere Interessen zu verfolgen!«, rief Iven.

»So ist es. Und wir Deutschen mischen kräftig mit! Wir sind als NATO-Mitgliedsstaat gleichzeitig Mittäter. Die Öffentlichkeit wird desinformiert, sodass wir glauben, uns moralisch auf der ›guten Seite‹ zu befinden. Damit werden die skrupellosen Handlungen legitimiert, die man unter anderen Gesichtspunkten als schwere Verbrechen bezeichnen müsste.

Ein weiteres signifikantes Fallbeispiel amerikanischer Außenpolitik sehen wir gegenwärtig in der Ukraine. In den westlichen Medien lässt man keinen Zweifel daran, dass Wladimir Putin und Russland einzig und allein für den bewaffneten Konflikt verantwortlich sind, und die Ukraine zurück in den russischen Einflussbereich zwängen wollen. Eine Vielzahl von kritischen Autoren hat die Zusammenhänge für die Eskalation in der ukrainischen Hauptstadt genauer untersucht und ist zu einem anderen Ergebnis gekommen. F. William Engdahl, ein anerkannter Analyst geostrategischer Entwicklungen, zeigt beispielsweise in seinem Buch *Krieg in der Ukraine*[50], wer tatsächlich und aus welchen Gründen für die militärischen Auseinandersetzungen verantwortlich war – wieder einmal die Vereinigten Staaten von Amerika und ihre Geheimdienste. Sie provozierten zunächst die gewalttätigen Proteste in Kiew, anschließend machten die von Amerika geführten Mainstream-Medien die prorussischen Separatisten für die Verbrechen auf dem Majdan verantwortlich.

Die Logik der Strategie ist auch hier sonnenklar. Eine EU-Erweiterung nach Osten ist gleichbedeutend mit einer Osterweiterung der NATO. Damit würde der amerikanische Einfluss in Zentralasien stark erweitert und der Zugriff auf die ukrainischen Ressourcen gesichert.

»Hatte der Westen bei der deutschen Wiedervereinigung dem damaligen russischen Staatspräsidenten Michail Gorbatschow

---

[50] Engdahl, F. W.: Krieg in der Ukraine, Kopp-Verlag.

nicht zugesichert, auf eine Osterweiterung der NATO zu verzichten?«

»Korrekt«, antwortete ich. »Hier sieht man wieder einmal, dass der Regierung in Washington nicht zu trauen ist und sie sich an keine Versprechen hält. Am 9. Februar 1990 versicherte der amerikanische Außenminister James Baker in Moskau bei einem Treffen gegenüber Gorbatschow und Außenminister Eduard Schewardnadse: Das Bündnis werde seinen Einflussbereich nicht einen Zoll weiter nach Osten ausdehnen, falls die Sowjets der NATO-Mitgliedschaft eines geeinten Deutschlands zustimmten. Ähnlich äußerte sich der damalige deutsche Außenminister Hans-Dietrich Genscher: *Was immer im Warschauer Pakt geschieht, eine Ausdehnung des NATO-Territoriums nach Osten, das heißt, näher an die Grenzen der Sowjetunion heran, wird es nicht geben.*

Jahre danach sprachen Baker und Genscher lediglich von politischen Empfehlungen; ihre damaligen Erklärungen, sie sind durch historische Dokumente belegt, wollten sie nicht mehr als Versicherung oder als Zusage verstanden wissen.

Und was ist de facto geschehen? Sämtliche ehemaligen Ostblockländer und die damaligen Sowjetrepubliken im Baltikum sind in die NATO integriert worden, und man hat amerikanische Abwehrraketen aufgestellt, um, wie behauptet wird, Europa vor nordkoreanischen oder iranischen Übergriffen zu schützen. Die bislang größte Provokation des Westens gegenüber Russland ereignet sich momentan durch den Versuch der Annexion Georgiens und der Ukraine. Es ist für jeden kritisch denkenden Menschen offensichtlich: Man will die vollständige Umzingelung Russlands zum Abschluss bringen.

»Wenn das, was du sagst, alles der Wahrheit entspricht, kann man die USA und auch die anderen NATO-Staaten nicht mehr als demokratische Rechtsstaaten bezeichnen«, ergänzte Iven. »Es gibt keine NATO-Bündnisverpflichtung, die zum Gesetzesbruch und zu kriminellen Handlungen gegenüber anderen Staaten verpflichtet. Wenn wir Deutschen also die Interventionen der Vereinigten Staaten und der NATO unterstützen oder auch nur stillschweigend dulden, sind wir erbärmliche Handlanger und Mittäter.«

»Traurigerweise ist das so«, ergänzte ich. »Die Aussagen sind vielfach belegt und ohne größere Anstrengungen zu überprüfen.

Damit die menschliche Zivilisation weiterhin bestehen und der Mensch sich menschengerecht in ethischer Ausformung weiterentwickeln kann, müssen die imperiale Geopolitik der USA und die damit verbundenen Konflikte um Ressourcen und Einflusssphären überwunden werden. Die vielfältigen gewaltigen globalen Verwerfungen zu überwinden, ist die große Herausforderung unserer Zeit. Das kann nur in gleichberechtigter Kooperation souveräner Staaten auf dem Fundament gemeinsamer humaner Zielvorstellungen bewältigt werden.«

»Du hast recht, ich sehe es auch so«, sprach Iven. »Aber warum gibt es in den Staaten keine deutlich wahrnehmbare Opposition? Ich bin sicher, die normalen Menschen in Amerika empfinden die Not, Elend und Tod erzeugende imperiale Politik auch nicht als positiv.«

»Natürlich nicht«, antwortete ich.

»Sicher wissen viele, dass es sich um einen aggressiven amerikanischen Imperialismus handelt, der, jenseits jeglicher Humanität, egoistische Interessen einer herrschenden Gruppe verfolgt. Bei der großen Masse der Bevölkerung ist jedoch mit hoher Wahrscheinlichkeit aufgrund der ständigen medialen und gleichgeschalteten Manipulation, übrigens wie bei uns auch, ein hinreichender Durchblick nicht vorhanden. Dazu kommt, dass viele Arbeitsplätze mit der Rüstungsindustrie und dem Militär zu tun haben, und jeder möchte natürlich, bei einer Arbeitslosenquote von circa fünf Prozent, seine Anstellung behalten.«

»In diesem Zusammenhang denke ich an die Pressekonferenz des *US Peace Council (USPC)*[51] vom 09. August 2016 vor den Vereinten Nationen.

Eine Delegation der USPC verbrachte sechs Tage in Syrien und konnte mit syrischen Regierungsbeamten, einschließlich Präsident Assad, Gewerkschaftsführern, Regierungsmitgliedern, der Opposition sowie Civil and Business Leaders, Nichtregierungsorganisationen, Wohltätigkeitsorganisationen und Universitätsmitgliedern ohne Zensur und staatliche Kontrolle frei und ungezwungen sprechen.

Ihr Bericht, für die amerikanische Regierung katastrophal, lautete zusammengefasst folgendermaßen:

Der Krieg in Syrien ist kein Bürgerkrieg. Es ist nicht Präsident Assad gegen sein eigenes Volk. Es ist Präsident Assad und das syrische Volk, alle zusammen, in der Einheit, gegen äußere Kräfte wie dem mächtigsten Land der Welt und seinen europäischen Verbündeten, gegen Söldnertruppen und Terrororganisationen.

---

[51] Bashar Ja'afari (Syria) and US Peace Council Representatives on Syria – Press Conference.
Speakers:
H.E. Bashar Ja'afari, Permanent Representative of the Syrian Arab Republic Alfred Marder, President of the US Peace Council.
Mary Compton, Member of the Executive Board of the US Peace Council.
Henry Lowendorf, Member of the Executive Board of the US Peace Council, Head of the Syria Delegation.
Joe Jamison, Member of the Executive Board of the US Peace Council, Member of the Syria Delegation.
Madelyn Hoffman, Executive Director of New Jersey Peace Action, Member of the Syria Delegation.
Donna Nassor, Professor and Lawyer also part of US Peace Council.

Die Namen der Söldnertruppen ändern sich häufig, um ihre Identität und die Verbindung zu dem Land, das sie finanziert, zu schützen. Es gibt Truppen, die von Katar, Saudi-Arabien, der Türkei, den USA und Israel unterstützt werden, und es sind diese Söldnertruppen[52], die das syrische Volk terrorisieren und versuchen, Volk und Land zu teilen.

Die US-Regierung hat verschiedene Sanktionen eingeleitet und behauptet, diese zielten gegen die syrische Regierung. In Wahrheit sind sie tatsächlich auf die Zermürbung des syrischen Volkes gerichtet. Insbesondere die Sanktionen im medizinischen Bereich sind derart nachhaltig, dass, ähnlich wie im Irak, Hunderttausende Zivilisten, insbesondere Frauen und Kinder, zu Tode kommen.

Alfred Marder, der Präsident des USPC, erklärte in dem Vortrag unverblümt, dass die Dämonisierung von Assad eine heimliche Taktik der US-Regierung war, um die öffentliche Meinung in den Staaten gegen den syrischen Präsidenten zu beeinflussen.[53]

»Unglaublich Pa! Das muss man sich klar vor Augen führen! Das US Peace Council, also der amerikanische Friedensrat, bezichtigt die eigene Regierung der Lüge und das eigene Land der illegitimen Intervention und damit eines Kriegsverbrechens, und die Massenmedien erwähnen diese Nachricht, wenn überhaupt, lediglich in einer kleinen Randnotiz.«

---

[52] Deutsche Wirtschaftsnachrichten vom 14.08.2016: New York Times: CIA unterstützt Söldner in Syrien.

[53] Zitat von A. Marder: The campaign to confuse the American people has been intense. (Übersetzung: Die Kampagne, um das amerikanische Volk zu verwirren, war intensiv)

Die Kriege im Mittleren Osten

Wir sind gewarnt, wie die Menschheit selten
Gewarnt worden ist. Tausende blutende
Wunden rufen uns auf eine Weise zu, wie
sie in Reihen von Jahrhunderten nie zuge-
rufen haben: Laßt uns Menschen werden!

(Johann Heinrich Pestalozzi)

Gute Freunde hatten uns eingeladen, es war Samstagabend und wir saßen gemeinsam bei einer guten Flasche Bordeaux am Kamin. Wie so oft führte unsere Unterhaltung schnell auf die politisch-gesellschaftliche Ebene.

»Der Bundestag hat gestern die aktive Teilnahme Deutschlands am Kampf gegen den IS-Terror in Syrien beschlossen«, lenkte Angelena das Gespräch auf das aktuelle Tagesgeschehen. »Die Bundeswehr wird, laut Medienberichten, die westliche Allianz mit Tornado-Aufklärungsflugzeugen, einem Kriegsschiff und einem Flugzeug zur Luftbetankung unterstützen, und das bedeutet ohne Wenn und Aber: Deutschland ist einmal mehr im Krieg!«

Marita, unsere Gastgeberin, runzelte die Stirn. »Ich bin nicht im Krieg!«, entgegnete sie sichtlich gereizt, und blickte in die Runde. »Die Entscheidung unserer Regierung ist grundlegend falsch, und ich kann und will diesen Beschluss nicht mittragen!«

»Ich glaube, alle hier am Tisch und ein Großteil unserer Bevölkerung teilen deine Haltung«, entgegnete ich. »Dieser völkerrechtswidrige Militäreinsatz wird in den Medien als Bündnisverpflichtung gegenüber Frankreich kommuniziert, der Auslöser war das Attentat in Paris. In Wahrheit geht es jedoch, wie auch in den anderen Konflikten in dieser Region, um geostrategische und wirtschaftliche Interessen. Deutschland und andere NATO-Staaten fügen sich dem amerikanischen Willen und bereiten den Nutznießern von Krieg und Militarismus systematisch den Weg. Wir dürfen diesem Kriegstreiben nicht tatenlos zusehen und wir dürfen vor allem nicht schweigen. Wir müssen etwas tun – ein passives und hinnehmendes Verhalten ändert nichts an der Situation.«

»Ich bin sicher, wir können sowieso nichts ändern«, urteilte Norbert, unser Gastgeber, resigniert. »Die Regierung macht, was sie will, ob die Bevölkerung einverstanden ist oder nicht!«

»Mir ist aufgefallen, dass am Morgen vor dem Bundestagsbeschluss eine seltsame Statistik in den Medien veröffentlicht wurde«, übernahm Angelena das Wort. »59 Prozent der Befragten sprachen sich demnach für einen Kriegseinsatz der Bundeswehr in Syrien aus. Für mich völlig unverständlich, da ich bisher in meinem persönlichen Umfeld keine einzige Pro-Stimme wahrgenommen habe. Entweder waren die Zahlen manipuliert oder sie hatten keine repräsentative Qualität.«

»Ich denke auch«, sprach Marita, »die Mainstream-Medien haben die Meldung bewusst korrigiert und in Umlauf gebracht, um den Parlamentsbeschluss im Vorfeld zu begründen. Ist doch praktisch! So konnten sie im Nachhinein das Ergebnis der Abstimmung als die Umsetzung des Volkswillens verkünden! Trotz allem ist es meiner Meinung nach nicht richtig, militärisch gegen die syrische Armee und den IS-Terrorismus im Nahen Osten vorzugehen.«

»Du hast vollkommen recht«, erwiderte ich. »Terror ist nicht mit Raketen und Bomben zu bekämpfen, genau das Gegenteil wird erreicht, er wird massiv verstärkt.«

»Das kann ich so nicht nachvollziehen?!«, mischte sich Norbert ein. Er schaute fragend in die Runde. »Die Anschläge im

Mittleren Osten, die Überfälle in Madrid, London und jetzt in Paris haben doch gezeigt, dass der Terrorismus sich zu einem weltweiten Problem entwickelt hat, und mit allen erdenklichen Mitteln bekämpft werden muss. Da der Islamische Staat für die Anschläge verantwortlich ist, gilt es doch, direkt vor Ort gegen ihn vorzugehen.«

An Norbert gewandt, erwiderte ich:»Zunächst einmal habe ich gewisse Zweifel, ob der IS für die Anschläge allein verantwortlich ist. Wir wissen, dass in der Vergangenheit wiederholt Kriege aufgrund von absichtlich falschen Beschuldigungen geführt wurden. Ich stimme dir vollends zu, Terrorismus muss bedingungslos verhindert werden. Nach meinem Verständnis ist jedoch die Herangehensweise völlig falsch. Die einzige Möglichkeit, ein Übel sinnvoll zu verhindern, ist die Bekämpfung der Ursachen und nicht der Kampf gegen die Wirkungen.«

»Und was sind die wirklichen Ursachen?« Norbert sah interessiert in meine Richtung.»Welche Informationen hast du über die konkreten Hintergründe, die hier im Westen so große Angst vor Terroranschlägen heraufbeschwören?«

»Im Internet findet man eine Vielzahl von Meldungen, Berichten und Untersuchungen zu der Thematik. Fast alle Nicht-Mainstream-Medien sowie eine Vielzahl unabhängiger westlicher Autoritäten machen ausschließlich die Kriege der westlichen Allianz im Nahen Osten für das Aufkommen des Terrorismus verantwortlich«, antwortete ich.

»Das Ganze begann vor circa 26 Jahren infolge der Wiedervereinigung Deutschlands, denn mit der Berliner Mauer fiel gleichzeitig das größte Feindbild der Amerikaner, ›die kommunistisch-sowjetische Gefahr‹. Der nun ›drohende‹ Friede brachte die Kriegsgewinner schnell auf den Plan, ihre Interessen neu auszurichten und die Welt nach dem Kalten Krieg als ›gefährlichere Welt‹ neu zu definieren.

Und was war die Taktik?

Zur Aufrechterhaltung der nationalen Sicherheit, und um auf internationale Konflikte in kürzester Zeit reagieren zu können, musste aufgerüstet und die globale militärische Präsenz erweitert werden. In Washington sprach man jetzt von einer *Friedensdividende*. Das Credo war: Frieden kommt durch Aufrechterhaltung und Ausbau von Stärke zustande.

Ihr Augenmerk richtete sich nun gegen die sogenannten ›Schurkenstaaten des radikalen Islam‹ und gegen den globalen Terrorismus. Spannungen zwischen Staaten wurden künstlich geschaffen, Regierungen wurden als gefährlich, menschenrechtsfeindlich und als Unterstützer des Terrors geächtet, schlussendlich, um präventive Kriege zu rechtfertigen und einen gezielten Regimewechsel zu provozieren.

Seit Jahren beginnt die Washingtoner Regierung diese völkerrechtswidrigen Kriege im Mittleren Osten, einen nach dem anderen, und die NATO, und damit auch Deutschland, macht fleißig mit.[54] Prospertierende Staaten werden in militärische Auseinandersetzungen verwickelt und das Ergebnis sind Millionen Tote, hoffnungsloses Elend, Bürgerkriege und ein heilloses Chaos.

Wenn wir die Kriege im Irak, in Libyen und jetzt in Syrien rückblickend betrachten, fallen markante Übereinstimmungen auf: Es waren ohne Ausnahme industriell aufstrebende Länder

---

[54] Vier-Sterne General Wesley Clark, ehemaliger NATO-General und Oberbefehlshaber der US-Armee in Europa äußerte sich bereits 2007 während eines Vortrages beim amerikanischen Think Tank *Commonwealth Club of California* sowie in einem Interview mit Amy Goodman: *We're going to take out seven countries in five years, starting with Iraq, and then Syria, Lebanon, Libya, Somalia, Sudan and, finishing off, Iran.* (Übersetzung: Wir werden 7 Länder angreifen und deren Regierungen innerhalb von 5 Jahren stürzen, beginnend mit dem Irak, und dann Syrien, Libanon, Libyen, Somalia, den Sudan und zuletzt den Iran). (siehe: https://www.youtube.com/watch?v=9RC1Mepk_Sw)

mit relativ hohem Lebensstandard, hohem Bildungsstand, entwickeltem Rechtssystem, auch in Bezug auf die Rechtsansprüche der Frauen, und natürlich mit enormen Bodenschätzen, in erster Linie Erdöl und Erdgas.

Mittlerweile sind 12 Jahre vergangen, seitdem die Bush-Regierung ihre militärische Intervention gegen den Irak begann. Sie begründete ihren Aggressionskrieg mit dem humanitären Gebot, ›Massenvernichtungswaffen‹ und die Möglichkeit eines Bündnisses der Hussein-Regierung mit al-Qaida zu verhindern. Im Nachhinein stellte sich heraus, dass beide Behauptungen nicht der Wahrheit entsprachen.

Was ist das Resultat des widerrechtlichen Krieges?

Mehr als eine Million Iraker wurden getötet, die wirtschaftliche und soziale Infrastruktur des Landes wurde zerstört, heftige, religiös motivierte Aufstände brachen aus, und die Bedingungen für das Entstehen des Islamischen Staates, einen Ableger von al-Qaida, wurden geschaffen; vor der Invasion von 2003 gab es de facto keine al-Qaida im Irak.«

»Dann sind die Kriege in Libyen und Syrien ebenfalls völkerrechtswidrige Konflikte aus den gleichen Beweggründen?!« Norbert sah mich fragend an.

»Eindeutig ja«, gab ich zur Antwort. »Zu Beginn des Jahres 2011 gaben westliche Medien bekannt, dass die NATO-Mitgliedstaaten USA, Kanada, Frankreich und Großbritannien in Libyen militärisch eingreifen wollen, um die Bevölkerung vor den Massenmorden und ethnischen Säuberungen ihres Revolutionsführers al-Gaddafi zu schützen.

Was war wirklich geschehen?

Eine Gruppe von bezahlten Provokateuren beging bewaffnete Überfälle, um einen Anlass für das Eingreifen der NATO zu finden. Daraufhin veröffentlichten Massenmedien in London und der Schweiz die Nachricht, Gaddafi falle über sein eigenes Volk her – eine Lüge, die später eindeutig nachgewiesen wurde. Mit diesem zweifelhaften Hintergrund intervenierte die Allianz, gestützt auf eine UN-Resolution vom 17. März 1973 zum Schutz der Zivilbevölkerung. Man muss sich vorstellen, im Jahre 2011 legitimierte man sich mit einer UN-Resolution von 1973. In Wirklichkeit ging es auch hier um Geopolitik und Ressourcen. Das Ergebnis: Mehr als 50.000 überwiegend zivile Opfer in einem Krieg, der offiziell das Ziel hatte, genau solche Opfer zu verhindern. Mehr als 40.000 Vermisste, man spricht von 30.000 Luftangriffen der NATO, die das blühende und aufstrebende Libyen in Schutt und Asche legten, Chaos und Bürgerkrieg brachten.«

»Ich habe gelesen, dass Libyen vor dem Krieg einer der demokratischsten Staaten der Welt war!«, übernahm Marita das Wort.

»Seit 1977 gab es demnach die *Jamahiriya*, auch *Regierung der Volksmassen* genannt. Das war eine höhere Form direkter Demokratie mit dem gesamten Volk als Präsidenten. Der Nationalstaat wurde in mini-autonome Staaten mit umfangreichen Befugnissen geteilt. Wichtige Entscheidungen wie Kontrolle, Abbau und Handel mit Rohstoffen und die Verwendung der erwirtschafteten Gelder oblag den unterschiedlichen politischen Institutionen der Teilstaaten.«

»Wie war denn das politische System Libyens gegliedert?«, mischte sich Angelena ein.

»Als unterste Stufe gab es die Volkskomitees«, erwiderte Marita. »So war es allen Libyern erlaubt, an den Komitee-Treffen teilzunehmen. Deren Aufgabe bestand darin, Sachverhalte zu beraten und einen möglichst breiten nationalen Konsens zu erarbeiten. Eine Stufe über den Komitees gab es die Volkskongresse. Diese hatten legislative Gewalt, konnten neue Gesetze verabschieden, und sie formulierten die in den Komitees erarbeiteten zukünftigen gesellschaftspolitischen Ziele. Darüber standen nur die exekutiven Revolutionsräte. Sie wurden von den Volkskongressen gewählt und hatten die Aufgabe, die vom Volk beschlossene Politik zu verwirklichen. Die Räte waren den Bürgern verantwortlich und konnten, wenn es erforderlich war, ausgewechselt oder auch entlassen werden.

Grundsätzlich sollte durch die Art der institutionellen Gliederung des politischen Systems der Wille des Volkes und nicht der Wille einer bestimmten Klasse verwirklicht werden. Bei dieser Gelegenheit eine kleine Randnotiz: Die Vereinten Nationen hatten vor der westlichen Intervention einen umfassenden Bericht in Bezug auf die Menschenrechte in Libyen zusammengestellt. Das Ergebnis war in hohem Maße positiv, da namentlich der gesetzliche Schutz und die ökonomischen Bedingungen der Bürger als überaus positiv eingestuft wurden. Als Beispiel möchte ich die Rechte der Frauen erwähnen. Alle Frauen in Libyen hatten das Recht auf Erziehung, Arbeit, Scheidung, Eigentum und Einkommen. Bildung und Studium standen jedem Bürger offen und die Versorgung mit Wohnraum gehörte zum Menschenrecht. Freie Kindertagesstätten, freie Gesundheitszentren und Pensionen mit 55 Jahren sind weitere Beweise für die Verwirklichung der Bürgerrechte. Abschließend noch ein Hinweis: al-Gaddafi war zweifellos ein furchtbarer Diktator, der schwere Menschenrechtsverletzungen begangen hat. Dessen ungeachtet stand Libyen an der Spitze Afrikas, was die ökonomischen und demokratischen Lebensbedingungen der Bevölkerung betraf.«

»Wenn das so stimmt, dann war der Krieg der westlichen Allianz in Libyen eine Schandtat, ein Verbrechen gegen die Gesamtheit aller ethisch-moralischen Werte, die die Menschheit bis heute entwickelt hat«, sagte Norbert sichtlich betroffen.

»Und die Intriganz und Ungerechtigkeit gehen nahtlos weiter«, ergänzte ich.

»Was mit dem Krieg gegen den Irak begann, fand seine Fortsetzung im NATO-Bombenkrieg gegen Libyen. Und jetzt erlebt auch Syrien eine vom Westen ausgelöste humanitäre Katastrophe. Seit Anfang März 2011 herrscht dort ein Bürgerkrieg zwischen der Regierung und einer militanten Opposition. Die Eskalation entwickelte sich nicht zufällig, sondern war von langer Hand strategisch vorbereitet. Alles weist darauf hin, dass islamische Extremisten, die sogenannten Salafisten, durch westliche Staaten, sprich USA, Frankreich, Großbritannien, aber auch Saudi-Arabien und Katar, ausgebildet und mit Waffen unterstützt wurden und werden, weil diese Staaten die Macht für sich beanspruchen wollten. Willy Wimmer, ehemaliger parlamentarischer Staatssekretär beim Bundesminister der Verteidigung und Sicherheitsexperte der Kohl-Regierung, sprach offen von westlichen Kräften, die in Syrien und in anderen Ländern Bürgerkriege provoziert und ausgelöst haben. Am 21. August 2013 wurde dann in den Mainstream-Medien die Nachricht verbreitet, dass die syrische Regierung in Damaskus Giftgas gegen die Zivilbevölkerung eingesetzt hätte. Für die amerikanische Kriegsmaschinerie der Auslöser für die militärische Intervention, und dies ohne eindeutige Beweise, dass syrische Regierungstruppen tatsächlich für den Chemiewaffeneinsatz verantwortlich waren. Und jetzt, um Frankreich gegen den Terrorismus zu unterstützen, machen auch wir Deutschen mit. Hunderttausende Tote sind bereits zu beklagen, und aus Angst vor Krieg und Gewalt flüchten täglich Tausende Menschen aus dem Land. Mehr als vier Millionen sind bereits ins Ausland geflohen, rund acht Millionen Frauen, Männer und Kinder sind im Inland auf der Flucht.«

»Ich fühle mich erschlagen bei dem Gedanken, mitschuldig am Krieg, an Unglück und Tod von Millionen Menschen zu sein«, nahm Angelena nach einer Weile das Gespräch wieder auf. »Wir können und wir dürfen uns nicht mit Unwissenheit herausreden.

Verantwortlich an diesem Chaos sind auch wir, die Bevölkerung, die wir diese Täter aus Amerika und aus den westlichen Staaten gewählt haben. Verantwortlich sind natürlich auch jene, die still geduldet und deren Propaganda in den Medien veröffentlicht haben. Verantwortlich sind alle, die es nicht wagen zu sagen, dass die NATO all dieses Leid, Hunderttausende Tote und Millionen Flüchtlinge auf dem fehlenden Gewissen hat.«

»Aber was können wir als Einzelne – als Wenige – tun?«, fragte Marita. Die Betroffenheit war ihr deutlich anzumerken. »In Berlin machen die Politiker doch nur, was sie wollen!«

»Wenn wir uns als Bürger passiv verhalten und in keiner Weise zeigen, dass wir mit der Politik nicht einverstanden sind, befürworten wir die in Berlin beschlossenen Maßnahmen. Also müssen wir aktiv werden. Wir müssen informieren, wir müssen der Bevölkerung klarmachen, dass die Massenmedien uns nicht immer die Wahrheit sagen, dass sie Propaganda betreiben, um die Mehrheit der Menschen für ihre Vorhaben zu gewinnen. Wir müssen die Belieferung von Waffen in die Region verhindern. Wir müssen demonstrativ mit möglichst großer Anzahl auf die Straße gehen und gegen den Krieg protestieren. Wir müssen das Grundgesetz derartig korrigieren, man sollte besser sagen demokratisieren, dass Entscheidungen von großer Tragweite, wie Kriegseinsätze, über eine Volksabstimmung entschieden werden. Wir müssen das Wahlrecht demokratisieren, beispielsweise durch die Option *NOTA*, damit es zu einer kooperativen Haltung zwischen den gewählten Politikern und der Bevölkerung kommt. Ich denke, es gibt viele weitere Möglichkeiten der politischen Mitbestimmung, allein wir, und damit jeder Einzelne, müssen unsere Bequemlichkeit und Lethargie abschütteln und endlich aktiv werden.«

»Ich sehe das genauso«, sagte Norbert, »ungeachtet dessen ist mir noch immer nicht ganz klar: Richten sich die Kampfhandlungen nun gegen Syrien oder gegen den Islamischen Staat?«

»Die strategische Zielrichtung der Vereinigten Staaten richtete sich zunächst gegen die Assad-Regierung, also gegen Syrien«, antwortete Marita. »Der IS entwickelte sich schon während der US-Invasion im Irak mit der Absicht, die amerikanische Besatzung zu bekämpfen. Als die Revolution in Syrien begann, schickte der IS Kämpfer nach Syrien, um sich gegen das Assad-Regime zu stellen. 2014 riefen sie im Irak und in Syrien ein Kalifat aus mit dem Ziel, den westlichen Einfluss mit allen Mitteln, sprich weltweitem Terror, im Nahen Osten zu zerstören und zum Mittelpunkt eines islamischen Staates zu werden.

Verkürzt kann man sagen, die westlichen Interventionen im Irak, in Libyen und in Syrien waren der Nährboden, auf dem der Islamische Staat entstanden ist. Krieg, Elend und Tod erzeugen Gegenreaktionen in der Bevölkerung. Kleine Länder müssen es sich gefallen lassen, dass eine Supermacht wie die USA, unterstützt durch andere NATO-Staaten, ohne stichhaltige Begründungen und Legitimation in ein Land einfallen, Bomben werfen und morden. Damit wird der Widerstand verständlicherweise gestärkt. Das Ergebnis sind Wut, Hass und weltweiter Terror. Das Abersinnige ist: Wer die Hintergründe kennt, weiß, dass es primär nicht um die Bekämpfung des Terrorismus geht. Und, das genaue Gegenteil wird erreicht, der Terrorismus wird dadurch noch gestärkt.«

»Für mich wird jetzt klar, das Erstarken des IS ist die konsequente Folge der Kriege im Irak, in Libyen und Syrien«, erwiderte Norbert. »Dazu kommt die beklemmende Wahrheit, dass Waffenlieferungen in die Region, indirekt über Saudi-Arabien, letztendlich doch auch aus Deutschland kommen. Wir haben in diesem

Sinne viele Jahre Gewalt exportiert und daran verdient. Nun werden erstmals Konsequenzen unserer Verbrechen direkt auf europäischem Boden sichtbar und wir beklagen uns darüber, dass die Folgen unserer eigenen Untaten auf uns zurückfallen. Ein Ende des Konfliktes in Syrien und ein Ende des Terrorismus ist nicht mit Krieg, sondern nur mit Verhandlungen und Kooperation möglich. Die Menschen in dieser Region brauchen keine Waffen, sondern eine lebenswerte Alternative, damit sie dem Terror des IS ihre Unterstützung entziehen.«

Wenige Tage später fragte mich eine Kollegin nach meiner Sichtweise zum Einsatz von Drohnen und radioaktiver Munition in den militärischen Konflikten im Nahen Osten. Ich konnte ihr, aufgrund unzureichender Informationen, keine Antwort geben, gleichwohl interessierte mich die Problematik derart, dass ich schon abends mit der Informationsbeschaffung begann.

Alle Kriege sind verwerflich und verachtenswürdig. Was die Amerikaner beziehungsweise die westliche Allianz der Bevölkerung in Afghanistan, im Irak, in Libyen und Syrien, aber auch im Jemen und in Pakistan unter Zuhilfenahme neuer Waffensysteme momentan antun, ist für einen ethisch-moralisch denkenden und handelnden Menschen ein hinterhältiger und schändlicher Skandal.

Seit Ende 2002 führen die Amerikaner ferngesteuerte unbemannte Drohnenangriffe durch. Diese grausame und menschenverachtende Kriegsführung wider das Völkerrecht wird von Deutschland aus geplant und befehligt.[55] Das Militärpersonal legt

---

[55] Die Air Base Ramstein ist das größte Luftdrehkreuz der US - Streitkräfte außerhalb der USA. Auf der Base befinden sich wichtige Kommandozentralen, die für den militärischen Flugverkehr der USA und der NATO über Europa, Afrika und dem Mittleren Osten zuständig sind. Sie hat eine Schlüsselrolle bei den völkerrechtswidrigen Drohneneinsätzen.

hierzu eine sogenannte ›Zielliste‹ mit Personen oder Gebäuden fest, die durch Kampfdrohnen angegriffen werden sollen. Letztendlich entscheidet der amerikanische Präsident, ob ein mutmaßlicher Extremist oder Terrorist getötet werden soll, ohne ihm die Möglichkeit der Verteidigung zu geben, ohne Anwalt und ohne Gerichtsverfahren.

Was das Geschehen noch verschlimmert, ist der Umstand, dass bei einem Drohnenangriff zufällig anwesende Personen ebenfalls verletzt oder getötet werden. Militärs sprechen von *Kollateralschäden* – was für ein menschenverachtender Begriff für unschuldig gemordete Zivilisten. Laut dem *Bureau of Investigative Journalism* kamen allein im Jemen und in Pakistan zwischen 2003 und 2014 bei 41 Versuchen, Anführer von Terrorgruppen zu töten, mindestens 1.147 Zivilisten, hauptsächlich Familien und Kinder, ums Leben.

Seit Jahrzehnten verwenden Amerikaner und einige NATO-Staaten in ihren Kriegshandlungen Munition aus abgereichertem Uran. Nach einer Untersuchung des in Kanada ansässigen *Uranium Medical Research Center (UMRC)* verschossen Briten und Amerikaner im Jahr 1991 zwischen 100 und 200 Tonnen Uranmunition im Irak. Die grauenhaften gesundheitlichen Konsequenzen sind heute vielfach sichtbar: Exorbitanter Anstieg der Krebsrate in den Kampfgebieten, an Krebs erkrankte/verstorbene Soldaten und Zivilisten, schrecklich missgebildete Neugeborene, Kinder mit entsetzlichen Organschäden und für Jahrhunderte eine radioaktiv verseuchte Natur. Die Verantwortlichen in London und Washington bestreiten nachdrücklich die Möglichkeit eines Gesundheitsrisikos. Sie sei durch keine wissenschaftliche Untersuchung zweifelsfrei belegt.

Noch spät, bis zum Einschlafen, kreisten meine Gedanken um das bedrückende Gesprächsthema meiner Kollegin.

Mit welchem Recht werden diese unmenschlichen Grausamkeiten gegen unsere Mitmenschen vollzogen, und warum verschließen wir, die davon Kenntnis haben, immer wieder die Augen und dulden?

Wie oft müssen wir noch unser Gewissen beschwichtigen, bevor wir es herausschreien: Was wir tun, ist großes Unrecht!

Wir müssen aufhören mit den fragwürdigen militärischen Interventionen und wir müssen erkennen, dass Gewalt nur Gegengewalt, Zerstörung, grenzenloses Leid und Hass erzeugt!

Wir müssen die generelle Einstellung aller kriegerischen Aktionen als Grundvoraussetzung für Friedensverhandlungen einfordern!

Wir müssen aufhören, Waffen an Staaten zu liefern, die keine Rechtsstaaten sind; wir sollten überhaupt keine Waffen produzieren!

Wir müssen die Benutzung von Militärbasen in Deutschland zum völkerrechtswidrigen kriminellen Drohnenkrieg verbieten!

Wir müssen Hilfe leisten, um den Wiederaufbau der zerbombten Regionen im Mittleren Osten zu verwirklichen. Nur wenn die Vereinigten Staaten, Europa, China und Russland zusammenarbeiten, können die wirtschaftlichen Probleme aller Beteiligten überwunden werden.

Gewaltfreiheit und die Ehrfurcht vor dem Leben sind keine unmöglichen Utopien, sondern grundlegende humane Perspektiven für eine bessere Welt. Sie müssen das gemeinsame Ziel sein, in dem gegenwärtigen menschenverachtenden und zerstörenden System, das den Profit über das Wohl der Menschen stellt.

Der Islamische Staat

Falsche Worte gelten zum höchsten,
wenn sie Masken unserer Taten sind.

(Johann Wolfgang von Goethe)

»Wir können doch nicht zulassen, dass der IS kleine Kinder tötet«, sagte Dennis Backer, ein Kollege der Fachrichtung Umweltschutztechnik, zu Beginn der Mittagspause am Technikum. »Der Islamische Staat hat nach Informationen von Aktivisten mehr als 400 Zivilisten in Syrien entführt und größtenteils getötet. Die syrische Beobachtungsstelle für Menschenrechte hat bekannt gegeben, dass die Dschihadisten ihre Opfer aus der Stadt Deir Essor verschleppten. Unter den Opfern waren demnach auch Frauen und Kinder. Sie wurden aus dem Vorort al-Baghalijeh und den umliegenden Gebieten entführt, in vom IS kontrollierte Gebiete gebracht und zum Teil hingerichtet.«

Ralf Brunnen, 45 Jahre alt, ein umsichtiger Arbeitskollege der physikalischen Fakultät, bekräftigt die Ansicht des Kollegen: »Es gibt auch für mich keine Entschuldigung dafür, was der IS im Mittleren Osten und durch die Attentate bei uns im Westen anrichtet. Es ist entsetzlich, wenn Zivilisten, Frauen und Kinder getötet werden, es ist und bleibt Mord, und muss bestraft werden!«

Eigentlich wollte ich mich nicht in die Unterredung einmischen, doch ich fühlte mich quasi aufgefordert. »Natürlich sind diese grausamen und für uns unbegreiflichen Taten nicht zu rechtfertigen. Dennoch, und das ist unstreitig, kommt kein Mensch als Extremist und Attentäter auf die Welt. Wir können und wollen das nicht gutheißen, wir sollten jedoch einmal die Perspektive wechseln oder wenigstens den Versuch machen, die Beweggründe für ihr gewalttätiges Handeln zu begreifen.«

»Ja, aber dazu müsste man die Lebensgeschichte der Terroristen und die grundsätzlichen Absichten des Islamischen Staates kennen«, fügte Janek Weinberg hinzu, ein junger Ingenieur, der unvermittelt aufschaute und seine Arbeit mit dem Notebook unterbrach. »Wer oder was ist eigentlich der IS?«

Thomas Bries, die graue Eminenz des Fachbereichs, drehte sich zu ihm hin und sagte: »Die Antwort ist sehr komplex und nicht mit wenigen Worten zu beantworten, aber ich will es versuchen.

Hinter der Bezeichnung *Islamischer Staat*, *IS* oder auch *ISIS* steht eine militante extremistische Strömung der sunnitischen Glaubensrichtung des Islam, die vorwiegend aus Syrien und dem Irak kommt. Die Gläubigen wollen mit Gewalt einen Gottesstaat, ein sogenanntes Kalifat, für die gesamte islamische Welt errichten. Das Nahziel ist die Unterwerfung der Regierungen des Irak, Syriens, des Libanons und Jordaniens, langfristig wollen sie Kern eines weltweiten islamischen Reiches mit stringenter Auslegung des islamischen Rechts werden. Wer fundierte Informationen zu Ursprung und Zielsetzungen des IS haben will, sollte sich mit dem kürzlich erschienenen Buch *Inside IS* von Jürgen Todenhöfer beschäftigen. Todenhöfer war viele Jahre Abgeordneter im Deutschen Bundestag und bereiste mehrmals den Mittleren Osten. Er gilt als ausgewiesener Kenner der islamischen Kultur und des IS, und er besuchte als erster westlicher Publizist, mit Genehmigung dschihadistischer Führer, 10 Tage lang den Islamischen Staat.«

»Damit ist meine Frage nicht hinreichend beantwortet«, sagte Janek Weinberg und zog die Stirn in Falten. »Wer sind die Terroristen, aus welcher Bevölkerungsgruppe rekrutieren sie sich, und was sind die wirklichen Motive für ihr brutales Vorgehen?«

»2006 gründeten die Mudschahedin im Irak den sogenannten islamischen Staat *ISI*«, sprach Thomas Bries weiter. »Er war die Nachfolgeorganisation der Terrorgruppe al-Quaida in Afghanistan und die Antwort syrischer und irakischer Widerstandskämpfer auf die aggressive und ausbeuterische Militärpolitik des Westens. Ihr Ziel war es, die amerikanischen Besatzungstruppen zu bekämpfen und wieder zu vertreiben. Der syrische Bürgerkrieg gab ihnen dann 2013 die Möglichkeit, unter dem neuen Namen *IS* in Erscheinung zu treten, nachdem sie in Teilen Syriens und des Iraks ein Kalifat ausgerufen hatten.[56] Die USA bezeichnen sie mit *ISIL*, sie wollen nicht von einem islamischen Staat sprechen, da die Extremisten weder islamisch noch ein Staat seien, sagte Hillary Clinton. Die Franzosen sprechen von *Daisch* und im deutschsprachigen Raum wird der Begriff *IS* weiter verwendet.«

»Warum sagst du ›aggressive Militärpolitik‹ des Westens, wenn es darum geht, demokratisches Gedankengut und westliche Werte in eine Diktatur zu bringen?«, fragte Dennis Backer sichtlich verärgert und mit einem leichten Zittern in der Stimme.

»Ganz einfach«, antwortete Thomas Bries, »weil es den USA nicht um Demokratie und Werte, sondern um Ressourcen und Macht geht. *Erdöl ist zu wichtig, als dass man es den Arabern überlassen könnte*, sagte schon der ehemalige US-Außenminister Henry Kissinger. Kenneth Pollack, ein maßgebender ehemaliger CIA-Stratege in Washington, formulierte Folgendes: *Nur Idioten*

---

[56] Der oben genannte General Wesley Clark sagte hierzu: ISIL got started through funding from our friends and allies... to fight to the death against Hezbollah. (Übersetzung: ISIL entstand von Anfang an mit Geld von unseren Freunden und Alliierten ... um auf Leben und Tod gegen Hezbollah zu kämpfen) (In: Ron Paul Institute for Peace and Prosperity: Gen. Wesley Clark: 'ISIS Got Started With Funding From Our Closest Allies', Thursday February 19, 2015).

begreifen nicht, um was es in der Weltpolitik geht – It's the oil, stupid! Und 1999 erklärte der damalige US-Verteidigungsminister William Cohen, dass die USA zum unilateralen Einsatz militärischer Macht verpflichtet seien, um lebenswichtige Interessen zu verteidigen. Dazu gehört die Sicherung eines uneingeschränkten Zugangs zu Schlüsselmärkten, Energievorräten und strategischen Ressourcen. Wenn Amerika also im Irak, in Libyen oder in Syrien westliche Freiheiten verteidigt, wie in den Medien kommuniziert wird, dann geht es primär immer um die dortigen Energiereserven. Überall auf der Erde, wo die Ölquellen liegen, beanspruchen die Mächtigen der Welt mit aggressiver Diplomatie oder militärischer Intervention ihren Anteil.«

»Dann sind die Amerikaner also die Bösen?«, fragte Dennis Backer nun mit scharfem Unterton.

»Nicht allein die USA«, antwortete ich ruhig und wendete mich ihm zu. »Auch die Franzosen, die Engländer, ja die gesamte NATO und alle, die am Krieg verdienen, also auch wir, gehören zu den Bösen, zu den verbrecherischen Staaten. Es sind völkerrechtswidrige Angriffskriege des Westens, ohne Rechtsgrundlage, ohne Legitimation der Vereinten Nationen, folglich reden wir über Mord. Die Leidtragenden sind Hundertausende Zivilisten, Frauen und Kinder, die dem Krieg wehrlos gegenüberstehen. Wie viele Menschenopfer diese Kriege gekostet haben, lässt sich nicht errechnen. Leider haben solche Verbrechen für die mächtigen Staaten keine Relevanz. Die wahren zweifelhaften Motive werden in positive Zielvorstellungen umgekehrt und idealisiert, und der in der Tat legitime Widerstand des besetzten Landes ist erwünscht, da er weitere Interventionen legalisiert.«

Dennis Backer schaute mich ernst an und fragte dann in versöhnlichem Ton: »Warum aber die Brutalität?«

»Ich möchte nicht als IS-Versteher gelten, und ich verabscheue die brutalen Machenschaften der Terroristen«, entgegnete ich.

»Betrachtet man jedoch die Biografie zahlreicher IS-Kämpfer, sehr viele haben die grausame Schändung und skrupellose Ermordung enger Familienmitglieder persönlich miterlebt, kann man die öffentlichen Hinrichtungen und das Abschneiden von Köpfen unschuldiger Personen zwar nicht akzeptieren, gleichwohl etwas besser verstehen. Der Westen hat in den Kriegen im Mittleren Osten, unmittelbar durch die Bombardierungen und durch die skandalösen Sanktionen im Irak, Hunderttausende Frauen und Kinder getötet. Es wurde bei uns im Westen nicht kommuniziert, es gab keine Bilder, es blieb anonym. Die verhältnismäßig wenigen öffentlichen Hinrichtungen durch den Islamischen Staat hingegen wurden in den Medien weltweit zigfach publiziert und damit eine gewichtige negative öffentliche Haltung, Angst und Kriegsbereitschaft erzeugt. Peter Ustinov hat die Umstände in einem Welt-Interview demonstrativ formuliert: *Ich denke, der Terrorismus ist ein Krieg der Armen und der Krieg ist der Terrorismus der Reichen.* Eine Bewertung dieser Aussage ist jedem selbst überlassen!«

»Was ich noch nicht verstehe«, sagte Ralf Brunnen, »wie kann der Islamische Staat derartig gnadenlose und bestialische Verbrechen im Namen Mohammeds ausführen?«

»Zunächst muss man sich bewusst machen, dass der IS nicht der Islam ist,« antwortete ich, »was der Islamische Staat will, und die Methoden, mit denen sie versuchen ihr Ziel zu erreichen, hat meines Erachtens nichts mit der tatsächlichen islamischen Religion zu tun.

Bei uns im Westen wird beispielsweise das Surenfragment *Tötet sie, wo immer ihr sie findet* häufig aus dem Zusammenhang zitiert. Man vergisst wann, und weiß nicht warum die Verszeile geschrieben wurde. In der besagten Strophe geht es um einen Kampf zwischen den Muslimen gegen die Mekkaner zur Zeit des

Propheten Muhammad.[57] Die Mekkaner hatten die Muslime aus ihrer Heimat vertrieben und sie wiederholt angegriffen. Die Aufforderung des Koran in dieser Angelegenheit ist also ein Ruf zu den Waffen, um die Gewalt gegen Muslime zu dieser Zeit zu unterbinden. Auch wenn der IS sich diesen Vers auf seine Fahne geschrieben hat und anscheinend danach handelt, geht es im wahren Islam natürlich nicht darum, alle Ungläubigen zu töten.

Kernpunkte der islamischen Lehre sind Gerechtigkeit, Gleichheit und Barmherzigkeit, gleichermaßen Merkmale der christlichen Lehre, und nach den Grundsätzen des Islam können Christen und Muslime friedlich und kooperativ miteinander zusammenleben.«

»Ich kann dem nur zustimmen«, sagte Thomas Bries. »Die Praxis und Ziele des IS haben mit dem wahren Islam nur wenig gemeinsam, sie sind selbst konträr dazu. Was die beteiligten Parteien, und ich meine die Gesamtheit aller, im Mittleren Osten anrichten, ist brutal, gnadenlos und verwerflich. Dies gilt sowohl für die Koalition des Westens, für die diversen Interessengruppierungen in der Region als auch für den IS.

Wir teilen die Welt gerne in Gut und Böse. Dabei sind wir die Guten, denn wir bringen Humanität und Demokratie und verteidigen die westlichen Werte. Der Irak, Libyen, Syrien und die Terroristen sind die Bösen – warum eigentlich? Die Antwort ist klar: Es geht in Wirklichkeit nicht darum, die Welt besser zu machen, es geht allein um ›Dominance and Money‹.«

---

[57] Ca. 624 n. Chr..

118

Asylanten und Flüchtlinge

Auf seine Freiheit verzichten, heißt auf seine
Menschenwürde, seine Menschenrechte,
selbst auf seine Pflichten verzichten.

(Jean-Jacques Rousseau)

Zu Beginn eines Vortrages, der sich an die Mittagspause an-
schloss, wurde von einer jungen Studentin seltsamerweise eine
zum Pausenthema verwandte Einstiegsfrage gestellt: »Wir erfahren täglich über die Medien, dass sich ein nicht enden wollender
Flüchtlingsstrom in Richtung Mittel- und Nordeuropa bewegt. Ist
der Islamische Staat dafür verantwortlich?«

»Ihre Fragestellung bezieht sich nicht auf unser Thema heute
Mittag, trotzdem, aufgrund der Aktualität, möchte ich versuchen
sie zu beantworten«, entgegnete ich. »Wollen Sie die Main-
stream-Position hören oder möchten Sie meine persönliche Sichtweise erfahren?«

»Die Ansichten der Massenmedien sind mir bekannt«, antwortete sie ruhig, »Ihre persönliche Meinung wäre interessant.«

»Gut, da wir hier in keinem politischen Seminar zusammen
sind, darf ich Ihnen meine Position zu dieser Fragestellung mit-
teilen. Einleitend möchte ich sagen, dass eine hinreichende Antwort äußerst schwierig ist, da mehrere, zum Teil sehr unterschiedliche Sachverhalte zusammentreffen. Doch ich will es versuchen.

Nach meiner Sichtweise muss man den USA beziehungsweise
der NATO zunächst einmal die Verantwortlichkeit zuschreiben.
Ihre aggressive Militärpolitik hat Afghanistan, den Irak, Libyen
und jetzt Syrien in ein Trümmerfeld verwandelt, die Gesell-
schaftsstrukturen dieser Länder in Schutt und Asche gelegt und

das Bombardement hält nach wie vor an. Dass die Menschen um ihr Leben fürchten und das Land in Scharen verlassen, ist somit eine direkte Folge dieser militärischen Interventionen.

Daneben spielen auch die arabischen Ölstaaten eine zentrale Rolle. Sie wollen einen Sturz der Regierung Assads, es geht u.a. mal wieder um Öl[58], ohne selbst militärisch eingreifen zu müssen. Von daher finanzieren sie den IS, beliefern ihn mit Waffen und ermöglichen als Folge dessen erst die kriegerischen Auseinandersetzungen.

Eine dritte Ursache ist ohne Zweifel der konkrete Bürgerkrieg zwischen der syrischen Armee, unterstützt von Russland, gegen die Oppositionellen und gegen den IS.«

Ich hoffte, mit meiner Antwort das Thema abgeschlossen zu haben, aber ich irrte mich.

»Das bedeutet also, dass wir im Westen den Flüchtlingsstrom selbst verursacht haben!«, rief ein Student aus einer der letzten Sitzreihen in einem fast ärgerlichen Ton. »In den Medien wird die Situation aber ganz anders dargestellt!«

Seine Worte klangen wie ein Vorwurf auf meine Ausführungen. Ich wartete vergeblich auf eine Erwiderung seitens der Studierenden und ergriff dann nach einigen Sekunden wieder das Wort.

»Was den Flüchtlingsstrom aus dem Nahen Osten angeht, muss ich Ihre Frage traurigerweise mit ›ja‹ beantworten! Ja, die Vereinigten Staaten haben im Zusammenschluss mit uns Europäern die unmenschliche und leidvolle Flüchtlingsproblematik erst hervorgerufen, durch aggressive militärische Interventionen unmittelbar, und aufgrund der Lieferungen von Waffen und anderen

---

[58] Insbesondere um die Nutzung bzw. Weiterleitung der Ölvorkommen im Persischen Golf durch Syrien nach dem wichtigen Absatzmarkt Europa.

im Krieg einsetzbaren Instrumentarien mittelbar. Mit den Flucht-
bewegungen nach Europa fallen die Probleme nun auf die Verursacherländer, also auch auf uns zurück. Wir sind verantwortlich
für das Elend vieler Millionen Menschen, und wir haben die moralische Pflicht, die gemachten Fehler zu korrigieren.«

»Meinen Sie das im Ernst? Müssen wir wirklich alle Flüchtlinge aufnehmen, und kann sich Deutschland diesen Luxus überhaupt leisten?«, fragte der junge Mann, jetzt mit spitzem Unterton.

»Es fällt mir nicht leicht, Ihnen darauf zu antworten«, erwiderte ich nachdenklich. »Eine ehrliche Lösung, mit dem Hintergrund, die verursachten Schäden und das zugeführte Leid wieder
›gutzumachen‹, gibt es nicht. Es geht zudem nicht darum, ob die
BRD oder die Europäische Union alle Flüchtlinge aufnehmen und
die auftretenden Kosten tragen kann[59], es geht darum, die Fluch-
tursache, das heißt den entsetzlichen Krieg, schnellstens zu beenden, sodass die Menschen in ihr Land zurückkehren beziehungsweise in ihrem Land bleiben und einen Neuaufbau einleiten können.«

»Ich kapiere «, antwortete der junge Mann etwas verständnis-
voller. »Wenn ich Sie richtig verstanden habe, sind die militärischen Interventionen des Westens, und dabei ging es nicht um
Demokratie und Werte, sondern um Macht und Bodenschätze, die
Ursache für den Terrorismus, ich gebe zu, ein Verbrechen an den
dort lebenden Menschen!«

»Ich habe zwei Fragen zu dem Thema«, meldete sich zögernd
ein anderer Student. »Ist es nicht so, dass die meisten Flüchtlinge
kein Anrecht auf Asyl haben? Sie kommen aus wirtschaftlichen
Gründen, und nicht, weil ihr Leben in Gefahr ist. Sie kommen,

---

[59] Der finanzielle Aufwand wäre im Budget der EU kaum erwähnenswert.

weil sie bei uns ein besseres Leben führen wollen! Und zweitens: Ist die Flüchtlingswelle auf Europa politisch gewollt?«

»Nun gut«, wandte ich mich an die Gruppe, »ich nehme zur Kenntnis, dass Sie sich heute nicht mit Sozialethik, sondern mit der aktuellen Tagespolitik auseinandersetzen wollen.

Um Ihre erste Frage zu beantworten, muss zunächst der Terminus ›Wirtschaftsflüchtling‹ hinreichend geklärt werden. Nach meinem Kenntnisstand versteht man unter einem Wirtschaftsflüchtling einen Zuwanderer, der keine politischen Fluchtgründe hat, also nicht politisch verfolgt wird und demzufolge kein Asylrecht besitzt. Mit dem Begriff wird eine negative Gedankenkette erzeugt. Er wird daher von Migrationsgegnern oft als politisches Schlagwort missbraucht, um zu verdeutlichen, dass lediglich ökonomische Fluchtgründe vorliegen, also wie Sie gerade sagten, es in dem Fall um ein besseres Leben in einem reichen Land geht.

Was in der Wortbelegung ›Wirtschaftsflüchtling‹ fatalerweise nicht deutlich wird, ist die reale Lebenssituation der Migranten vor ihrer Flucht. Hatten sie ein gutes Leben und wollen jetzt ein besseres, oder waren ihre Lebensumstände derart katastrophal und lebensbedrohlich, dass ihnen keine andere Wahl blieb, als ihre Heimat zu verlassen?

Ein zweiter für diese Zuwanderer verwendeter Ausdruck ist ›Elendsflüchtling‹. Man hört ihn relativ selten, da im Terminus unmittelbar die traurigen Lebensumstände der Menschen kommuniziert und damit beim Gesprächspartner wohlwollende Einstellungen assoziiert werden.

Nun zur formalrechtlichen Seite. In Deutschland genießen politisch Verfolgte Asylrecht; die Genfer Flüchtlingskonvention sieht vor, dass Flüchtlinge, die aus Gründen der Rasse, Religion, Nationalität, Zugehörigkeit zu einer bestimmten sozialen Gruppe oder wegen ihrer politischen Überzeugung verfolgt werden, ein

Recht auf Asyl besitzen. Wirtschaftsflüchtlinge, die rein persönliche und soziale Gründe als Legitimation für eine Flucht zugrunde legen, gelten in Folge dessen nicht als asylberechtigt. Die Gesetzeslage ist allerdings nicht eindeutig, da der Übergang zwischen Elendsmigration und asylerheblicher Flucht nicht klar definierbar ist. Je nach Auffassung des Entscheidungsträgers kann Asyl zugesprochen oder abgelehnt werden.

Schwer nachvollziehbar in diesem Zusammenhang ist die Tatsache, dass sowohl in unserem Grundgesetz als auch in der Genfer Flüchtlingskonvention dramatische äußere Umstände wie Naturkatastrophen, Hunger, Krankheit und Klimaflucht bisher keine ausreichende Begründung für ein Asylrecht darstellen, obwohl lebensbedrohliche Verhältnisse vorliegen.

Für meine Person steht zweifelsfrei fest: Ist das Leben der Menschen in Gefahr, die Ursachen sind hier sekundär, ist es unsere humanitäre Pflicht, Asyl zu gewähren.

Nach einem Bericht des *Flüchtlingshilfswerks der Vereinten Nationen (UNHCR)* waren 2014 weltweit circa 60 Millionen Menschen auf der Flucht. Die meisten flohen vor gewaltsamen Konflikten, Menschenrechtsverletzungen, politischer, ethnischer oder religiöser Verfolgung und extremen Umweltproblemen. Nur ein kleiner Teil der Flüchtlinge ist auf dem Weg nach Europa, circa 90 Prozent werden von Entwicklungsländern aufgenommen. António Guterres, Flüchtlingskommissar der Vereinten Nationen, appelliert an die Menschheit: *In einer Zeit der beispiellosen Massenflucht und -vertreibung brauchen wir eine ebenso beispiellose humanitäre Unterstützung und ein erneuertes globales Bekenntnis zu Toleranz und Schutz für Menschen auf der Flucht vor Krieg und Verfolgung.* Ich kann mich dem nur anschließen.

Hinsichtlich der zweiten Frage möchte ich auf ein Buch der Amerikanerin Kelly M. Greenhill aus dem Jahr 2010 hinweisen:

Weapons of Mass Migration. Die Politikwissenschaftlerin definiert in ihrem Werk Migrationswaffen als *(...) grenzüberschreitende Bevölkerungsbewegungen, die absichtlich erzeugt oder manipuliert werden, um von einem Zielstaat oder Zielstaaten politische, militärische und/oder wirtschaftliche Zugeständnisse zu erzwingen.*[60] Andere Experten sprechen von strategisch konstruierter Migration oder Migrationsbomben, die oft unbemerkt, über einen längeren Zeitraum wirkend, die einheimische Bevölkerung verdrängen und somit einen vermeintlich sicheren Staat zerstören können.

Legt man der enormen Migrationswelle in Deutschland und Europa die Greenhill'sche Theorie zugrunde, muss man von einem gezielten Angriff auf die Europäische Union sprechen. Es ist leicht nachvollziehbar, wie kritisch die großen gegenwärtigen Flüchtlingsströme für unseren Staat und für unser europäisches Bündnis werden können beziehungsweise schon sind. Die generellen wirtschaftlichen und gesellschaftlichen Spannungen und die unmittelbar im täglichen Miteinander auftretenden Migrationsprobleme zwischen der einheimischen Bevölkerung und den Flüchtlingen führen innerstaatlich zu einer Aufspaltung der Gesellschaft in zwei Gruppen, dem Pro-Flüchtlingslager und dem Anti-Flüchtlingslager. Das Pro-Lager ist zu generellen Zugeständnissen bis hin zur Anerkennung von Asyl oder Staatsbürgerschaft bereit; das Anti-Lager lehnt dies ab, bis hin zur direkten Ausweisung.

Eine derartige nationale Polarisation führt dazu, dass die politische Führung eines Landes grundsätzlich erpressbar wird. Die sogenannten ›Erzeuger‹ stellen essenzielle, teils folgenschwere

---

[60] Greenhill, K. M.: *Weapons of Mass Migration,* Forced Displacement, Coercion, and Foreign Policy, Cornell Studies in Security Affairs, March 2010.

Forderungen, durch deren Erfüllung die Flüchtlingskrise von den Zielstaaten beendet werden kann.

Zurzeit erkennen wir diese Problematik in den Verhandlungen mit der Türkei. Die türkische Regierung will finanzielle Unterstützung bei der Unterbringung der Flüchtlinge und die Visa-Freiheit in der EU, andernfalls wird man die Migrationswilligen nach Mitteleuropa weiterreisen lassen.«

»Ihren Ausführungen zufolge ist die Türkei ›Erzeuger‹ der Migrationswelle?«, meldete sich ein weiterer Student zu Wort.

»Nein, nein, nicht Urheber«, antwortete ich, mit den Händen gestikulierend, »nicht allein und nicht als maßgebende Kraft. Die türkische Regierung benutzt die aktuelle prekäre Situation für ihre Zwecke, das ist deutlich. Sie ist aber nicht der wirkliche Verursacher.

Bei jeder kriegerischen Auseinandersetzung werden die zwangsläufig erzeugten Flüchtlingsströme schon in der Vorbereitung geplant und sogar finanziert. Laut *WikiLeaks* vorliegenden Informationen haben die Widersacher der syrischen Regierung, sprich die Vereinigten Staaten, Großbritannien und Frankreich mit ihren regionalen Verbündeten wie Katar, der Türkei, Jordanien, Saudi-Arabien und Israel bewusst eine strategische Entvölkerung Syriens eingeleitet, die nun in den beabsichtigten Migrationswellen nach Europa ihren Ausdruck findet. Die Flüchtlingskrise in Europa ist also kein Zufall, sondern zielgenau geplante Absicht. Mannigfaltige eindeutige Beweismittel hierzu sind existent und heute nachprüfbar: Werbespots und Reklamefilme zum Auswandern nach Deutschland/in die EU mit fantastischen Versprechungen (»Jeder erhält finanzielle Unterstützung, Arbeit, eine Wohnung, ein Auto, Bildungsmöglichkeiten, Krankenversicherung ...«) wurden in den wichtigen arabischen TV-Sendern ausgestrahlt. Es wurden Broschüren mit klar definierten Transitrouten in Umlauf gebracht, unmittelbare finanzielle Unterstützung durch Ausgabe von Bargeld zu Beginn der Ausreise wurde angeboten, kostenlose Mobiltelefone wurden verteilt, kostenfreier Internetzugang wurde ermöglicht und vieles mehr.«

»Wenn es sich, wie Sie sagen, um Absicht handelt, was will der Erzeuger damit wirklich erreichen?«, hakte der Student nach. »Geht es einzig um Erpressung oder geht es um ein viel größeres Vorhaben, zum Beispiel um die Auflösung der EU, und mit welchen langfristigen Auswirkungen müssen wir rechnen?«

»Es ist begrüßenswert zu hören, dass Sie sich für die aktuelle Politik so brennend interessieren, aber Ihre recht tiefsinnigen Fragen sind von mir nicht objektiv zu beantworten. Zudem besteht die Gefahr, dass meine Thesen als reine Verschwörungstheorien aufgefasst werden.«

»Keine Sorge«, erwiderte der Student und wendete sich an die Gruppe, »wir erwarten keine wertneutrale wissenschaftliche Theorie, wir erhoffen lediglich eine persönliche sachliche Einschätzung von Ihnen!«

»Nun denn«, übernahm ich das Wort. »Die Flüchtlingsströme aus den Kriegsgebieten im Nahen Osten sind geplant, gut organisiert und ein Baustein des Kampfes, den die Mächtigen, die Machtelite, oder wie man sie auch nennen mag, gegen den Rest der Welt führen. Es geht, so fantastisch das auch klingen mag, um die Erlangung einer ›Neuen Weltordnung‹ (New World Order) auf antidemokratischer Basis, und um diese zu erreichen, ist die Abschaffung von nationaler Identität, von Autonomie und Souveränität unerlässlich. Was ist der langfristige Plan? Destabilisierung der Einzelstaaten und Vermischung möglichst vieler Völker, Ethnien, Religionen und Kulturen. Das Resultat ist die vollständige Zerstörung gemeinschaftlicher Strukturen und Organisationen und damit die Auslöschung eines kollektiven starken Widerstandes gegen totalitaristische Bestrebungen.

Wenn meine Beobachtungen und meine Überlegungen richtig sind, wird eine Eindämmung der Migration nicht gelingen, da die kriegerischen Auseinandersetzungen auch zukünftig andauern und ausgeweitet werden, weil sie zum ›Big Plan‹ gehören. Wir haben daher in den kommenden Jahren einen fortwährenden Flüchtlingsstrom aus dem Mittleren Osten und aus den nord- und mittelafrikanischen Ländern nach Europa zu erwarten. Was heute noch ein rein humanitäres Problem ist, wird aufgrund des erheblichen Ausmaßes ein ernsthaftes ökonomisches und sozialkulturelles Problem werden. Die Folgen sind evident: Gewaltige staatliche Ausgaben für die Aufnahme und Integration der Asylsuchenden, hohe ökonomische Ungleichheiten, religiöse Konflikte, insbesondere zwischen Muslimen und der Mehrheitsgesellschaft, kulturelle Spannungen infolge unterschiedlicher Wertemuster, Herausbildung von Problembezirken für ethnische Minderheiten, soziale Brandherde und Ausnahmezustände.

Der umfassende Machttransfer der Einzelstaaten auf die EU wird die Mannigfaltigkeit autonomer und soziokulturell ausgeprägter Volksgemeinschaften eliminieren. Es wird sich ein Vielvölkerstaat Orwell'scher Prägung herauskristallisieren, in dem vor allem die individuelle Freiheit und die demokratische Eigenverantwortlichkeit mehr und mehr eingeschränkt werden. Die Kant'schen Ideale Kritikfähigkeit, Emanzipation und Verantwortung, also persönliche Eigenschaften, die einen denkenden Menschen und mündigen Staatsbürger ausmachen, werden nicht mehr als primäre Bildungsziele etabliert sein, sondern Gleichschaltung und Angepasstheit im Sinne systemimmanenter Konformität.

Die ursprüngliche Zielsetzung des europäischen Gedankens war die Schaffung einer Institution für Frieden und Wohlstand in Europa. Mit der Etablierung eines gemeinsamen Binnenmarktes und einer kooperativen Außen- und Sicherheitspolitik wurden diese gemeinsamen Interessen in der Vergangenheit vorteilhaft für alle Mitgliedsstaaten umgesetzt.

Zahlreiche Bestrebungen der Europäischen Union deuten nun unzweideutig auf die Zielsetzung eines Vielvölkerstaates (Staatenbund der Nationalstaaten) hin. Seit Gründung der EU 1992 wurde die Souveränität der Nationalstaaten unter der Überschrift *Gemeinsame Souveränität bedeutet mehr Macht, nicht weniger* in zahlreichen Disziplinen wie zum Beispiel im Umweltschutz, in Forschung und Entwicklung, in der Gesundheits- und Agrarpolitik sowie in der Telekommunikation stark eingeschränkt. Auf dem so wichtigen Gebiet der Finanz-, Wirtschafts- und Währungspolitik haben die EU-Mitgliedstaaten ihre Hoheitsrechte sogar vollständig auf die europäische Ebene übertragen und es existieren nur noch wenige Ausschnitte der Politik, auf die ›Europa‹ keinen Zugriff hat.

Die ständig wachsenden Zuständigkeiten der EU in Verbindung mit der Abgabe von Hoheitsrechten der Einzelstaaten zeigen deutlich die Entwicklungstendenz. Das latente Ziel heißt ›*United Europe*‹, ein Vielvölkerstaat unter zentralistischer Regierung mit allen Hoheitsrechten, in dem die einzelnen Mitgliedsländer und ihre traditionellen Dispositionen keinen Stellenwert mehr besitzen.

Ich bin ein wenig von Ihrer ursprünglichen Fragestellung abgekommen, meine Ausführungen zeigen jedoch deutlich, dass die Flüchtlingsproblematik eng mit der Zukunft Europas verknüpft ist.

Die beschriebenen neuen Konfliktlinien infolge der vielen Asylsuchenden sind für große Teile der Bevölkerung beängstigend. Sie erzeugen Beklemmung, Verärgerung, ja Zorn, bis hin zur vollständigen Ablehnung. Gegen die ankommenden Fremden ballt man die Faust, aber, und das wird meist vergessen, es trifft die Falschen. Es scheint ja auch viel leichter, den Zuwanderern die Schuld zu geben als den tatsächlichen Verursachern.

Die Kriegsmigranten verlassen notgedrungen, aufgrund von menschen- und naturverachtenden Maßnahmen der Verursacherländer ihre Heimat und kämpfen um ihr Leben. Durch zerstörende Umweltpolitik und durch rücksichtslose Ausbeutung von Ressourcen wurden die Flüchtlingsströme in den afrikanischen Ländern hervorgerufen. Auch die Menschen vom Balkan, die heute bei uns eine neue Heimat suchen, wurden durch von uns initiierten Kriege in die Not getrieben. Und parallel dazu werden die Auslöser und Profiteure des Notstandes und des Leides immer reicher, und diese Auslöser und Profiteure sind wir, wir, die reichen Nationen im Westen.«

Im Lehrraum wurde es still, die Beklemmung der Studenten war fast körperlich spürbar.

Nach einer kleinen Gedankenpause sprach ich weiter.

»Wir müssen akzeptieren, dass uns jetzt die Rechnung für jahrzehntelange Kriege und Ausbeutung präsentiert wird, denn unser Luxus und unser hoher Lebensstandard basieren auf dem Elend und der Not anderer Völker.«

Eine junge Studentin, sichtlich berührt, meldete sich zu Wort. »Aber die meisten Menschen wollen keine Kriege, sie wollen kein Elend und keine Ressourcenräubereien!«

»Sie haben natürlich recht«, warf ich ein. »Die überwiegende Mehrheit der Menschen im Westen denkt wie Sie. Sie wollen keine Kriege und keine Notlage anderer Menschen, aber sie wollen den hohen Lebensstandard beibehalten. Oft fehlt es auch an ausreichender und korrekter Information. Die herrschenden Eliten und damit auch unsere Mainstream-Presse hüten sich davor, die tatsächlichen Zusammenhänge offen auszusprechen, oder sie desinformieren die Bürger über die wahren Hintergründe. Kritisches Denken, Verantwortung für unsere Mitmenschen und das

Beenden der Gleichgültigkeit sollten uns trotzdem der Einsicht nähern, dass wir durch die Billigung der Geschehnisse an den Folgen mitschuldig sind.

Wir müssen endlich nach dem Verursacherprinzip handeln und diejenigen zur Rechenschaft ziehen, die in Wirklichkeit für die Flüchtlingsströme verantwortlich sind. Und das sind die Staaten, die offiziell Demokratie und westliche Werte transportieren, tatsächlich jedoch Krieg, Ausbeutung, Not, Elend und Tod bringen. Die Kriegsmigration kann also leicht beendet respektive verhindert werden, indem die militärischen Auseinandersetzungen beendet beziehungsweise verhindert werden.

Migrationen aufgrund von Naturkatastrophen, Klimawandel und Krankheiten sind voraussichtlich nicht oder nur partiell zu stoppen. Diese Umstände zwingen die Staaten in den gemäßigten Zonen, schon allein aus humanitären Gründen, die Asylsuchenden aufzunehmen. Und wie reagiert die Politik auf die großen Herausforderungen der weltweiten Völkerwanderungen? Viele Staaten reagieren mit Grenzziehungen und territorialer Abschottung vom Elend der Welt!«

»Ich stimme Ihnen zu«, erwiderte die Studentin. »Aber kann die Vermischung unterschiedlicher Spezies und Kulturen nicht auch eine große Chance sein?«

»Absolut«, entgegnete ich. »Die Zuwanderung kann und wird einen neuen europäischen Menschen der Zukunft hervorbringen, wenn sich die Entwicklung in diesem Tempo und mit diesen Massen fortsetzt. Migranten und die Mehrheitsgesellschaft werden sich mit der Zeit, und ich denke hier an mehrere Dekaden, in einer offenen Gesellschaft harmonisieren. Fremdenfeindlichkeit und religiöse Intoleranz werden abnehmen und das gegenseitige Vertrauen wird stärker werden. All dies setzt jedoch Information, Sachverstand und Mut voraus. Auch wenn die meisten Menschen heute Angst vor neuen, unbekannten Situationen haben, das Risiko scheuen und an Altbekanntem festhalten, werden die zahlreichen positiven Perspektiven beider Gruppierungen überwiegen, und eine offene moderne Gesellschaft von Morgen prägen. Zwingende Voraussetzung für eine derart positive Entwicklung ist, wie ich schon erwähnte, eine Persönlichkeitsbildung im Sinne von Kritikfähigkeit, Emanzipation und Verantwortung.«

Demokratie und Politik

Man kann sich verwirklichte Demokratie
nur als Gesellschaft von Mündigen vorstellen.

(Theodor W. Adorno)

Es war Wahlsonntag, Angelena und ich waren mit Kersten zum Essen verabredet. Auf dem Weg durch die Innenstadt zum Restaurant begegneten wir drei kleinen politisch organisierten Gruppen, die Transparente mit Wahlslogans ihrer Partei trugen und Flyer verteilten. *Wir haben die Kraft*; *Verantwortung, Kompetenz, Nachhaltigkeit*; *Arbeit muss sich wieder lohnen*; *Freiheit statt Verbote*; *Bürgerrechte stärken* waren nur einige ihrer ehrenwerten Leitsprüche, um das Votum der Bürger zu erhalten.

»Hast du bemerkt, dass die verschiedenen Parteien mit fast gleichen inhaltlichen Programmen werben?«, fragte Angelena und drückte mir ein Faltblatt mit roter Aufschrift in die Hand, das sie von einem Wahlhelfer bekommen hatte. *Sie haben es in der Hand*, stand dort fettgedruckt als Headline.

»Tatsächlich«, sagte ich. Während ich den Flyer in der Hand hielt, bestürmten mich die Gedanken. Ich durfte heute, nach vier Jahren, wieder meine Stimme als mündiger Staatsbürger abgeben. Ich darf alle vier Jahre eine Partei und eine Person meines Vertrauens wählen und hoffen, dass sie meine Erwartungen erfüllen. Zu Angelena gewandt antwortete ich: »Der Unterschied in den Wahlprogrammen ist tatsächlich minimal, denn sämtliche Parteien und alle von ihnen aufgestellten Personen wollen an die politische Macht. Der Grund für die Ähnlichkeit ihrer Werbeslogans ist klar. Sie haben allesamt, ohne Ausnahme, Meinungsforschungsinstitute damit beauftragt, den Willen der Bürger zu ermitteln, und dem Ergebnis entsprechend sind die Texte auf ihren Plakaten, Transparenten und Flyern. Und wenn wir die Sprüche von heute mit denen von vor vier oder acht Jahren vergleichen, werden wir feststellen, dass sich, wenn überhaupt, lediglich der Parteiname geändert hat.«

Im Restaurant angekommen, begrüßte uns Kersten mit seiner Lebensgefährtin Dalida. »Seid ihr auch den Parteimenschen begegnet, die noch auf Stimmenfang gehen?«, fragte er. »Ich empfinde es vorbildhaft und bin beeindruckt, dass sich nicht wenige Menschen, ich habe meist junge Leute gesehen, derart mühevoll und aufwändig für ihre politischen Vorbilder und Ideale einsetzen.«

»Absolut«, sagte Angelena, »mir imponieren die vielen Wahlhelfer auch, gleichgültig welcher Coleur, die sich, ohne auf den eigenen Vorteil zu achten, für ihre Partei und damit für die Allgemeinheit einsetzen.«

»Der Idealismus ist in der Tat bewundernswert«, fügte ich hinzu, »was mir allerdings fehlt, ist das kritische Hinterfragen ihrer politischen Arbeit. Die Konzepte der Parteien und ihre Zielvorstellungen sind ausnahmslos identisch und auf die Wahrung des momentanen gesellschaftlichen Zustandes ausgerichtet. Sie stellen unser politisches System mit seinen vielen Schieflagen nicht infrage, wie könnten sie auch, sie würden eventuell ihre eigene Existenz infrage stellen.«

»Ist es nicht unser aller Wunsch, die erreichten positiven gesellschaftlichen Verhältnisse des Landes aufrechtzuerhalten oder zu verbessern?«, fragte Dalida.

»Ja und nein. Wollen wir auch weiterhin egoistisch unsere auf Ungerechtigkeit und Ungesetzlichkeit erlangten Privilegien beibehalten, hast du natürlich recht. Erkennen wir jedoch, dass unser Wohlstand auf dem Elend und der Armut anderer Länder und

Menschen aufgebaut ist, und wollen wir das verändern, sind deutlich modifizierte Parteienkonzepte oder gar ein gänzlich anderes politisches Gesamtkonzept erforderlich.«

»Ich denke, unser Mehrparteiensystem in der BRD ist das Fundament für unseren freiheitlich-demokratischen Rechtsstaat«, übernahm Kersten das Gespräch. »Das Parlament, und damit indirekt die Regierung, wird durch freie Wahlen gewählt, und jeder Wahlberechtigte hat die Möglichkeit, seine politischen Vorstellungen durch die Wahl einer Partei beziehungsweise einer Person in das parlamentarische Geschehen einzubringen. Auf diesem Weg findet die Geisteshaltung der Mehrheit der Bevölkerung den Weg ins Parlament.«

»Das hoffen wir alle«, sagte Angelena, »aber eine Garantie dafür gibt es nicht. In der Wahlkampfphase versprechen die Parteien das Blaue vom Himmel, doch die Vergangenheit zeigt, dass in den überwiegenden Fällen die gemachten Versprechen nicht eingehalten werden. Meistens wird dann das Argument fehlender Finanzen als Rechtfertigung vorgebracht.«

»Traurigerweise ist das so«, sagte Dalida. »Wahlversprechen von Parteien sind keine Zusagen im Sinne zivilrechtlicher Vereinbarungen. Sie sind lediglich Instrumente des Wahlkampfs und gelten bestenfalls als Zustimmung, sich nach der Wahl für eine bestimmte Thematik einzusetzen. Man spricht in dem Zusammenhang vom *Clausula-rebus-sic-stantibus-Grundsatz*. Der Begriff stammt aus dem römischen Recht und besagt, dass die gemachten Versprechen nicht mehr gültig sind, wenn sich die äußeren Bedingungen ändern.«

»Obwohl die Parteien genau wissen, dass ihre Vorhaben nicht realisiert werden können, hält es sie nicht davon ab, immer mehr zu versprechen«, übernahm Angelena das Gespräch. »Der Wähler wird animiert, bei der Partei sein Kreuz zu machen, die seine Meinung und seine Hoffnungen vertritt, und muss später feststellen, dass die Wahlziele aus politischen oder wirtschaftlichen Gründen nicht umsetzbar sind. Das macht wütend. Die Bürger sollten doch nach all den Jahren der bewussten Manipulation dazugelernt haben, insbesondere da wir alle medial vernetzt sind und jeder sich hinreichend informieren kann. Es ist zu hoffen, dass das Wahlvolk aus seinen Fehlern lernt, oder ist es wirklich so, dass zivilisierte denkende Menschen so leichtgläubig sind und immer wieder die Partei wählen, die ihnen die meisten Wahlversprechen macht?«

»Anscheinend haben wir tatsächlich das kritische und differenzierte Denken verlernt, wie anders ist das politische Verhalten des sogenannten mündigen Staatsbürgers sonst zu erklären?«, ergänzte ich. »Ihm wird suggeriert, dass es staatsbürgerliche Pflicht ist zur Wahl zu gehen, und er geht und wählt nach Vorgabe der Versprechungen, die anschließend nicht eingehalten werden.«

»Man kann das so nicht verallgemeinern«, warf Kersten ein, »die meisten Zusicherungen werden doch eingehalten, zumindest partiell!«

»Wirklich?«, fragte ich. »Gesellschaftlich unbedeutende Entscheide und Beschlüsse, die das System aufrechterhalten, werden natürlich immer wieder getroffen, das ist alltägliche parlamentarische Arbeit. Geht es aber um schwerwiegende politische Entscheidungen, gibt es immer wieder eine Mehrheit im Sinne der Lobbyisten. Es ist gleichgültig, welche Partei man wählt, es gewinnen immer die Sponsoren, die Machtelite, die im Hintergrund ihre Fäden zieht. Aus ihr rekrutieren sich die wirklichen Entscheidungsträger. Horst Seehofer hat es auf den Punkt gebracht, als er sagte: *Diejenigen, die entscheiden, sind nicht gewählt, und diejenigen, die gewählt werden, haben nichts zu entscheiden.*«

»Auch Parlamentarier sind Menschen mit Stärken und Schwächen«, sagte Angelena. »Der politisch Ambitionierte hat zu Beginn seiner Karriere bestimmt untadelige gesellschaftliche Vorstellungen und Ideale. Er arbeitet sich innerhalb der Partei nach oben und wenn er gewählt wird, passt er sich den Anderen an, um seine Position zu behalten. Das gilt in gleicher Weise für die kleinen und neuen Parteien. Bevor sie die Fünf-Prozent-Klausel erreicht haben, stehen ihre oft sehr edlen Visionen im Vordergrund. Sobald aber ein politisches Amt in Aussicht steht, kapitulieren sie vor den eigenen Idealen und fügen sich den Erfolg versprechenden strategischen Zwängen.«

»Ich erinnere mich an den Artikel 38 unseres Grundgesetzes, in dem es sinngemäß heißt: *Abgeordnete sind Vertreter des ganzen Volkes, an Aufträge und Weisungen nicht gebunden und nur ihrem Gewissen unterworfen*«, meinte Kersten und schaute fragend in die Runde. »Auch wenn es naiv klingt, gehe ich davon aus, dass sich die überwiegende Mehrheit der Abgeordneten, es sind schließlich auch Menschen mit Moral und Gewissen, daran hält.«

»Positiv wäre es in der Tat, die Realität sieht jedoch anders aus«, entgegnete ich. »Es gibt verschwiegene, aber unbestrittene Verhaltensregeln für die Abgeordneten in den Parlamenten. Man hört oft die Vokabeln *Fraktionszwang, Fraktionssolidarität* oder auch *Fraktionsdisziplin*. Das ist nichts anderes als die generelle Abhängigkeit von den Parteispitzen. Um Abstimmungsniederlagen zu verhindern, wird Druck ausgeübt und mit harten Konsequenzen gedroht. Verweigern die Abgeordneten den Fraktionszwang, werden sie parteiintern oder öffentlich diskreditiert, und stehen bei kommenden Wahlen nicht mehr auf den vordersten Plätzen in den Listen oder werden nicht mehr als Direktkandidaten ihrer Partei aufgestellt. Ein typisches Beispiel für dieses Prozedere in letzter Zeit ist die Abstimmung zur Griechenlandhilfe. Sinngemäß sagte der Fraktionsvorsitzende der größten Partei im Bundestag: *Wer ›Nein‹ sagt zur Griechenlandhilfe, der muss raus*

aus wichtigen Ausschüssen. Mit dieser Drohung wurde aus einer Gewissensfrage eine Loyalitätsfrage und das bedeutet: Wenn es um Macht geht, wird gekuscht. Für unsere Demokratie hat diese Praxis verheerende Folgen. Die nach Ämtern strebenden ›Parteisoldaten‹ und ›Politfunktionäre‹ schwimmen nach oben und die kleine Schar derer, die nach bestem Wissen und Gewissen handeln, wird isoliert und ins Abseits gestellt.«

»Wenn die Parteien eine politische Richtung vorgeben, ist das meiner Auffassung nach nicht negativ zu bewerten, sie handeln doch im Sinne der Bevölkerung«, warf Dalida ein.

»Bei allem Verständnis« entgegnete ich, »das ist sehr leichtgläubig. Die unterschiedlichen Interessenverbände in der Bundesrepublik haben infolge ihrer Vernetzung mit Ministerien und Ämtern und natürlich mit den Abgeordneten einen enormen Einfluss auf den Kurs der Politik. Conrad Schuhler hat in seinem Artikel *Business as usual*[61] in der Süddeutschen Zeitung die Verflechtungen der Abgeordneten der 14. Legislaturperiode des Deutschen Bundestages zusammengefasst. Nach seinen Recherchen betätigten sich 167 von 666 Abgeordneten ausschließlich als Parlamentarier, alle anderen gingen lukrativen Nebenbeschäftigungen nach: 206 Abgeordnete waren für öffentliche Anstalten oder Körperschaften wie Sparkasse, Rundfunk- oder Fernsehanstalten tätig, 293 Abgeordnete befanden sich auf den Gehaltslisten von Privatfirmen als Aufsichtsrat, Berater oder Angestellter, 37 standen im Dienste der Landwirtschaft; manche waren selbst Unternehmer. Zahlreiche Abgeordnete arbeiteten sogar für mehrere Unternehmen. Unsere Politiker sind also keine unabhängigen Parlamentarier und Staatsdiener, wie man uns mitteilt, sondern, man muss es so sagen, entlohnte Funktionäre und Repräsentanten der Wirtschaft.«

---

[61] Schuhler, C.: Business as usual, SZ-Magazin 20.09.02.

138

»Aber in einer Demokratie geht es doch um Gerechtigkeit, es geht darum, dem Volk die positivsten Verhältnisse zu ermöglichen«, sprach Dalida. »Nach deinen Ausführungen geht es vielen Politikern aber nicht mehr um das Wohl des Volkes, sondern um das Wohl ihrer Klientel!«

»Ja, wir haben leider keine Volksregierungen, sondern Parteiregierungen«, sagte ich. »Unser Parteiensystem hat unseligerweise eine äußerst negative Eigendynamik erfahren, und wenn man die gegenwärtige Gesamtlage unserer parlamentarischen Struktur kritisch betrachtet, lautet die einzig mögliche Antwort: Ja, den Willen des Volkes zu verwirklichen, ist nicht mehr das primäre Ziel der gegenwärtigen Politik.«

»Pa, welche Partei hast du heute gewählt?«, fragte Kersten unvermittelt mit einem verschmitzten Lächeln.

»Ich war noch nicht, und ich werde auch nicht zur Wahl gehen«, gab ich zur Antwort.

»Warum gehst du nicht zur Wahl?! Sollten wir das große Privileg, wählen zu dürfen, nicht nutzen? In diktatorischen Ländern kämpfen die Menschen unter Lebensgefahr für das Recht auf freie Wahlen«, fragte Dalida mit vorwurfsvollem Ton. »Verzichtest du in dem Fall nicht auf die Chance der aktiven politischen Mitgestaltung?«

Nachdenklich erwiderte ich: »Viele Menschen in demokratischen Staaten sind vermutlich der Ansicht, das Nichtwählen sei die Preisgabe des wichtigsten demokratischen Rechts, des Wahlrechts. Das mag oberflächlich betrachtet so sein, aber die tiefergehende entscheidende Frage für mich ist: Wozu gehe ich wählen, wenn ich genau genommen keine Wahl habe? Was nutzt mir mein Wahlrecht, wenn das Wahlergebnis immer gleich bleibt? Es ist völlig unbedeutend, welche Partei ich ankreuze, die Regierungsmehrheit wird immer von der SPD und/oder der CDU gestellt, und die Parteien praktizieren, von Kleinigkeiten abgesehen, inzwischen eine gleichgerichtete Politik der Besitzstandswahrung. Seit Bestehen der Bundesrepublik Deutschland gab es nur Regierungen, in denen die CDU oder die SPD, alleine oder in Koalitionen oder beide zusammen die Mehrheit bildeten.

Übrigens, das wissen viele nicht, in manchen Staaten, zum Beispiel in Spanien, der Ukraine, dem US-Bundesstaat Nevada oder in Indien gibt es die Wahlalternative *NOTA*, das bedeutet *None of the above*, die auf dem Wahlzettel angekreuzt werden kann. Durch diese Option hat der Wähler die Möglichkeit, alle aufgeführten Kandidaten und Parteien auf der Wahlliste abzulehnen.«

»Interessant!« Kersten schaute ungläubig auf. »Welche politischen Effekte sind mit dieser Wahlmöglichkeit verbunden?«

»Zunächst einmal erlaubt es dem Wähler, den Kandidaten und den Parteien sein Misstrauen auszusprechen, seine Stimme geht also nicht vollständig verloren. Bei einer Personenwahl würde, bei genügend NOTA-Stimmen, eine Stelle nicht besetzt werden, im Bedarfsfall könnte es zu Neuwahlen mit anderen Kandidaten kommen, bei einer Verhältniswahl könnten Parlamentssitze ›leer‹ gewählt werden und die Parteien müssten sich weitaus stärker einsetzen, um eine politische Mehrheit zu erhalten. In den Staaten mit der NOTA-Option haben die Interessen und Anliegen der Bevölkerung einen viel größeren Stellenwert als bei uns. Die Wahlversprechen werden tunlichst eingehalten, denn der Wähler könnte, wenn er sich übergangen fühlt, die Politiker und Parteien bei der nächsten Wahl sanktionieren, indem er sichere Positionen und Mehrheiten durch sein Wahlverhalten verhindert.«

»Das ist wirklich erstaunlich«, sagte Angelena, als schließlich das Essen serviert wurde. »Diese Staaten mit der NOTA-Option sind uns, glaube ich, in Bezug auf ein demokratischeres Wahlrecht um Längen voraus. Für heute haben wir aber jetzt genug über Politik gesprochen. Nun wollen wir unser Essen genießen.

Bei unserem nächsten Zusammensein können wir uns über die Wahlergebnisse und die sich daraus ergebenden Folgen unterhalten.«

Einige Tage später wurde das Thema ›Wählen oder Nicht wählen‹ für mich erneut zum Gesprächsinhalt. Ein guter Bekannter, seit ewigen Zeiten SPD-Wähler und leidenschaftlicher Verfechter sozialdemokratischer Politik, kam unerwartet zu Besuch. Er stand noch in der Tür als er fragte: »Hast du am Sonntag gewählt?« Ohne eine Antwort abzuwarten, sprach er weiter: »Ich war wählen und habe doch nicht gewählt!«

»Wie das?«, fragte ich lachend und führte ihn ins Wohnzimmer.

»Schon mehrere Wochen vor der Wahl konnte ich mich nicht eindeutig für meine Partei entscheiden. Früher war wirkliche soziale Politik zugunsten der Mehrheit der Bevölkerung in allen Entscheidungen klar erkennbar. Heute geht es in allen Parteien nur noch um Macht und Positionen. Hier, schau wie ich gewählt habe ...« Er nahm ein ausgefülltes Wahlformular aus der Hosentasche und hielt es mir hin und herschwenkend vor die Augen. »Ich habe in der Wahlkabine, wie die letzten Jahrzehnte immer, meine Kreuze gemacht, dieses Mal jedoch mit fühlbaren Bauchschmerzen. Schließlich wurde mir klar: Ich kann den ausgefüllten Stimmzettel nicht abgeben. Beim Hinausgehen steckte ich, mit dem Gefühl etwas Unrechtes zu tun, den leeren Briefumschlag in die Wahlurne. Verstehst du das?! Ich kann mich nicht mehr mit meiner Partei identifizieren, aber auch mit keiner anderen, ich zweifle an der Kompetenz und der Vertrauenswürdigkeit der Kandidaten und ich stehe nicht mehr hinter den Themen der Parteien, also warum sollte ich wählen?!«

Ich wartete ein paar Sekunden und just, als ich etwas sagen wollte, sprach er weiter.

»Ich weiß, dass eine ›Nicht-Wahl‹ bei uns keine große Bedeutung hat. Es ist auch keine wirkliche Option, um auf das Parteiensystem Druck auszuüben, denn den Parteien bleiben die Mandate, gleichgültig, wie viele Bürger tatsächlich zur Wahl gehen. Wahltechnisch hat das Nichtwählen und Ungültigmachen keine Bedeutung, da es eine Mindestwahlbeteiligung bei uns in Deutschland nicht gibt. Die Schlussfolgerung ist, dass selbst, wenn nur 10 Prozent ihre Stimme abgeben, das neue Parlament per Gesetz gewählt ist und das Wahlergebnis ist genauso zu betrachten, als wären alle 100 Prozent zur Wahl gegangen.«

»So ist es leider«, antwortete ich. »Auch wenn ausschließlich die Parteimitglieder zur Wahl gehen würden, wäre das Parlament, nach unserem heutigen Wahlrecht, legitimiert.«

»Warst du denn wählen?«, fragte mein Gegenüber unvermittelt.

»Nein«, sagte ich nachdenklich, »meine innere Einstellung zu den Parteien und den mit ihnen verbundenen Personen ist deinen Vorstellungen sehr ähnlich. Darüber hinaus kann und will ich das bestehende politische Gesamtsystem mit meiner Stimme nicht bestätigen.«

»Was meinst du damit?«

»Zwei für mich wichtige Sachverhalte möchte ich verdeutlichen.

Die Parteien hinterfragen das Gesamtsystem nicht. Meines Erachtens ist unser freiheitlich-demokratischer Rechtsstaat faktisch keine souveräne Demokratie, da ihm essenzielle Voraussetzungen fehlen. Deutschland hat keine vom Volk in freier, geheimer und unabhängiger Wahl beschlossene rechtsgültige Verfassung. In Deutschland gibt es keine Option, Volksentscheide über zentrale politische Themen durchzuführen, wir haben keine strikte Trennung von Legislative, Exekutive und Judikative. Wir haben fatalerweise keine unabhängigen und nur ihrem Gewissen und dem Wähler gegenüber verantwortlichen Abgeordneten, und wir haben keine autarken juristischen Instanzen, die uns vor Amtsmissbrauch der Parlamentarier, insbesondere der Regierung schützen. Es gibt in den deutschen Parlamenten niemanden, der sich dieser Thematik annimmt und uns in Bezug auf eine wahre Demokratie weiterbringt. Wir sind also weit entfernt von einer wahren demokratischen Rechtsordnung.

»Ich stimme dir zu hundert Prozent zu«, erwiderte mein Besuch. »Vor allem der Umstand, dass auf Bundesebene kein Referendum zugelassen wird, ist für mich ein kristallklares Merkmal für eine Scheindemokratie. Darüber hinaus ist mir, wie du auch schon sagtest, aufgefallen, dass Deutschland nicht autonom ist. Bei uns existieren augenscheinlich zwei Staatsgewalten, die deutsche und die US-amerikanische. Wie kann es sein, dass die Amerikaner von deutschem Boden aus Krieg führen und die Bundesanwaltschaft zuschaut? Es ist keineswegs ›souverän‹, wenn die Bundesregierung das Schalten und Walten der amerikanischen Geheimdienste kritiklos toleriert und akzeptiert.«

»Ja, es gibt immer noch keinen Friedensvertrag zwischen dem vereinten Deutschland und den vier Siegermächten. Im sogenannten *Zwei-plus-Vier-Vertrag* von 1990 wurde die innere und äußere Souveränität Deutschlands nur teilweise hergestellt, denn eine Vielzahl von Beschränkungen und Verpflichtungen grenzen unsere Unabhängigkeit wesentlich ein. So sind wir beispielsweise der einzige Staat in Europa, dessen Obergrenze der Armee zahlenmäßig festgelegt und vollständig der NATO unterstellt ist; Oberbefehlshaber der Bundeswehr ist daher der NATO-Generalsekretär. Interessant ist auch der Überwachungsvorbehalt der Alliierten. Er wurde zwar formell abgeschafft, blieb jedoch in modifizierter Form erhalten. Das gilt in erster Linie für die sehr nahe Zusammenarbeit des Bundesnachrichtendienstes mit der NSA, aber auch für die Durchführung eigener, uneingeschränkter und unkontrollierbarer Überwachungsmaßnahmen der Amerikaner von deutschem Boden aus. Auch das Besatzungsrecht für die Präsenz des amerikanischen Militärs in Deutschland, mit all seinen Privilegien und Sonderrechten, ist weiterhin in Kraft. Wenngleich es schwierig ist, die exakte Zahl der US-Militäranlagen zu erfassen, geht man heute von circa 180 Stützpunkten mit ungefähr 42.000 Soldaten aus, für die der deutsche Steuerzahler einen Teil der Kosten trägt – man schätzt, weit mehr als eine Milliarde Euro pro Jahr. Die Bundesregierung sieht keinen Änderungsbedarf.

Zum Zweiten sehe ich keine Partei, die sich mit den bedeutsamen, manchmal auch heiklen und kritischen Problemen, Schieflagen und Ungerechtigkeiten unserer Zeit auseinandersetzt.

Warum leben wir in einem System, in dem wenige Menschen fast alles haben und die meisten Menschen nichts? Dem Oxfam-Bericht vom 18. Januar 2016 nach besitzen 62 Menschen genauso viel wie die gesamte ärmere Hälfte der Weltbevölkerung, und das sind circa 3,6 Milliarden Menschen. Ist das gerecht? Ist das eine Demokratie, in der alle Menschen gleich sind? Soziale Ungleichheit ist nicht naturgebunden, sondern das Ergebnis einseitiger Politik. Was wir dringend benötigen, sind Gesetze, die es gestatten, die erwirtschafteten Gewinne gerechter zu verteilen, und die allen sozialen Schichten die gleichen beruflichen Perspektiven ermöglichen.

Eine OECD-Studie besagt, dass auch in Deutschland signifikante Vermögens- und Einkommensungerechtigkeiten existieren. So besitzen die ärmsten 60 Prozent der Bevölkerung lediglich 6 Prozent des gesamten Vermögens, wobei die Schuldnerquote bei 9,7 Prozent liegt. Wir leben also auch in der Bundesrepublik offensichtlich in einer Welt, deren Regelwerke nur für die Superreichen gemacht sind. Ich sehe keine Partei und keine Parlamentarier, die sich mit dieser Thematik befriedigend auseinandersetzen!

Das globale Wirtschaftssystem, in dem wir leben, ist auf Expansion ausgelegt und muss zum Weiterbestehen exponentiell wachsen. Ich frage mich nun, wie kann in einem endlichen Raum, und unsere Erde ist ein begrenzter Raum, unendliches Wachstum generiert werden? Überhaupt nicht. Unser Wirtschaftssystem ist, wenn es auch zukünftig auf diesem Unterbau fortfährt, zum Scheitern verurteilt! Aber wo sind die Politiker, die sich mit der enorm wichtigen Problematik auseinandersetzen und nach Lösungen suchen? Es gibt sie nicht!

Warum leben wir in einem System politischer Vernetzungen, das nicht ohne Gewalt auskommt? Laut *Statistik-Portal* war die Bundeswehr im März 2016 in 16 anderen Staaten mit circa 3.120 Soldaten militärisch aktiv, obwohl in Artikel 26 des Grundgesetzes steht: *Handlungen, die geeignet sind und in der Absicht vorgenommen werden, das friedliche Zusammenleben der Völker zu stören, insbesondere die Führung eines Angriffskrieges vorzubereiten, sind verfassungswidrig. Sie sind unter Strafe zu stellen.*

Auch die Charta der Vereinten Nationen, eine herausragende Errungenschaft im Völkerrecht, verbietet die Anwendung von Gewalt zwischen Staaten. Es gibt lediglich zwei Ausnahmen – im Fall der Selbstverteidigung, und wenn der UN-Sicherheitsrat bestimmte Staaten zum Handeln ermächtigt, da eine Bedrohung der internationalen Sicherheit oder des Völkerrechts vorliegt.

Für die USA und die anderen NATO-Mitgliedstaaten, also auch für die Bundesrepublik, ist eine Legitimation des Sicherheitsrates der Vereinten Nationen für Kriegseinsätze offensichtlich nicht mehr notwendig. Damit das Grundgesetz nicht verletzt wird, sprechen unsere Politiker von Friedensmissionen und Friedenseinsätzen, die Amerikaner von Erfordernissen zur Wahrung der nationalen Sicherheit. Ich glaube, die wirklichen Antriebe der Kriegseinsätze zu verstehen. Es geht um geopolitische Interessen, um Macht und Bodenschätze, im Mittleren Osten insbesondere um Öl. Damit das existente Wirtschaftssystem funktionsfähig bleibt, brauchen wir im Westen mehr Ressourcen als uns global betrachtet zustehen. Und wo kommen sie her? Aus Staaten, in denen die Amerikaner und die NATO in den letzten Jahren für ›Sicherheit und Menschenrechte‹ sorgten!«

Nachdem sich mein Bekannter verabschiedet hatte, bekam ich passenderweise eine E-Mail von Dalida, die sich die Mühe gemacht hatte, Formen indirekter und direkter Demokratie und sonstige Möglichkeiten der politischen Bürgerbeteiligung für mich zusammenzutragen. Sie schrieb:

In Artikel 38 des Grundgesetzes ist das Wahlrecht verankert. Alle vier oder fünf Jahre haben wir die Option der indirekten Mitbestimmung durch die Wahl unserer Repräsentanten für das Europaparlament, den Bundestag, die Länderparlamente und die kommunalen Vertretungen.

Nach Artikel 17 des Grundgesetzes hat jeder Bürger das Recht, sich einzeln oder in Gemeinschaft mit anderen schriftlich mit Bitten oder Beschwerden an die zuständigen Stellen zu wenden. Es gewährleistet das Recht des freien, ungehinderten Zugangs zum Staat und den Anspruch auf Entgegennahme, Prüfung und Bescheidung der Petition durch den (zuständigen) Petitionsadressaten.

Auf gesamtstaatlicher Ebene sieht das Grundgesetz eine reine indirekte Demokratie vor. Alle Gesetzesentscheidungen werden durch die gewählten Abgeordneten in Bundestag und Bundesrat herbeigeführt. Volksentscheide sind nur mit einer Ausnahme möglich, wenn Bundesländer neu gegliedert werden sollen.

Auf der Ebene der Bundesländer ist das Instrument der direkten Demokratie in Form des Volksentscheides (seit 2005 in allen Bundesländern) gegeben. Die Volksabstimmung gliedert sich in drei Teile: die Volksinitiative, auch Petition genannt, das Volksbegehren und der Volksentscheid. Zu Beginn der Maßnahme muss von den Initiatoren in einer bestimmten Frist eine vorgegebene Anzahl Stimmen von Wahlberechtigten vorliegen. Diese Hürde führte dazu, dass der Volksentscheid meistens nicht direkt vom Bürger, das heißt ›von unten‹, sondern von den Parteien, Verbänden, Kirchen und Organisationen ausging.[62] Darüber hinaus bestehen weitere Gelegenheiten der direkten Einflussnahme auf die politische Richtung. Auf kommunaler Ebene können die Bürger einen Antrag auf Bürgerentscheid stellen, man spricht dann vom sogenannten Bürgerbegehren.

Auf europäischer Ebene besteht ebenfalls die Möglichkeit der politischen Mitbestimmung. Nach Artikel 11 des *Vertrages der Europäischen Union (EUV)* können Unionsbürgerinnen und Unionsbürger, deren Anzahl mindestens eine Million beträgt und bei denen es sich um Staatsangehörige einer erheblichen Anzahl von Mitgliedstaaten (25 Prozent) handeln muss, die Initiative ergreifen und die Europäische Kommission auffordern, im Rahmen ihrer Befugnisse geeignete Vorschläge zu Themen zu unterbreiten, zu denen es nach Ansicht jener Bürgerinnen und Bürger eines Rechtsakts der Union bedarf, um die Verträge umzusetzen. Jeder Unionsbürger besitzt das Petitionsrecht beim Europäischen Parlament nach Artikel 227 und jeder Unionsbürger kann sich an den nach Artikel 228 eingesetzten Bürgerbeauftragten wenden.

Wenn man die Gesetzeslage so hört, gewinnt man den Eindruck, dass echte und wirksame politische Mitbestimmung in der

---

[62] Die Zulassung eines Volksbegehrens beispielsweise in Bayern ist beim Innenministerium zu beantragen. Der Antrag muss von 25.000 stimmberechtigten Bürgern unterschrieben sein. Wurde das Volksbegehren zugelassen, müssen sich innerhalb einer Eintragungsfrist von 14 Tagen mindestens 10 % der Stimmberechtigten in Eintragungslisten, die in Amtsräumen ausliegen, eintragen. Anschließend muss die Bayerische Staatsregierung innerhalb von vier Wochen eine Stellungnahme abgeben und das Begehren dem Landtag unterbreiten.

BRD machbar ist. In der Praxis sind jedoch die vorgeschalteten Erschwernisse wie Unterschriftenzahl und Zeitspanne nur sehr selten von den Bürgern zu überwinden; nicht zuletzt können die Petitionsausschüsse oder die Beauftragten das Bürgerbegehren noch zu Fall bringen.

Laut Volksbegehrensbericht 2015 gab es in den deutschen Bundesländern in den Jahren 1946 bis 2013 insgesamt 299 direktdemokratische Verfahren von unten nach oben, also durch Unterschriften eingeleitet. Hiervon kamen 85 zum Volksbegehren und davon 21 zum Volksentscheid. Im Jahr 2014 gab es lediglich einen Volksentscheid. Er richtete sich gegen den Bau eines Flüchtlingsdorfes am Rande des Tempelhofer Feldes und war im Sinne des Begehrens erfolgreich.

Die verhältnismäßig geringe Anzahl an Volksbegehren, die es tatsächlich bis zum Volksentscheid schaffen, macht deutlich, dass man nicht von einer wirklichen Demokratie, die direkt vom Volke ausgeht, sprechen kann.

Die für die Bevölkerung wichtigen Themen wie Kriegseinsatz der Bundeswehr in anderen Ländern, Ausstieg aus der Kernenergie, Rettung der Banken mit Milliardenbeträgen oder auch die Flüchtlingsproblematik sind Themen des Bundes, und hier hat das Volk de facto keine Option der unmittelbaren Mitbestimmung. Bisher weigerten sich alle Bundesregierungen, ebenso wie die gegenwärtige, der Einführung des Volksentscheides zuzustimmen. Sie sind konsequent gegen diese direkte Form der Mitbestimmung des Volkes, obwohl im Grundgesetz steht: *Alle Macht geht vom Volke aus.*

Einige Monate später, Anlass war ein Bericht über die kommenden Präsidentschaftswahlen in den Vereinigten Staaten, dachte ich wieder an die Gespräche am Wahlsonntag, insbesondere an die arglosen und gutgläubigen Vorstellungen von Dalida und Kersten über unsere demokratische Rechtsordnung.

In unserem Sprachgebrauch verstehen wir unter Demokratie allgemein *Herrschaft des Volkes* oder *Alle Macht geht vom Volke aus*. Leider ist dem nicht so, denn der demokratische Leitsatz *Alle Macht geht vom Volke aus* ist eine reine Illusion!

Und diese Illusion ist notwendig, schrieb Reinhold Niebuhr[63], um die Stabilität des gegenwärtigen Zustandes zu erhalten. Noam Chomsky[64] nahm diesen Gedanken auf und demaskierte die herrschenden Eliten, die durch Manipulation und Propaganda demokratische Strukturen vortäuschen, diese gleichzeitig jedoch auf verdeckte Art und Weise unterminieren.

Die Demokratie ist die einzige Staatsform, die politische Macht zuteilen kann. Dies geschieht durch freie Wahlen. Das bedeutet aber auch, dass nach den Wahlen eine kleine Gruppe von Personen, die sogenannten Volksvertreter, für mehrere Jahre die rechtliche Macht und Herrschaft über die Bevölkerung besitzen.

Franz Oppenheimer, Soziologe und Nationalökonom, hat 1938 in seinem Werk *Das Kapital*[65] den demokratischen Staat als ökonomische Kollektivperson der herrschenden Klasse beschrieben, die sich die Arbeitskraft als Untertanen, als Wertding, beschafft hat. In seinem Werk *Der Staat* schreibt er: *Jeder Staat der Vergangenheit und Geschichte, dem dieser Name unbestritten zukommt, jeder Staat vor allem, der in seiner Entwicklung zu höhe-*

---

[63] Reinhold Niebuhr, amerikanischer Theologe, Philosoph und Politikwissenschaftler (1892-1971).

[64] Chomsky, N.: Notwendige Illusionen: Gedankenkontrolle in demokratischen Gesellschaften, House of Anansi Press, 2013.

[65] Oppenheimer, F.: Das Kapital. Kritik der politischen Ökonomie, Leiden, Sijthoff, 1938.

ren Stufen der Macht, der Größe und des Reichtums weltge-schichtlich bedeutsam geworden ist, war oder ist ein Klassen-staat, das heißt eine Hierarchie von einander über- und unterge-ordneten Schichten oder Klassen mit verschiedenem Recht und verschiedenem Einkommen.[66]

Historisch ist es leicht nachzuweisen, dass man dem Volk die Mitherrschaft bisher immer verweigerte, auch wenn uns durch die Grundrechte und freie Wahlen das Gegenteil suggeriert wird.

Die amerikanischen Politologen Martin Gilens und Benjamin I. Page haben als erste Wissenschaftler in den Vereinigten Staaten eine Untersuchung[67] durchgeführt, ob ihr Land eine wirkliche De-mokratie sei. In ihrer Studie haben die Forscher nachgewiesen, dass die Mehrheit der Amerikaner, gemeint sind die unteren Ein-kommensschichten, keinen Einfluss auf politische Entscheidun-gen haben: *When the preferences of economic elites and the stands of organized interest groups are controlled for, the prefe-rences of the average American appear to have only a minuscule, near-zero, statistically non-significant impact upon public po-licy.*[68]

Das abschließende Ergebnis zeigt sehr schlüssig die geringe Teilhabe der Bevölkerung an politischen Entscheidungen und lautet: *We believe that if policymaking is dominated by powerful business organizations and a small number of affluent Americans,*

---

[66] Oppenheimer, F.: Der Staat, oeconimus, 2016.

[67] Martin Gilens, M. Page, B. I.: Testing Theories of American Politics: Elites, Interest Groups, and Average Citizens, 2014.

[68] Übersetzung: Wirtschaftliche Eliten und ökonomische Interessenverbände haben erheblichen Einfluss auf die Politik der US-Regierung, während die durchschnittlichen Bürger lediglich einen sehr geringen, statistisch nicht signifikanten, Einfluss besitzen.

then America's claims to being a democratic society are seriously threatened.[69]

Amerika, das demokratischste Land der Erde, das Land, welches offiziell die demokratischen Werte auf der ganzen Erde verteidigt, ist in Wahrheit eine Oligarchie[70], und in Europa sieht es nicht anders aus.

Für die Stabilität des Status quo, für die Beständigkeit der oligarchischen Strukturen, ist eine ›necessary illusion‹ erforderlich und diese wird uns permanent durch Staat und Massenmedien vermittelt. Wir leben in einer Oligarchie, unter der Tarnkappe der Demokratie. Die herrschende Elite bestimmt, und die Bevölkerung ist weitgehend entpolitisiert. *Alle Macht geht vom Volke aus* kann auch anders ausgelegt werden: Das Volk wird von der Macht, die es selbst zugeteilt hat, absolut beherrscht.

---

[69] Übersetzung: Wenn politische Entscheidungen von mächtigen Wirtschaftsorganisationen und einer kleinen Anzahl wohlhabender Amerikaner dominiert werden, dann sind die Ansprüche Amerikas, eine demokratische Gesellschaft zu sein, ernsthaft bedroht.

[70] Oligarchie = Herrschaft von Wenigen. Schon Platon (427-347 v. Chr.) sagte: Eine Oligarchie ist die gesetzlose Herrschaft der Reichen, die nur an ihrem Eigennutz interessiert sind.

151

Der Kapitalismus, Ursache und Folgewirkungen

*Wenn die Gerechtigkeit untergeht,
so hat es keinen Wert mehr, dass
Menschen auf Erden leben.*

(Immanuel Kant)

Ich schaue mir natürlich noch die Mainstream-Nachrichten an, gleichwohl, wie Angelena sagt, empöre ich mich regelmäßig über die einseitige und oft falsche oder unzulängliche Berichterstattung.

Heute war es wieder einmal so weit. In der Tagesschau wurde eine Meldung zum Oxfam-Bericht vom Januar 2016 verlesen. Oxfam ist ein unabhängiger Verbund von verschiedenen Hilfs- und Entwicklungsorganisationen, die sich für eine gerechtere Welt ohne Armut einsetzen. Sie arbeiten weltweit dafür, dass sich Menschen in armen Ländern nachhaltige und sichere Existenzgrundlagen schaffen können, Zugang zu Bildung, gesundheitlicher Versorgung, Trinkwasser und Hygiene-Einrichtungen sowie Unterstützung bei Krisen und Katastrophen erhalten. Die Nachricht lautete: *Die Spirale wachsender sozialer Ungleichheit dreht sich weiter. Mittlerweile besitzt 1 Prozent der Weltbevölkerung mehr Vermögen als der Rest der Welt zusammen. Das gegenwärtige Wirtschaftssystem kommt vor allem den Reichen zugute und steigert weltweit die Kluft zwischen Arm und Reich.*

Ich konnte es kaum glauben, die Informationen der Nachrichtensendung waren absolut richtig. Der sich anschließende Kommentar übermittelte jedoch, aufgrund der fehlenden Tiefe, die voreingenommene Ausrichtung des Senders, und vor allem nahm er großen manipulativen Einfluss auf die Sichtweise der Zuschauer.

Die folgende Kernaussage wurde zugleich mit der Oxfam-Meldung kommuniziert: *Das kapitalistische Wirtschaftssystem hat laut der britischen Zeitschrift ›Economist‹ in den vergangenen 15 Jahren den schnellsten Rückgang der Armut in der menschlichen Geschichte gebracht! Nicht die Solidarität, sondern offene Märkte als Bedingung des freien Handels haben es geschafft, dass die Zahl der Armen in der Welt halbiert wurde.*

Beide Aussagen sind faktisch nicht zu beanstanden. Latent wird jedoch suggeriert, dass der Rückgang der Armut ausschließlich durch die Charakteristik des ungebundenen kapitalistischen Systems eingetreten ist, und dass ist grundsätzlich unwahr und nicht den Tatsachen entsprechend.

Das derzeitige kapitalistische Wirtschaftssystem erzeugt unstreitig soziale Ungleichheit und hat weltweit zu dieser schier unglaublichen sozialen Schieflage zwischen Arm und Reich geführt. Wäre die Ungleichheit während dieser Jahre nicht gestiegen, und hätten dagegen die ärmeren Bevölkerungsteile stärker als die Vermögenden vom Wirtschaftswachstum profitiert, hätte die weltweite Armut nach Schätzungen des *Overseas Development Institute (ODI)* nicht nur um 50 Prozent, sondern sogar um circa 70 Prozent gesenkt werden können.

Inmitten des sozialen Elends der überwiegenden Mehrheit der Weltbevölkerung häuft gegenwärtig eine kleine Machtelite unerhörten Reichtum an und hat gleichzeitig jedes Verständnis für die gesellschaftliche Wirklichkeit außerhalb ihres direkten Umfeldes und ihrer eigenen Begehrlichkeiten verloren. Nach einer Dokumentation von WFP[71] 2016 haben circa 795 Millionen Menschen auf der Welt nicht genug zu essen. Unterernährung ist der Grund für den Tod von 3,1 Millionen Kindern unter fünf Jahren jährlich,

---

[71] World Food Programme.

bei mehr als 45 Prozent aller Sterbefälle von Kindern weltweit ist Hunger die Ursache. Parallel dazu sind wenige Menschen derart vermögend, dass sie nicht einmal wissen, wie viel sie besitzen, ja, dass sie sich mit einem Teil ihres unbeschränkten Reichtums ganze Staaten kaufen könnten. Und wer die Prognose kennt, der weiß, dass sich diese Situation ohne staatliche Eingriffe nicht verbessern, sondern in den kommenden Jahren weiter verschärfen wird.

Übrigens, bezogen auf Deutschland hat Oxfam ähnliche Zahlen bekannt gegeben. Die Bundesrepublik ist weiterhin ein zweigeteiltes Land, nicht auf der Landkarte, sondern auf den Kontoauszügen, denn die fünf reichsten Deutschen besitzen so viel wie 40 Prozent der Bevölkerung. Die groteske Anhäufung privaten Reichtums durch eine profitsüchtige kleine Minderheit auf Kosten der überwältigenden Mehrheit zeigt, wie irrational dieses kapitalistische Wirtschaftssystem ist.

Die in der Zukunft weiter zunehmende soziale Ungleichheit in der gesamten Europäischen Union wird zwangsläufig zu Aggressivität und militanten Konflikten führen. Ein Team von Wissenschaftlern und Experten auf dem Gebiet der europäischen Sicherheits-, Verteidigungs- und Außenpolitik des *Instituts der Europäischen Union für Sicherheitsstudien*[72] fordert in einer Veröffentlichung 2008[73] unverhohlen, dass die Armee hinsichtlich dieser Entwicklung vermehrt für Polizeiarbeiten eingesetzt werden müsse, um den Widerstand der großen Mehrheit der Bevölkerung gegen die Geldelite abzuwehren. Unglaublich!

In dem oben genannten Studienband werden die vielfältigen negativen Auswirkungen des Kapitalismus als auch die zur Aufrechterhaltung des Systems erforderlichen Kriege als *Funktionsstörungen* bezeichnet. Diese Funktionsstörungen, so heißt es,

---

[72] European Union Institute for Security Studies, EUISS.
[73] Perspektiven für die Europäische Verteidigung 2020.

müssen verstärkt mithilfe des Militärs verhindert beziehungsweise zunichtegemacht werden. Mit anderen Worten, es findet eine ›refeudale Abkoppelung‹ der Superreichen statt und ihre Privilegien müssen vor dem Widerstand der Bevölkerung geschützt werden!

Wer noch einen Restsinn für Moral und Gerechtigkeit hat, wer seine Gedanken von krankhaften Identifikationen mit konditionierten Inhalten wie Konsum, Reichtum und Luxus befreit hält, muss erwachen und begreifen, wie grotesk, abartig und irrational der moderne Kapitalismus geworden ist. Gigantischer Wohlstand für Wenige, bittere Armut für Viele. Was ist das für eine seelenlose, kranke Welt, in der wir leben? Und das Traurige ist, wir signalisieren Einverständnis, indem wir billigend zuschauen.

Die Vertreter des vermögenden Teils der Bevölkerung bringen bei derartigen Diskursen für gewöhnlich die sogenannte *Neiddebatte* ins Gespräch. *Ihr seid nur auf die Reichen neidisch. Jeder hat die Möglichkeit reich zu werden.* Nur hartes Arbeiten, Risikobereitschaft und Ehrgeiz sind das Rezept für einen finanziellen und gesellschaftlichen Aufstieg. Und, rund die Hälfte der Steuern aus Lohn und Einkommen werden von den reichsten 10 Prozent gezahlt, unser Sozialstaat ist also nur aufgrund der Steuereinnahmen von den Reichen zu finanzieren.

Verständlicherweise entwickelt sich in einer Gesellschaft, in der Reichtum und Konsumoptionen medial anhaltend demonstriert werden, eine gewisse Tendenz zum ›neidisch sein‹, denn jeder möchte gerne die finanziellen Mittel besitzen, um sorgenfrei zu leben und seine Bedürfnisse zu befriedigen. Aber das ›Neidischsein‹ ist kein ›persönliches Beneiden‹, sondern mehr ein Gefühl von Unfairness und Ungerechtigkeit gegenüber dem System, das es zulässt, dass die Vermögenden immer reicher und die Armen immer ärmer werden.

Es können keine 82 Millionen Menschen in Deutschland beziehungsweise 7,2 Milliarden Menschen weltweit reich werden, auch wenn sie sehr hart arbeiten, großen Ehrgeiz entwickeln und risikobereit sind. Allein dieser Sachverhalt führt die oben genannten Argumente ad absurdum.

Eine finanziell sichere Existenz zu erreichen, ist durch Arbeit, wenn denn Arbeitsplätze in genügender Anzahl vorhanden sind, in der westlichen Welt offenbar noch möglich. Die Chancen, durch Arbeit vermögend zu werden, sind aber äußerst gering, ich möchte sagen, unmöglich, nicht zuletzt auch aufgrund der Tatsache, dass infrage kommende Positionen und Verhältnisse für Jahrzehnte oder sogar Generationen vergeben oder verplant sind.

Der konservative Bürgermeister von London, Boris Johnson (2008 – 2016), offenbarte in einer Rede seine schier ungeheuerliche Sichtweise zu dieser Thematik: *Ich glaube nicht, dass ökonomische Gleichheit möglich ist, ein Maß an Ungleichheit ist unabdingbar für den Geist des Neides, der, wie die Gier, ein wertvoller Ansporn ist für ökonomische Aktivität.*

Seine Aussage weist klar und unmissverständlich darauf hin, dass Egoismus, Selbstsucht und Habgier zwingende Wesensmerkmale des kapitalistischen Systems sind, um existieren zu können. Die Folge: Exakt diese Charakterzüge werden in der Gesellschaft als positiv und Erfolg versprechend propagiert.

Ein glückliches Leben und Zufriedenheit resultieren nicht aus der uneingeschränkten Befriedigung aller Wünsche und führen auch nicht zu anhaltendem Wohlbefinden. Trotzdem scheint die gesellschaftliche Wirklichkeit dem Londoner Bürgermeister recht zu geben, zumindest bei einem Teil der Bevölkerung, denn die Gier, der daraus sich entwickelnde Konsumrausch, und der Wunsch, die Bedürfnisdefizite auszugleichen, sind vor allem für die jüngere Generation eine Grundmotivation, die dazu erforderlichen Leistungen im Beschäftigungssystem zu erbringen.

Fatalerweise bleibt es nicht beim ›Geschehenlassen‹ und der Bedürfnisbefriedigung, denn die überwiegende Bevölkerungsmehrheit sieht die Besitzenden als Leitbilder und Idole an, denen es nachzueifern gilt. Selbst wenn die Vermögenswerte kriminell erworben wurden, wenn andere Menschen zu diesem Zweck ausgenutzt oder missbraucht wurden, werden die Täter doch weiterhin in der Gesellschaft als bedeutende Persönlichkeiten und Vorbilder geschätzt, wenn nicht sogar verherrlicht. Viele Menschen identifizieren sich mit ihnen und möchten selbst, offensichtlich ist es unerheblich auf welche Art und Weise die Besitztümer erzielt wurden, in diese Reichenklasse aufsteigen.

Der österreichische Psychologe Gerald Dunkl sagte einmal *Kapitalismus ist Egoismus zum System erhoben*, und er hatte vollkommen recht. Die Regeln und Normen des Kapitalismus vernichten in hohem Maße Moral und Ethik. Und dies wirkt sich massiv auf unser gesamtes soziales Umfeld aus, in dem sich äußerst negative individuelle Charaktereigenschaften und Sichtweisen entwickeln. Egoismus, Gier, Hartherzigkeit, soziale Kälte, Hochmut und Arroganz sind Wesenszüge, die sich offenkundig in diesem Wirtschaftssystem herausbilden. Damit ist dem Neo-Kapitalismus die Vernichtung des Humanismus, also das, was den ›wahren Menschen‹ ausmacht, innewohnend. Nicht das Gemeinwohl aller steht im Fokus persönlicher Bestrebungen, sondern purer Egoismus und Gier.

Im moralischen Bewusstsein des modernen Menschen haben tiefgreifende negative Veränderungen stattgefunden. Eines der gestörten Denkmuster vieler Menschen lautet: *Hast du keinen Besitz, so bist du nichts wert, besitzt du mehr als die Anderen, bist du auch mehr wert als die Anderen.* Diese Sichtweise wird von einem Strom negativer Emotionen begleitet, und lässt die Menschen nach Geld, Besitz und Macht streben. Aus dieser Sicht heraus entsteht das Verlangen, immer mehr haben zu wollen. Die

Frage nach dem persönlichen Bedarf stellt sich nicht mehr. Wurde ein Teilziel erreicht, wurde beispielsweise der Konsumwunsch befriedigt, ist das Gefühl der Genugtuung jedoch nur kurz präsent. Die Begierde nach mehr zwingt die Menschen, weiter und weiter nach mehr Reichtum, mehr Konsum und mehr Macht zu streben.

Das Fundament dieser zweifelhaften Denkmuster wird schon in der elterlichen Früherziehung gelegt. Die Kleinkinder werden faktisch zu Egoisten konditioniert, indem sie beständig erfahren, dass nur der Beste und der Gewinner zählt. Eine Ellenbogenmentalität wird erzeugt, nur der Erfolg ist wichtig, nur die Sieger gewinnen, also muss ich alle Mittel und Energien einsetzen, um zu den Besten zu gehören. Die Kinder erlernen mithin schon sehr früh, sich energisch gegen Andere durchzusetzen, und nehmen so die vorgefertigten Überzeugungen der Erwachsenen an.

Im Schulsystem wird dieser Kerngedanke weitergeführt. Auch hier gilt: Nur der beste Schulabschluss führt zum Wunschstudium und nur der beste Studienabschluss führt zu Karriere, Wohlstand und Reichtum. Die Zukunft wird über materielle Ziele definiert und Verantwortung, Fürsorge und Mitgefühl gegenüber anderen Menschen finden keinen adäquaten Ausdruck mehr.

Ein hierzu treffendes Beispiel fällt mir eben ein. Vor ein paar Jahren stand in einem meiner Seminare das Thema Egoismus zur Diskussion. Nach einem sehr bemerkenswerten und kontrovers geführten Diskurs stellte ich die Frage nach dem gegenteiligen Begriff. Von den 26 Studierenden konnte niemand das Wort *Altruismus* benennen!

Auch in der Freizeit, in Sport und Spiel, wird uns immer wieder vorgehalten, dass ausschließlich Ehrgeiz und Egoismus die Voraussetzung des Gewinnens bilden. Es gilt nur der Sieg, der zweite Platz hat keinen Wert.

Ich möchte an dieser Stelle hervorheben, dass das Streben nach Glück und Erfolg nichts Negatives oder Verwerfliches ist. Im Gegenteil, es liegt in der Natur des Menschen, sich stetig weiterzuentwickeln. Die Frage, die man sich jedoch stellen muss, lautet: Welche Ziele sind erstrebenswert und welche Intentionen stehen dahinter?

Für Axel Honneth, Sozialphilosoph und Vertreter der dritten Generation der *Kritischen Theorie*, ist Anerkennung ein anthropologisches Grundbedürfnis des Menschen und bildet die Voraussetzung für das Vertrauen der Individuen in die Gesellschaft und in sich selbst. Ethik und Moral als Bezugsrahmen der gegenseitigen Anerkennung werden nach seiner Vorstellung eine ›gerechte Gesellschaft‹ hervorbringen, in welcher der ›Wille zur Macht‹ über Menschen und Dinge und die damit verbundenen Missstände zumindest reduziert werden.

Der Wunsch und das Streben nach gegenseitiger Anerkennung und Wertschätzung sind somit wesentliche Geisteshaltungen, die zu einer besseren und gerechteren Gesellschaft führen können. Aus diesen Einsichten resultieren dann zwangsläufig die elementaren sozialen Grundeinstellungen wie Verantwortung, Gleichheit, Gemeinschaft, Kooperation und Solidarität.

Mit der Forderung, dass dem gemeinsam Geschaffenen höhere Priorität zukommt, als den temporären individuellen Interessen, wird dem übersteigerten Individualismus und Egoismus gegengesteuert und eine Rückbesinnung auf demokratische Werthaltungen erreicht. Das wesentliche Ziel ist eine Politik für das Gemeinwohl in einer ›guten‹, sich im Gleichgewicht befindlichen Gesellschaft von selbstständigen und gleichwertigen Bürgern, die Rückkehr zum wahren Menschsein, zu einer Kultur des Anstands und moralischen Betragens.

Der Kommunitarismus beschreibt eine derartige soziale Organisationsform. Wer diese humane Gesellschaft will, der muss eine rigorose Abkehr von neoliberaler Politik befürworten. Dazu ist es unerlässlich, die absolute Freiheit des Individuums und damit auch rein selbstsüchtige Interessen ›sozialverträglich‹, im Sinne des Gemeinwohls, nachhaltig einzuschränken.

An diesem Punkt scheiden sich die Geister. Welche Bereitwilligkeit habe ich, von meinen Privilegien an die Gemeinschaft abzugeben, wie hoch ist der Betrag, den ich abgeben will oder anders ausgedrückt, wie viel ist mir der Gewinn zugunsten der Allgemeinheit wert?

Es gilt letztendlich das kollektive Pathogen ›Egoismus‹ zu überwinden und in eine altruistische Charaktereigenschaft zu transformieren. Eine Anregung im Hinblick auf Unternehmensformen heißt *Social Business*. Ein soziales Unternehmen erstrebt nicht das Ziel, den Gewinn zu maximieren, sondern den sozialen Nutzen seiner Produkte oder Dienstleistungen zu steigern. Das Gesetz der Gemeinschaft muss das Denken bestimmen. Dies erfordert Politiker- und Unternehmerpersönlichkeiten, die persönliche Belange im Sinne des Gemeinwohls zurückzustellen bereit sind.

Auch zahlreiche Wirtschaftswissenschaftler erkennen jetzt, dass sich der Kapitalismus zu ›Tode gesiegt‹ hat. Wenn ein ökonomisches System erfolgreich sein will, müssen alle Menschen am Ertrag beteiligt werden. Alles, was produziert wird, muss gekauft werden, das heißt, man muss den Menschen die notwendigen Gelder zur Verfügung stellen, damit sie die erzeugten Waren auch erwerben können. Wir müssen die Strukturen, in denen wir existieren, umfassend hinterfragen. Kapitalismus und Demokratie sind miteinander unverträglich. Kooperation und Partizipation sind die Schlüsselwörter zu einem funktionierenden wirtschaftlichen System der Zukunft.

Arbeit und Arbeitslosigkeit

Fortschritt ist ambivalent. Er entwickelt zugleich
das Potential der Freiheit und die Wirklichkeit
der Unterdrückung.

(*Theodor W. Adorno*)

Es ist Montag, 13.10 Uhr, das heutige Referatthema lautet *Vollbeschäftigung,* und die junge Studentin steht bereit, den Funksender in der Hand, um ihre Powerpoint-Präsentation zu starten.

Couragiert beginnt sie ihren Vortrag. Mit Unterstützung mehrfarbiger statistischer Diagramme der *Bundeszentrale für politische Bildung (bpb)* stellt sie die Beschäftigungssituation in der BRD in den letzten fünf Jahren vor. Ihre Leitgedanken *Vollbeschäftigung zählt zu den wichtigsten wirtschaftspolitischen Zielen einer Volkswirtschaft und die Anzahl der offenen Arbeitsstellen stimmt mit der Zahl der Arbeitsuchenden überein beziehungsweise alle Arbeitswilligen können auch einen Arbeitsplatz bekommen* werden aus unterschiedlichen Betrachtungsebenen erläutert und durch makroökonomische Theorien bestätigt. Ein gelungener Vortrag, hervorragend präsentiert und von den Seminarteilnehmern mit viel Beifall belohnt.

In der sich anschließenden Diskussionsrunde stellte ein Kommilitone der Referentin die Frage, ob sie tatsächlich daran glaube, dass ein freier, sich selbst regulierender Markt automatisch ein Vollbeschäftigungsgleichgewicht bewirkt.

Sie war gut vorbereitet und antwortete ohne zu zögern: »Nach der neoklassischen Theorie (Saysches Theorem) ist zwar eine

Selbstregulierung des Marktes möglich, aufgrund staatlicher Eingriffe, Tarifverhandlungen et cetera wird das freie Spiel zwischen Angebot und Nachfrage jedoch temporär gestört, und daraus folgernd ist eine Unterbeschäftigung, also das Fehlen von Arbeit, gegenwärtig die Regel.«

Ihre kompetente und wohlformulierte Antwort hielt die anderen Seminarteilnehmer scheinbar davon ab, weitere Fragen zu stellen, und so endete die Lehrveranstaltung mit viel Zustimmung, kenntlich gemacht durch geräuschvolles akademisches Klopfen.

Bei der Korrektur des Referates am späten Nachmittag wurde mir einmal mehr deutlich, wie weit gängige Theorie und gesellschaftliche Realität auseinanderliegen. Was die Studentin in ihrer Präsentation zum Ausdruck gebracht und im Referat geschrieben hatte, war die vorherrschende Lehrmeinung, perfekt formuliert und auf den Punkt gebracht. Dennoch, differenzierter betrachtet, ist das von Politik und Wissenschaft vorgegebene und angestrebte Modell der Vollbeschäftigung nicht praktikabel und damit eine nachweisbare Unwahrheit und eine fatale Irreführung der Gesellschaft.

Mehr noch, die Politik hält den Bürger bewusst in der Illusion eines möglichen hohen Beschäftigungsgrades und weiß zugleich, dass fundamentale Veränderungen in der Arbeitswelt eine Vollbeschäftigung schon seit Jahren nicht mehr zulassen, und in der Zukunft noch weniger zulassen werden.

Wir erleben momentan den Übergang in eine neue Epoche, in der Arbeit und Beschäftigung neu definiert werden müssen. Aufgrund der Digitalisierung und den sich daraus entwickelnden neuen Technologien werden massenhaft Arbeitsplätze vernichtet. Man spricht in der Industrie von *Rationalisierungspotenzial*, wenn Roboter, computergesteuerte Maschinen oder vollständig automatisierte Produktionsanlagen ›Arbeitskräfte freisetzen‹, also den Menschen überflüssig machen. Wissenschaftler reden seit Jahren von einem Arbeitsmarkt-Desaster, weil zum ersten Mal seit der Industriellen Revolution durch die neuen Technologien mehr Arbeitsplätze vernichtet werden, als neue hinzukommen. Die Entwicklungen sind seit Langem bekannt, werden jedoch einfach verschwiegen.

Gegenwärtig kann man in der Arbeitswelt ein Szenario von sechs Kategorien erkennen, in welche die abhängig Beschäftigten einzuteilen sind: Wissenschaft und Forschung, Lehre und Erziehung, Medizin und Pflege, Dienstleistungen in Industrie/Handwerk, im Büro-/Finanzbereich und in der Gastronomie, Facharbeiter sowie Verkäufer und Arbeiter. Die ersten fünf Gruppen erfordern persönliche Befähigungen, Qualifikationen und Kompetenzen, die nicht vollautomatisch erfolgen können. Doch auch hier werden in den kommenden Jahren bis zu 30 Prozent der noch vorhandenen Arbeitsplätze freigesetzt werden. Die Arbeiter und Verkäufer jedoch stehen vor einer trostlosen Zukunftsperspektive. Sie sind größtenteils jederzeit austauschbar, und was noch schlimmer ist, sie werden mehr und mehr durch kybernetische Systeme ersetzt.

In den Medien werden wir ständig mit Statistiken über die komfortable Arbeitsplatzsituation in der Bundesrepublik konfrontiert. In einer Pressemeldung der Bundesagentur für Arbeit hieß es: *Im Juni 2016 waren ca. 2,614 Millionen (5,9 Prozent) Menschen arbeitslos, die Arbeitskräftenachfrage entwickelt sich anhaltend positiv, die sozialversicherungspflichtige Beschäftigung nimmt zu, und der Indikator für die Nachfrage nach neuen Mitarbeitern, der BA-X, bleibt auf hohem Niveau.*[74]

Die Arbeitslosenzahlen sind für jeden Staat ein Wertmesser der wirtschaftlichen Stärke. Nur auf die Zahlen kommt es an, auch

---

[74] Statistik/Arbeitsmarktberichterstattung: Der Arbeits- und Ausbildungsmarkt in Deutschland – Monatsbericht Juni 2016.

wenn sie geschönt sind. Ergo müssen sie gering ausfallen, und so wird massiv getrickst.

Wie hoch ist die Quote wirklich, und wie viele Menschen sind tatsächlich arbeitslos?

Die amtlichen Statistiken vermitteln ein völlig falsches Bild. Verdeckte Arbeitslosigkeit wie Altersteilzeit, vorzeitiger Ruhestand, 50 - plus - Programme, Kurzarbeit, Ein – Euro - Jobs und Aufstocker, ABM-Maßnahmen, Weiterbildungsmaßnahmen, Zweitausbildung, Praktika, Menschen in der Grundsicherung, die nicht arbeitslos gemeldet sind, Partner, bei denen einer über 1300 € verdient, und vieles mehr sind in den amtlichen Statistiken nicht berücksichtigt. Untersucht man die Daten der Bundesagentur für Arbeit genauer, kommt eine tatsächliche Arbeitslosenzahl in Deutschland von circa 10 Millionen heraus. Geht man davon aus, dass es in Deutschland circa 40 Millionen Menschen gibt, die arbeiten könnten und circa 10 Millionen, die arbeitslos beziehungsweise erheblich unterbeschäftigt sind, haben wir in Deutschland eine Arbeitslosenquote von 25 Prozent anstatt der kommunizierten 5,9 Prozent.

Die Bundesregierung benötigt natürlich möglichst geringe Arbeitslosenzahlen, auch wenn sie nicht der Wirklichkeit entsprechen. Die Kosmetik der amtlichen Statistiken verhindert jedoch notwendige Einsichten und damit erforderliche Maßnahmen. Wenn die Bevölkerung endlich aufgeklärt würde und die Politiker zur Kenntnis nähmen, dass in Deutschland circa 10 Millionen arbeitswillige Menschen gegen ihren Willen vom Berufsleben ausgeschlossen werden, könnten längst überfällige Reformen in die Tat umgesetzt werden.

Hinter der Täuschung verbirgt sich eine bedrückende Wirklichkeit, und das Schicksal dieser Menschen scheint der Politik völlig gleichgültig zu sein. Die Größenordnungen muss man sich einmal klar vor Augen führen: Es sind Heere von Menschen, die

166

aufgrund ihrer beruflichen Situation um ihr Dasein und um ihre Selbstachtung kämpfen, oder mit dem Risiko leben müssen, bald in den Zustand der Arbeitslosigkeit abzugleiten.

Die neuen Technologien überrollen die Menschen. Jeder Arbeitslose erblickt sich als gescheitert, ja als Versager, obwohl in Wirklichkeit meist keine eigene Schuld zuzuordnen ist. Als Übergangslösung werden Mobilität und Flexibilität von der Industrie eingefordert. Aber auch das kann nur in Einzelfällen helfen, denn die wegrationalisierten Arbeitsplätze werden dadurch nicht neu geschaffen.

Arbeitslosigkeit bedeutet heute häufig nicht nur die temporäre Ausgliederung, sondern die traurige Aussicht auf eine lebenslange Aussperrung von Arbeit. Der abhängig Beschäftigte ist ohne eigenes Verschulden zum Opfer der neuen Technologien geworden. Er wird jedoch von Staat und Gesellschaft nach den gleichen alten Vorstellungen angesehen und behandelt wie zu der Zeit, als es noch ausreichend Arbeitsplätze gab. Man drängt ihn an den Rand der Gesellschaft, als nicht arbeitswillig, faul und charakterlos. Der Gesellschaft vermeintlich unwürdig, verfallen diese Menschen dann in Resignation und Selbsterniedrigung, begleitet von einem permanenten Gefühl der Schande.[75]

Das Beschäftigungssystem hat durch die nicht mehr geltenden altbekannten Normen eine neue brandgefährliche Dimension erfahren, welche die Grundmauern unserer Gesellschaft tief erschüttern wird, und der niemand in dieser globalen Welt - so sieht es zurzeit jedenfalls aus - Widerstand entgegensetzen kann.

Politik und Wirtschaft versuchen heute, ohne konstitutiven Gegenwartsbezug, und das gilt praktisch für die Gesamtheit der Industrienationen, das Bild einer untergehenden Gesellschaft, die

---

[75] Vgl. Forrester, V.: Der Terror der Ökonomie, Paul Zsolnay Verlag, 1997.

auf Arbeit und Beschäftigung begründet ist, mit allen Mitteln aufrechtzuerhalten. Entweder sind die Verantwortlichen blind und verkennen die Gefahr oder sie erblicken das drohende Unheil - ich gehe absolut davon aus - und versuchen ungeachtet der Tatsachen den Status quo möglichst lange beizubehalten. Zu diesem Zweck werden mit geschönten Arbeitsmarktstatistiken alle Warnsignale verheimlicht. Aus gutem Grund, denn eine Bekanntgabe der authentischen Zahlen und die daraus resultierenden gesellschaftlichen Folgen würden große Teile der Bevölkerung mobilisieren, und eine unverzügliche Wende der jetzigen Wirtschaftspolitik erzwingen. Die gefälschten Zahlen werden dreist als großer wirtschaftlicher Erfolg der EU und des Euros in der Öffentlichkeit dargestellt.

Man hält uns in der Illusion gefangen, dass die alten Regeln im Beschäftigungssystem weiterhin Bestand haben. Die neue Logik steht jedoch im Zeichen der Digitalisierung, der Steuerung und Regelung von Maschinen, lebenden Organismen und sozialen Organisationen, und stimmt nicht mehr mit dem überein, was uns bisher vertraut war. Traditionelle Unternehmen, in denen Besitzer, Teilhaber und Beschäftigte klar definiert waren, sind von den Global Playern vielfach geschluckt worden. Wusste man früher um die Bedeutung des Betriebes, hatte Einblick in den Aufbau und in die Führungshierarchie, und wusste, wo der Gewinn hinfloß, sind heute die firmeninternen Strukturen aufgrund internationaler Verflechtungen für den Menschen nicht mehr transparent. Wir leben in einer Welt des Virtuellen, des Transnationalen, der Globalisierung, und das in der Umklammerung eines absoluten Kapitalismus, in dem ökonomisch betrachtet alles erlaubt ist. Das Ganze wird von machtvollen Gruppierungen gesteuert, die unsere Erde beherrschen, die vielleicht Tausende Kilometer entfernt sind, unpersönlich, nicht fassbar, abgeschottet, und ohne jeglichen Bezug zum tatsächlichen Unternehmen.

Für diese Menschen geht es nur um Profit. Das Verschwinden von Arbeitsplätzen stört sie nicht im Geringsten, denn die Rationalisierung von Arbeitskraft bedeutet Verringerung der Gesamtkosten und damit zugleich massive Steigerung von Gewinnen. Diese Klasse von Menschen sieht im Kauf und Verkauf von Finanzwerten wie Aktien, Fonds, Derivaten et cetera ein interessantes virtuelles Spiel, in dem sie in kurzer Zeit Millionen verdienen kann, ohne mit der realen Situation vor Ort in Berührung zu kommen. Das Schicksal der Unternehmen und der in ihnen beschäftigten Menschen ist ihnen fremd und vollkommen gleichgültig. Verantwortung übernehmen sie nicht. Man hat das Gefühl, dass ihre Sozialisation eine gewisse Blockierung ihres moralischen Bewusstseins, ja ihres Gewissens herbeigeführt hat. Bleibt der Profit aus, wechseln sie auf globaler Ebene ihre Investitionen wie andere ihre Kleider. Auf Basis ihrer ungeheuren finanziellen Mittel beherrschen sie über alle Grenzen hinaus, oft versteckt hinter nicht exakt zuordbaren Benennungen und Organisationen, Wirtschaft und staatliche Institutionen. Hindernisse wie nationalstaatliche Gesetze und Kontrollen spielen keine große Rolle, da sie als Global Player nicht identifizierbar sind, oder die staatlichen Institutionen bereits kontrollieren und beherrschen. Sie sind omnipräsent und haben längst politische Systeme etabliert, die in der Lage sind, alle Verdächtigungen und Anschuldigungen mit geschickten Ablenkungsstrategien aus dem öffentlichen Diskurs zu entfernen. Die Regierungen unterwerfen sich dem Primat des Kapitals und lassen als Folge dessen eine wirtschafts-autoritäre Herrschaftsform, versteckt hinter einer scheinbar demokratischen Grundordnung, zu.

Die Folge ist eine ungeheure und in eine Richtung gehende Anhäufung von Kapital. Die Hilfsorganisation Oxfam bestätigt diesen Sachverhalt durch objektive Studien, die besagen, dass eine immer geringer werdende Anzahl von Menschen an dieser

Entwicklung profitiert. Es ist fast nicht zu glauben: Ein Prozent der Weltbevölkerung besitzt fast die Hälfte des gesamten Weltvermögens!

Die für die Bürger fast unbemerkte massenhafte Liquidation von Arbeitsplätzen - ich möchte sie an dieser Stelle *verlorene Arbeitsplätze*[76] nennen - ist die logische Konsequenz des ungezügelten Kapitalismus. Eine Studie der Bank ING-DiBa, basierend auf einer wissenschaftlichen Studie aus dem Jahre 2013[77], ergab für Deutschland, dass in den kommenden zwei Jahrzehnten circa 18 Millionen Arbeitnehmer, das heißt mehr als die Hälfte aller Beschäftigten (ca. 59 %) durch Roboter und andere moderne Technologien ausgetauscht werden. Es gibt heute schon nahezu menschenleere Fabriken, in denen nur noch wenige Fachleute für die reibungslose Funktion der Produktions- und Vertriebsanlagen sorgen. Durch die Innovationen werden, technisch bedingt und als Nebeneffekt, wohl auch neue Arbeitsplätze geschaffen, die aber lediglich einen geringen Bruchteil der Rationalisierungsmaßnahmen kompensieren können. Damit ist auch das wichtigste Argument für den Einsatz neuester Technologien, nämlich *Neue Technologien schaffen neue Arbeitsplätze* (New Workplaces), schlüssig widerlegt.[78]

Billige Maschinen ersetzen beständig menschliche Arbeit. Diese seit Jahren latente Entwicklung birgt eine ungeheure soziale Sprengkraft, welche die gesamte Welt aus den Angeln heben

---

[76] Lost Workplaces.

[77] Carl Frey und Michael Osborne untersuchten, wie stark der amerikanische Arbeitsmarkt von der Automatisierung betroffen ist.

[78] Es wäre sozialwissenschaftlich sehr interessant, eine signifikante Kennzahl für die Differenz der neu geschaffenen und der verlorenen Arbeitsplätze zu haben (Workplace Index = Lost Workplaces minus New Workplaces).

kann. Aber keine verantwortliche Instanz hat den Mut, die epochale Bedrohung öffentlich als zutreffend zu erklären, geschweige denn sich ihr entgegenzustellen.

Vor mir liegt noch immer die Arbeit der jungen Studentin, gängige Lehrmeinung, erstellt von und für die Globalisierungsgewinner, aber weit entfernt von einem gesamtgesellschaftlichen Nutzen. Mir graut es davor, die Gedanken weiterzuführen.

Nach dem Abendessen höre ich in einer Nachrichtensendung, wie es der Zufall so will, die neuesten Details bezüglich der Jugendarbeitslosigkeit in der Europäischen Union. Mai 2016: Griechenland 50,4 Prozent, Spanien 43,9 Prozent, Italien 36,9 Prozent, Frankreich 23,3 Prozent und Deutschland an zweitletzter Position vor Malta mit 7,2 Prozent.[79]

Diese Zahlen, die in den Medien nur sehr selten vermittelt werden, zeigen drastisch die negativen Folgeerscheinungen eines Systems, das auf Arbeit und Beschäftigung ausgerichtet ist, diese aber nicht mehr in genügender Anzahl bereitstellen kann. Wenn die Lost Workplaces kontinuierlich zunehmen, ist das logischerweise zugleich mit steigender Jugendarbeitslosigkeit verbunden. Eine traurige Perspektive. Wie kann die Jugend Hoffnung und Zukunft eines Landes sein, wenn ihr ihre zustehende Position in der Gesellschaft, Ausbildung und Beschäftigung verwehrt werden?

Für viele Jugendliche, und die deprimierenden Zahlen machen es deutlich, ist schon heute kein Platz und keine Möglichkeit der Eingliederung in die Gemeinschaft vorhanden. In was sollen sie sich auch einfügen? In Arbeitslosigkeit, eine trostlose Zukunft, in Ausgeschlossensein, Frustration, Ungerechtigkeit und Erniedrigung, ohne die faire Möglichkeit, sich zu bewähren?

Ist es bei dieser Zukunftsperspektive noch eine Frage, warum die Jugendkriminalität kontinuierlich zunimmt? Nein! Immer

---

[79] Siehe auch www.statistik-portal.de.

mehr junge Menschen sind oder werden Opfer, Opfer eines Systems, das erbarmungslos ihr verzweifeltes Schicksal ignoriert. Gleichzeitig erwartet man den pflichtbewussten jungen mündigen Bürger, der die ethisch-moralischen Werte der Gesellschaft lebt und sich für sie einsetzt. Es ist paradox: Man schließt sie praktisch von dem aus, was man gleichzeitig von ihnen einfordert!

Auch wenn in der Bundesrepublik Deutschland die Jugendarbeitslosigkeit gegenwärtig relativ niedrig ist, sie kann und wird es nicht bleiben, sie wird parallel zu den Lost Workplaces ansteigen. Dass andere EU-Länder schon jetzt in höherem Maße mit diesem Problem zu kämpfen haben, liegt auch in unserer Verantwortung. Lohndumping, ein riesiger Außenhandelsüberschuss und exorbitante Gewinne bei deutschen Konzernen haben zu diesem Desaster, beispielsweise in Griechenland, Spanien und anderen Ländern ihren Teil beigetragen.

Wir erleben mit den neuen Technologien einen historischen Umbruch des Beschäftigungssystems, der auch bei uns, wenn keine schnelle Wende eingeleitet wird, zu ähnlichen Verhältnissen führen kann wie in den Megacitys dieser Welt. Not, fehlende soziale Absicherung und fast aussichtslose Bemühungen um einen Arbeitsplatz haben dort die Lohnkosten auf ein Minimum gesenkt; traumhafte Voraussetzungen für multinationale Konzerne, ihre Produktionsstätten in diese Regionen zu verlegen. Die Arbeitslosen, Menschen mit unsicherem Einkommen, also der ärmere Teil der Bevölkerung, konzentrieren sich in bestimmten, ihnen oft zugewiesenen Stadtteilen, und es entstehen Ghettos und Slums, in denen sich exponentiell beschleunigt Gewalt und Kriminalität entwickeln.

Ich möchte noch einen Schritt weitergehen und auf eine düstere Gefahr hinweisen, die bei uns im Westen ein Tabuthema, in anderen Teilen der Welt sehr aktuell ist. Wenn in den Slums der Megacitys dieser Welt ein Gewaltverbrechen geschieht, wird

keine Polizei und keine Staatsgewalt tätig werden und das Verbrechen ahnden. Es spielt dort keine Rolle, ob ein Arbeitsloser
oder ein verarmter Mensch weiterleben kann oder nicht. Haupt-
sache, sie stören nicht und fallen nicht zur Last.

Wir leben gegenwärtig in einer Demokratie, in einem Wohl-
fahrtsstaat, und sprechen vom ›sozialen Netz‹, das Krankheit und
Arbeitslosigkeit auffängt und eine vollständige Verelendung verhindert. Doch wie lange noch?

Wir leben fatalerweise auch in einer Welt, in der das Grund-
motiv ›Profit und Egoismus‹ lautet, und in der auf allen Ebenen
›Rentabilität und Gewinnmaximierung‹ als oberste Prinzipien
verpflichtende Gültigkeit besitzen. Diese wirtschaftlichen Leitgedanken haben schon jetzt zu schrecklichen Taten geführt, und wir
können heute nicht mehr bestreiten, dass auch das Grauenvollste
möglich ist.

Humanität und Kapitalismus haben diametral entgegenge-
setzte Zielsetzungen. Ich möchte das Grauenvolle aussprechen.
Für das kapitalistische Wirtschaftssystem sind verarmte und
kranke Menschen absolut überflüssig; Arbeitslose mit geringen
finanziellen Mitteln und alte Menschen werden toleriert, so lange
sie als Konsumenten zum Profit beitragen.

Das bedeutet: Ein großer Teil der Bevölkerung wird vom kapitalistischen System nicht mehr gebraucht. Sie sind komplett un-
wichtig und unnütz geworden. Ihre Probleme und ihre Meinung
interessieren niemanden und ihre Entrüstung sorgt bei den Reichen allenfalls für Erheiterung. Damit sie noch hilfloser werden,
soll in Zukunft auch das Militär gegen sie eingesetzt werden, um
jegliche Auflehnung zu verhindern.

Ist ein derartiges Szenario bei uns undenkbar? In einer Wirtschaftsdiktatur, und wir sind auf dem besten Wege, eine solche
zu werden, denn die staatlichen Entscheidungen orientieren sich

primär an der Ökonomie, könnten diese teuflischen Gedanken sehr schnell gesellschaftliche Wirklichkeit werden.

Eine düstere Prognose, aber eine mögliche Zukunft, denn wir wissen, wozu Menschen fähig sind. *Nichts ist schauerlicher als der Mensch, weil er zu allem fähig ist*, sagte schon der griechische Tragödiendichter Sophokles, und ein Blick in die Geschichtsbücher zeigt uns, es trifft zu.

Aber warum entwickelt sich die Gesellschaft in diese, für die überwiegende Bevölkerung negative Richtung? Warum geht der Trend nicht in Richtung ›allgemeiner Wohlstand‹, da es der Wirtschaft doch glänzend geht?

Die Antwort ist einfach.

Die gigantischen Gewinne gehen an die Tokoglifos, die Aktieninhaber und Anteilseigner, und die sind multinational verteilt und meist dem Zugriff innerstaatlicher Behörden entzogen. Die Ursache der latenten Verarmung, mittlerweile auch in den Industrieländern, liegt also nicht darin, dass keine Gelder erwirtschaftet werden, sondern an der Höhe der Entlohnungen, am Grad der Versteuerung und an den mangelnden Zugriffsmöglichkeiten der Staatsgewalt.

Experten schätzen das Geldvolumen, dass 2014 den EU-Staaten durch globale Steueroasen entzogen wurde, auf circa eine Billion Euro.

Aufgrund unterschiedlicher Steuergesetze gibt es auch innerhalb der Europäischen Union die Option der Kapitalflucht durch sogenannte ›Oasen-Staaten‹. Da die Gewinne nicht in den EU-Staaten versteuert werden müssen, wo der Umsatz gemacht wurde, nutzen viele Konzerne die extrem lukrativen Steuervorteile in Irland, Luxemburg, in den Niederlanden oder auf den Offshore-Inseln Großbritanniens. Die gegenwärtige Gesetzeslage der EU ermöglicht diese ›legale Steuerhinterziehung‹ in den genannten Ländern, in denen nur ein Bruchteil der Abgaben zu entrichten ist als in den Umsatzländern. Auffällig sind die Steuermodelle in Luxemburg. Konzerne müssen dort lediglich Steuersätze von zum Teil weniger als einem Prozent auf die nach Luxemburg verlagerten Gewinne abführen und das nennen wir ›Europäische Gemeinschaft‹.

Der Einsatz modernster Technologien im Beschäftigungssystem setzt massenhaft Arbeitsplätze frei und in der Zukunft wird sich diese Situation noch verschärfen. Im Mainstream hört man in diesem Zusammenhang nur die eine logische Konsequenz: Arbeitslosigkeit!

Ungeachtet dessen werden durch entsprechende Nutzungen zusätzliche extreme Gewinne erwirtschaftet, da jegliche Personalkosten eingespart werden. Dieses Kapital, sozial eingesetzt, wäre mehr als ausreichend, um die Problematik der sich reduzierenden Arbeitsplätze zu kompensieren. Es muss dazu ein Instrumentarium gefunden werden, die besagten Mittel tatsächlich der Allgemeinheit zugänglich zu machen.

Unsere menschliche Zivilisation ist fest verankert mit der Vorstellung, ihr Sein mit täglicher Arbeit zu verdienen. Wir müssen nun erkennen, dass eine Vielzahl der klassischen Arbeitsplätze in allen vorhandenen Tätigkeitsfeldern mehr und mehr von modernen Maschinen übernommen wird. Hieraus folgernd kann sich die Existenz vieler Menschen zukünftig nicht mehr allein durch die Arbeit in der gegenwärtigen Form definieren. Das bedeutet, es müssen neue Strategien gefunden werden, um ihnen dennoch ein sicheres und sinngebendes Leben zu ermöglichen.

Den ewigen Traum der Menschheit, ein beschütztes Leben für alle, ohne Arbeit, wird es auch in naher Zukunft nicht geben. Gleichwohl kommt zwangsläufig eine erhebliche Veränderung der Arbeitsstrukturen und Arbeitszeiten auf uns zu und die Frage, die sich nun stellt, lautet: Nutzen wir die Situation zum Positiven für die Gemeinschaft oder lassen wir es zu, dass eine kleine herrschende Minderheit, die Tokoglifos, ihre Macht und ihren übermächtigen Profit weiter ausbauen kann?

Die Nutzung der neuesten Technologien im Beschäftigungssystem und die sich daraus ergebenden Vorteile könnten allen zugutekommen. Umverteilung der erwirtschafteten Finanzen, der Aufbau neuer humaner Arbeitsstrukturen und ein generelles Grundeinkommen bilden die neue (alte) Formel, die endlich anzuwenden ist.

Doch was geschieht?

Ungeachtet der offenkundig sichtbaren gesellschaftlichen Schieflagen, die zum größten Teil auf die Verteilungsungerechtigkeiten zurückzuführen sind, findet kein kritischer Diskurs statt. Es gibt keine nennenswerte öffentliche Meinung, keine kritische Auseinandersetzung, keine Gegenmacht, ganz zu schweigen von Klassenkämpfen, wie die französische Schriftstellerin Viviane Forrester[80] es schon 1996 schrieb, obwohl die Geschehnisse umfassendste Tragweite besitzen.

Wir erleben mit den kybernetischen Möglichkeiten im Beschäftigungssystem eine neue geschichtliche Epoche mit großen Chancen, und sind doch den Gefahren und der Gnade einer tyrannischen Ökonomie ausgeliefert, schreibt sie. Es wäre an der Zeit, deren Machtgefüge zu entschlüsseln und zu beseitigen.

Das genaue Gegenteil geschieht. Die Wenigen, die auf die Probleme und die Möglichkeiten aufmerksam machen, werden als Demagogen, Provokateure und Gegner unserer demokratischen Grundordnung öffentlich gebrandmarkt.

---

[80] Forrester, V.: Der Terror der Ökonomie, Paul Zsolnay Verlag, 1997.

Die Krise in der Europäischen Union

Es gibt keine grausamere Tyrannei als die,
welche unter dem Deckmantel der Gesetze
und mit dem Schein der Gerechtigkeit aus-
geübt wird.

(Charles de Secondat)

Es war Freitagabend, unerwartet waren gute Bekannte aus Belgien eingetroffen, ein freudiger Anlass für uns zu einem gemeinsamen gemütlichen Beisammensein. Das Ehepaar, Steve und Mary, war 10 Tage mit dem Wohnmobil in Süddeutschland unterwegs, und auf der Heimreise kam die Idee auf, uns einen Besuch abzustatten.

Nach einer kurzen unterhaltsamen Reiseschilderung sagte Steve unvermittelt: »In den Gesprächen während unseres Urlaubs in Bayern ist mir aufgefallen, dass der deutsche Normalbürger monatlich einiges weniger verdient als wir in Belgien.«

»Nicht nur das«, ergänzte Mary, »die Altersvorsorge scheint im Vergleich ebenfalls weitaus schlechter zu sein und oft, so haben wir erfahren, ist sie sogar völlig unzureichend!«

»Ja, das kann ich bestätigen«, sagte Angelena, wandte sich zu mir und ergänzte: »Hartmut, erinnerst du dich an die 1990er-Jahre? Dein Gehalt in Deutschland lag fast 30 Prozent über dem Gehalt einer vergleichbaren Tätigkeit in Belgien oder Holland – heute ist es exakt umgekehrt.«

Wir wohnten damals in den Niederlanden, ich arbeitete in Deutschland, und mit meinem Gehalt gehörten wir in unserer Wahlheimat zu den Besserverdienenden.

»Ja«, antwortete ich, »inzwischen ist politisch viel geschehen. Europa hat uns Deutsche, was das Einkommen angeht, aber auch auf vielen anderen Gebieten, längst überholt. Und was vermelden unsere Politiker: *Deutschland geht es gut!*«

»Uns geht es doch auch gut«, erwiderte Angelena. »Schau dir die Welt genauer an. Täglich sterben mehr als 55.000 Menschen aufgrund von Hunger, mehr als 60 Millionen befinden sich auf der Flucht, und du, du weißt es selbst, jammerst auf hohem Niveau.«

»Nein, nein, ich beschwere mich nicht, ich stelle lediglich fest, dass die Löhne und Gehälter in unseren Nachbarländern stetig gestiegen sind. Steve und Mary haben es während ihres Urlaubs auch erfahren. Den einfachen Menschen in Deutschland, den Arbeitern und Angestellten, geht es, im Verhältnis zu den Menschen in vielen unserer Nachbarländern, heute weniger gut. Das gilt bezüglich der Löhne und Gehälter als auch der Renten und Pensionen. Es ist deutlich und nicht zu übersehen, dass in der deutschen Sozialpolitik eine ausgeprägte Umkehr gegen den Sozialstaat stattgefunden hat.

Nach Berechnungen des *Internationaler Währungsfonds (IWF)* liegt die Bundesrepublik im Pro-Kopf-Einkommen lediglich auf Rang 13 hinter unseren Nachbarländern Frankreich, Belgien, den Niederlanden, Österreich, der Schweiz, Luxemburg, Lichtenstein und den skandinavischen Ländern.

Das Gleiche gilt für die Einkommensungleichheit und Armut. Nach EU-Definition ist derjenige armutsgefährdet, der weniger als 60 Prozent des mittleren Einkommens verfügt. Dies sind in Deutschland 940 Euro pro Monat; demzufolge ist jeder sechste Bundesbürger (16,66 Prozent) als ›arm‹ zu bezeichnen. Und was noch viel betrüblicher ist: Nach Informationen des deutschen

Kinderschutzbundes leben mehr als 2,5 Millionen Kinder in Einkommensarmut, das sind 20 Prozent aller Personen unter 18 Jahren.«

»Dass die Deutschen heute für vergleichbare Arbeit weniger verdienen als wir Belgier«, sagte Steve, »habe ich zur Kenntnis genommen, aber die Ursachen sind mir noch nicht klar, insbesondere da Deutschland in den Medien immerfort als ›Exportweltmeister‹ bezeichnet wird.«

»Die Hintergründe sind augenfällig und liegen zweifelsfrei in der deutschen Wirtschaftspolitik«, antwortete ich. »Dem *Deutschen Institut für Wirtschaftsforschung (DIW)* nach waren die Jahre zwischen 2000 und 2012 für die Arbeitnehmer in Deutschland verlorene Jahre und die Lohnsteigerungen reichten kaum aus, um die Teuerung auszugleichen. Obwohl Deutschland als Wachstumsmotor und als bedeutende Industrienation bezeichnet wird, ist die Lohnentwicklung im internationalen Vergleich stark zurückgeblieben. Selbst in Krisenländern wie Spanien und Italien haben die Löhne eine deutlich bessere Entwicklung genommen. Im Vergleich mit den Ländern Westeuropas und mit den USA war die deutsche Lohnentwicklung insgesamt mit 11 Prozent seit dem Jahr 2000 die schwächste. Allein sieben Länder verzeichneten in diesem Zeitraum ein Plus von 30 Prozent und darüber. Heiner Flassbeck, ein deutscher Wirtschaftswissenschaftler aus Hamburg, hat es präzise auf den Punkt gebracht: *Es gab und gibt eine gewaltige Wettbewerbslücke zugunsten Deutschlands in der Europäischen Union, die ohne Zweifel durch deutsche Lohnzurückhaltung, seit Beginn der 2000er-Jahre entstanden ist.*[81]

---

[81] Vgl. Flassbeck, H.: Nur Deutschland kann den Euro retten: Der letzte Akt beginnt, Kindle Edition.

»Was genau meint er damit?« fragte Steve erwartungsvoll in die Runde.

»Der Sachverhalt ist relativ einfach«, entgegnete ich. »Länder, die miteinander Handel betreiben beziehungsweise Staaten, die sich in einem gemeinsamen Währungssystem befinden, sollten annähernd die gleiche Wettbewerbsfähigkeit haben, damit keine ökonomischen Probleme wie Arbeitslosigkeit, Inflation und Ungleichgewicht im Außenhandel et cetera entstehen.

In der europäischen Währungsgemeinschaft einigte man sich 1999 auf ein Inflationsziel von maximal 1,9 Prozent. Die Inflation ist stark abhängig von den Löhnen in den einzelnen Ländern, genauer gesagt von den Lohnstückkosten, das sind die Löhne minus die Produktivität. Wenn in einem Land also die Löhne um 6 Prozent steigen und die Produktivität um 2,5 Prozent steigt, steigen die Lohnstückkosten und in der Regel auch die Preise um 3,5 Prozent. Da der prozentuale Preisanstieg durch die Inflationsrate ausgedrückt werden kann, haben wir es in dem Beispiel mit einer Inflationsrate von 3,5 Prozent zu tun.

Niedrige Löhne bedeuten demzufolge niedrige Lohnstückkosten und die Auswirkungen sind niedrige Inflation und höhere Marktanteile, da die Produkte billiger angeboten werden können. In Deutschland sind die Löhne seit dem Jahr 2000 nur sehr gering gestiegen, nicht zuletzt durch die Lethargie der Gewerkschaften und die Fehlinformation der Politik, dass die Beschäftigung nur durch Lohnverzicht aufrechterhalten beziehungsweise verbessert werden kann.

Korrektive sind auch heute nicht zu erkennen. Insbesondere den einst gesellschaftsformenden Gewerkschaften wird nicht mehr zugetraut, dass sie ihren primären Aufgaben, Arbeitnehmerinteressen zu vertreten, noch gerecht werden.

Die Folgen sind für die große Mehrheit der Bevölkerung in Deutschland offenkundig: Deutlich niedrige Löhne und Gehälter im Vergleich zu vielen anderen EU-Staaten.«

»Dafür ist die Konkurrenzfähigkeit deutscher Betriebe sehr stark gestiegen«, fügte Mary hinzu. »Die Industrie boomt, die Steuereinnahmen des Staates haben Rekordhöhen erreicht und die Arbeitslosigkeit ist auf einem moderaten Niveau, anders ausgedrückt: Dem Staat und der Wirtschaft geht es sehr gut.«

»Was den Exportüberschuss betrifft, hast du recht«, erwiderte ich. »Deutschland hat 2015 laut Berechnungen des Münchner ifo-Instituts einen Mehrwert von 252 Milliarden Euro erreicht und liegt damit hinter China auf zweiter Position. Die Staatskassen sind gefüllt, die Unternehmen machen exorbitante Gewinne, die abhängig Beschäftigten jedoch, insbesondere in den unteren Lohnbereichen, haben trotz alledem nicht das Geringste von der positiven wirtschaftlichen Situation. Mehr noch, durch die geringen Löhne hat sich der Binnenmarkt derart negativ entwickelt, dass viele kleine und mittelständische Firmen und Handwerksbetriebe schließen mussten.«

»Das ist ja verrückt«, nahm Steve nach einigen Sekunden des Nachdenkens das Gespräch wieder auf. »Dann ist Deutschland ja verantwortlich für die Krise in der Europäischen Union. Die scheinbar erfolgreiche Wirtschaftspolitik Deutschlands hat die große Mehrheit der eigenen Bevölkerung übervorteilt, kleine und mittelständische Betriebe infolge des sinkenden Binnenmarktes in den Ruin getrieben, und Länder wie Griechenland, Spanien, Italien, Portugal und andere mehr aufgrund massiver Übernahme von Marktanteilen an den Rand der Existenz gebracht!«

»Leider ja. Objektiv betrachtet muss man die Wirtschaftspolitik Deutschlands ab dem Jahr 2000 in Bezug auf die gesamte EU in der Tat so negativ sehen. Am Beispiel der südeuropäischen Länder kann man es verdeutlichen: Die Lohnstückkosten steigen, da die Löhne steigen, Marktanteile gehen deutlich zurück, sie können nicht mehr ausreichend exportieren, müssen parallel mehr und mehr importieren, schließlich können sie die Importe nicht mehr bezahlen, sie machen Schulden und das Ergebnis ist die drohende Staatspleite, siehe Griechenland.

Der Exportüberschuss ist, differenziert betrachtet, nicht als Vorteil zu bewerten. Einerseits bleiben die Unternehmensgewinne, sie wurden mehrheitlich von global tätigen Konzernen erwirtschaftet, deren Aktionäre überwiegend im Ausland leben, nicht in Deutschland. Andererseits werden hochwertige Produkte mit einer Währung bezahlt, die streng genommen keinen Gegenwert darstellt.«

»Es muss doch Möglichkeiten geben, diese Schieflagen zu beseitigen?! Gibt es politische oder ökonomische Lösungen? Was kann man tun?« Angelena klang aufgeregt.

»In Griechenland hat die sogenannte *Troika*, bestehend aus Vertretern der Europäischen Kommission, der Europäischen Zentralbank und dem Internationalen Währungsfonds, unterschiedliche Maßnahmen getestet«, antwortete ich. »Löhne, Gehälter und Ruhegelder wurden bis zu 30 Prozent herabgesetzt, das Steuersystem wurde erneuert, der Staat wurde zum massiven Sparen verpflichtet – alles ohne Erfolg. Die Arbeitslosigkeit ist sogar erheblich, auf über 25 Prozent, gestiegen. So lange die Lohnstückkosten in den genannten Ländern um 25 Prozent oder mehr höher liegen als in der Bundesrepublik, wird sich nichts Entscheidendes ändern.

Für einige Ökonomen ist ein Abbau des gewaltigen Außenhandelsüberschusses in Deutschland unumgänglich und sie fordern deshalb den Ausgleich der Wettbewerbsfähigkeit innerhalb der EU, das heißt eine Anpassung von unten nach oben. Um den hierbei entstehenden negativen ökonomischen Effekt aufzufangen, müsste die Inlandsnachfrage, also Konsum und Investitionen, deutlich zunehmen, und um den Konsum zu beleben, müssten die Löhne und Gehälter, also die Einkommen der privaten Haushalte, wesentlich stärker zulegen als in den letzten Jahren. Führende Wirtschaftswissenschaftler sprechen von circa 4 bis 5 Prozent Lohnzuwachs pro Jahr, und das etwa 10 Jahre lang, um das große Ungleichgewicht in der Konkurrenzfähigkeit zwischen den einzelnen Ländern auszugleichen.«

»Und damit würden leider die Urlaubskosten für uns Ausländer ebenfalls deutlich steigen«, fügte Mary lächelnd hinzu. »Aber im Ernst«, fuhr sie fort, »wenn wir schon eine Europäische Union haben, warum können diese existenziellen wirtschaftlichen Probleme nicht gemeinschaftlich gelöst werden?«

»Deine Fragestellung ist eng verbunden mit dem Thema: *Wie viel Europa wollen wir eigentlich haben?*«, nahm Angelena die Frage auf. »Neben den anfänglichen gemeinsamen Vereinbarungen bezüglich Frieden, Freiheit, Demokratie und Wohlstand verfolgen die einzelnen Nationalstaaten leider immer noch sehr unterschiedliche Ziele und Vorstellungen. Insbesondere wollen sie ihre Stärken gegenüber den anderen Mitgliedsländern beibehalten und souverän bleiben. Es ist verständlicherweise auch schwierig, der eigenen Bevölkerung zu erklären, warum ein erreichtes positives Niveau zugunsten anderer Länder aufgegeben werden soll. Die EU-Probleme entstanden meiner Ansicht nach aufgrund dieser abweichenden nationalstaatlichen Auffassungen von mehr oder weniger Europa. So lange keine umfassendere Gemeinschaftlichkeit erreicht wird, bleibt es bei den vorhandenen Problemen. Einige Länder befinden sich in wirtschaftlichen Krisenzeiten, andere in Booms.«

»Ja«, sagte Steve, »der Euroraum ist ein vielschichtiges und uneinheitliches Konstrukt. Die Staaten haben völlig verschiedenartig ausgerichtete Volkswirtschaften und es fehlt ein wirksamer Mechanismus, um konjunkturelle Unterschiede zu kompensieren.

Man versucht, auf die eine oder andere Weise zusammenzuhalten, aber nichts Substanzielles entsteht. Wie du sagtest, Angelena, einigen Staaten geht es sehr gut, sie wollen ihren Status natürlich beibehalten, vergessen aber, dass ihre positive Situation auf Kosten der anderen Mitgliedsländer entstanden ist. In Belgien spricht man in dem Zusammenhang von *Beggar thy Neighbour*.«

»Mehr Europa in Form von wirklicher gemeinsamer Wirtschaftspolitik würde genügen und wäre ein Ansatz, um die großen ökonomischen Ungleichgewichte der Wettbewerbsfähigkeit im EU-Binnenmarkt zu kompensieren«, führte ich das Thema fort. »In Deutschland müssen endlich die Löhne erhöht werden, damit die anderen Länder wettbewerbsfähiger werden.

Falls die Löhne im EU-Raum weiterhin derart unterschiedlich bleiben, sieht Flassbeck die Möglichkeit eines stabilisierenden *EU-Länderausgleichsfonds*, ähnlich wie zwischen den Bundesländern in Deutschland, in den jedes Jahr die Länder mit der positiven Output-Lücke (Produktionslücke) eine bestimmte Summe einzahlen, und aus dem die Länder mit der negativen Output-Lücke entsprechend bestimmte Beträge erhalten. Damit erreicht man keine Annäherung der Wettbewerbsfähigkeit, Länder wie Griechenland, Italien oder Spanien würden jedoch von der Produktivität in der BRD einen positiven Nutzen haben. Die negative Folge dieser Lösung ist und bleibt unerfreulicherweise das niedrige Lohnniveau der abhängig Beschäftigten.«

»Sind starke Lohnerhöhungen nicht mit höherer Arbeitslosigkeit verbunden?«, fragte Angelena.

»Nein«, antwortete ich, »nicht zwangsläufig. Eine Verringerung im Außenhandel könnte und würde in Deutschland durch eine Stärkung des Binnenmarktes vollständig kompensiert werden. Die Menschen hätten mehr Geldmittel zur Verfügung, und die verfügbaren Mittel würden, im Besonderen bei kleinen Einkommen, oft vollständig in den Konsum investiert werden.«

»Ich möchte, nein, ich muss noch einmal das Thema Außenhandel/Konkurrenzfähigkeit/Löhne aufgreifen«, sagte Steve und blickte unruhig in die Runde. »Ich kann es kaum in Worte fassen, aber was Deutschland mit seinem Lohndumping entfacht, ist Krieg. Ein rücksichtsloser Wirtschaftskrieg gegen Europa, nicht mit militärischen Waffen, sondern mit den Instrumentarien der Politik und Wirtschaft. Die Auswirkungen sind für viele Länder fatal, siehe Griechenland. Es können zwar nicht unmittelbar die Zahlen der Opfer und verwüsteten Landstriche ausgedrückt werden, die Resultate sind dennoch Arbeitslosigkeit, Armut, Not und Leid. Insbesondere die Jugendarbeitslosigkeit und die damit verbundene negative Zukunftsperspektive vieler junger Menschen, ich glaube in Spanien, Italien und Griechenland liegt sie weit über 50 Prozent, ist folgenschwer und nicht zu entschuldigen. Ich glaubte bisher, die Zeit sei vorbei, in der man sich vor Deutschland fürchten musste!«

»Es ist nicht Deutschland, es sind auch nicht die bösen Deutschen, die diesen, und da stimme ich dir zu, Wirtschaftskrieg führen. Die wahren Ursachen, so glaube ich, liegen in der Gier und Unersättlichkeit der Individuen nach Macht und Reichtum in Verbindung mit den für sie unbegrenzten Möglichkeiten in einer globalisierten Welt.«

»Wie meinst du das?«, fragte Mary.

»Man hatte in den 1980er-Jahren den Eindruck, dass mit der Liberalisierung des Welthandels eine Periode der Kooperation beginnen würde. Ein Wunschdenken und leider auch völlig unzutreffend, denn die Realität ist ein globaler Wirtschaftskrieg, bei dem jeder Mitspieler, ob Land, Konzern, Unternehmen oder Einzelperson nur seine eigenen spezifischen Interessen vertritt. Man kann auch nicht mehr von deutschen, amerikanischen oder anders staatlichen Unternehmungen sprechen, denn die wirklichen Besitzer sind die Big Player, ist die Finanzelite, verteilt in der ganzen

Welt. Jeder steht in Konkurrenz mit dem Anderen und jeder will gewinnen. Dabei sollte allen klar sein, dass die Profite einer Seite die Schulden der anderen Seite sind.

An den Universitäten weltweit wird gelehrt, dass Wachstum der treibende Motor jeder modernen Volkswirtschaft ist. Da die Erde ein begrenzter Raum ist, muss aber zwangsläufig auch das Wachstum irgendwann an seine natürlichen Grenzen stoßen. Und genau das ist die Problematik. Wird diese Begrenzung erreicht, national oder international, beginnt der Wirtschaftskrieg, die Eroberung neuer Absatzmärkte und/oder die Verlagerung der Produktion in Länder mit niedrigerem Lohnniveau. Als Rechtfertigung hört man mit schöner Regelmäßigkeit: *Um wettbewerbsfähig zu sein, sind diese Maßnahmen zwingend notwendig.* Leidtragende, und das ist die arbeitende Weltbevölkerung, werden dabei bedenkenlos eingerechnet; die Gewinner sind Wenige, die Verlierer sind Viele. Es ist also der zügellose Kapitalismus, der zu diesen horrenden Schieflagen geführt hat.«

»Und was noch hinzukommt«, sagte Steve, »sind die dadurch erzeugten ökologischen Probleme. Jedes einzelne Land, jedes Unternehmen versucht, durch Wachstum und aggressives Vorgehen seine Vormachtstellung zu erhalten. Die Folge ist, dass unser Lebensraum hemmungslos ausgebeutet wird. Es geht den Big Playern nicht um den sorgsamen Umgang mit Natur und Ressourcen, sondern um den größtmöglichen Gewinn. *Take profit and go away!* ist ihr Grundsatz.«

»Mir fällt in diesem Zusammenhang die aktuelle TTIP- und CETA-Diskussion ein«, erweiterte Angelena das Thema. »Die *Transatlantic Trade and Investment Partnership (transatlantische Handels- und Investitionspartnerschaft)* mit den USA und das *Comprehensive Economic and Trade Agreement (Umfassendes Wirtschafts- und Handelsabkommen)* mit Kanada sollen die tarifären und nicht tarifären Handelshemmnisse zwischen den

Ländern aufheben. Im Zuge dessen werden, so heißt es offiziell, die Kosten für exportierende Unternehmen in der EU und den USA beziehungsweise in Kanada deutlich gesenkt und parallel dazu wird das Außenhandelsvolumen vergrößert.

Beide Abkommen sind stark umstritten, da nicht klar vorhersehbar ist, wie positiv oder negativ die jeweiligen wirtschaftlichen Auswirkungen für die beteiligten Länder, die Länder der Dritten Welt und den gesamten Weltmarkt ausfallen könnten. Strittig ist auch die Frage, ob und in welchem Maße Arbeitnehmer und Verbraucher oder doch wieder nur Kapitalinteressen von großen Konzernen von den prognostizierten Effekten profitieren würden.«

»In der EU sind die Verträge schon beschlossene Sache«, sagte ich. »Offiziell geht es natürlich nur darum, neue Arbeitsplätze zu schaffen und das Wirtschaftswachstum in den beteiligten Ländern zu fördern. Fatalerweise besteht aber die große Gefahr, dass einzig und allein Großkonzerne und Banken von diesen Abkommen profitieren – auf Kosten der Bürger.«

»Die *Europäische Initiative gegen TTIP und CETA*«, fuhr ich fort, »hat die wichtigsten Beweggründe gegen diese beiden Abkommen vorgebracht. Beispiele sind: Die Konzerne und Investoren könnten einzelne Staaten verklagen, die Großunternehmen haben unmittelbaren Einfluss auf die Geheimverhandlungen zu CETA und TTIP und arbeiten an den neuen Gesetzen mit, die erreichten Standards bezüglich der Qualität von Lebensmitteln und des Verbraucherschutzes werden neu verhandelt und könnten abgeschwächt werden, Arbeitnehmerrechte werden neu festgelegt und könnten reduziert werden, viele Arbeitsplätze könnten verloren gehen, Hochrisiko-Technologien wie Fracking oder Gentechnik könnten in der EU zugelassen werden und vieles mehr.

Alle genannten Ausführungen belegen unmissverständlich die Zielsetzung von TTIP und CETA, nämlich die Beseitigung von

Handelshemmnissen und Investitionsschutz; sie verdeutlichen aber auch, welche großen Unsicherheiten und Gefahren mit der Inkraftsetzung dieser Verträge verbunden sind.

»Für mich«, sagte Steve, »sind diese Verträge ›Freihandelsfallen‹. Nach den bisherigen veröffentlichten Informationen könnten einzelne Konzerne Länder verklagen, wenn neue Gesetze, und die Gesetze werden ja aus gutem Grund geschaffen, ihre Gewinnerwartungen reduzieren. Nicht zu fassen! Und was für mich ein absolutes Tabu ist: Hormonfleisch und genmanipulierte Lebensmittel könnten angeboten werden, ohne dass eine besondere Kennzeichnung verpflichtend ist.

Alles zusammengerechnet führen die Verträge meiner Ansicht nach zur Reduzierung von Produktionsstandards, zur Beschneidung von Verbraucherschutz- und Arbeitnehmerrechten, zur Herabsetzung der Löhne und Gehälter, zur Demontage von Umwelt- und Sozialauflagen, und zur Auflösung unserer demokratischen Rechtsordnung. Es ist für mich nicht nachvollziehbar, wie die Europäische Union und somit auch die einzelnen nationalstaatlichen Parlamente solchen Verträgen zustimmen können.«

»Richtig!«, rief Angelena entrüstet. »Die Starken schützen sich mit zahllosen Verträgen und Handelsbarrieren gegen schwächere Mitbewerber, wobei ganze Staaten ins wirtschaftliche Verderben oder sogar in Kriege gestürzt werden. Eine Auswirkung sehen wir derzeit an dem nicht abreißenden Zuwanderungsstrom.«

»Viele sehen die EU am Ende, und auch meine persönlichen Hoffnungen, die nicht zuletzt durch die Einführung des Euro 2002 fast schon euphorisch waren, sind zum größten Teil abgeklungen«, übernahm Steve das Wort. »Ein ›United Europe‹ war einmal das große Ziel und ein ›Disunited Europe‹ ist daraus geworden. Europa spaltet sich. Großbritannien ist aus der EU ausgeschieden, Länder wie Frankreich, Holland, Österreich oder

Tschechien denken laut über einen Austritt nach, und in allen EU-Ländern ist ein deutlicher antieuropäischer, ja nationalistischer Rechtsruck sichtbar. Wenn die Rechtspopulisten weiter an Stimmen zulegen, wird der Euro bald Geschichte sein.«

»Leider nicht nur der Euro«, mischte sich Angelena fast grob in Steves Ausführungen ein. »Ich hoffe, ich habe unrecht, aber die Vorzeichen sind unübersehbar, dass die rechten Parteien politische und gesellschaftliche Verhältnisse wiederherstellen wollen, die längst vergessen schienen. Nicht nur in der Flüchtlingsfrage, sondern auch bei Themen wie Minderheiten, Freiheit und Rechtsstaatlichkeit sehe ich permanent wachsendes Gefahrenpotenzial. Die unterschiedlichen Krisenherde geben EU-Skeptikern und Rechtspopulisten Kraft und Auftrieb. Man kann nur hoffen, dass die Mehrheit der Vernunft folgt, und eine weitere Zunahme nationalistischer Bewegungen verhindert.«

»Und dazu ist eine starke und einheitliche Europapolitik erforderlich, die ich nicht in Ansätzen sehe«, übernahm Steve wieder das Wort. »Uneinheitlichkeit der Mitgliedsländer in der Wirtschaftspolitik, der Außen- und Sicherheitspolitik, Vertrauensverlust in die gemeinsame europäische Währung, Festhalten an nationalen Eigeninteressen und Besitzstandswahrung, Mangel an demokratischer Mitbestimmung, Bürgerferne, äußerst bürokratische Entscheidungsfindung und endlose Institutionsdebatten, fehlende Transparenz und Reformunfähigkeit der EU-Administration und vieles mehr sind schwerwiegende Probleme, die seit Jahren sichtbar sind, die aber in keinster Weise gelöst werden. Brüssel ist für die Bürger weit weg. Der Fokus politischer Bemühungen richtet sich nach den Interessen der Industrie, der Wirtschaft und dem Finanzwesen. Ich glaube, die Europäische Union ist zum Scheitern verurteilt, wenn nicht ein weitgehendes Umdenken zu mehr Gemeinschaft und Solidarität in den einzelnen Nationalstaaten und natürlich bei den Verantwortlichen in der Europäischen Union stattfindet.«

»Absolut«, antwortete ich. »Der Austritt Großbritanniens aus der EU ist eine unmissverständliche Lektion an alle Verantwortlichen, denn die einzelnen Nationalstaaten wollen kein Staatenbündnis in dieser derzeitigen Ausgestaltung und Struktur. Damit kein Flächenbrand entsteht, ist schnelles und überlegtes Handeln erforderlich. Wir müssen aus dem Brexit-Votum lernen. Nur ein Mehr an Solidarität, Gemeinschaft und Bürgernähe und die gemeinsame Aufklärung und Lösung von Problemen führen zu einer wahren ›Europäischen Union‹.

Global betrachtet kann einzig und allein eine ausgeglichene Handelsbilanz unter allen Volkswirtschaften funktionieren. Berücksichtigen alle Staaten dieses Reglement, gibt es auch keine Wettbewerbsvorteile, und die schwerwiegenden Nachteile vieler Staaten sind Vergangenheit.«

Einige Wochen später kam eine Studentin nach einer Lehrveranstaltung, eine Kurzfassung des ESM-Vertrages hin- und herschwingend, mit schnellen Schritten auf mich zu.

»Kennen Sie eigentlich den ESM-Vertrag und seine Folgewirkungen für die einzelnen EU-Staaten und ihre Bürger?«, fragte sie außer Atem. »Ich habe Ihnen hier eine Kopie mitgebracht. Was darin steht, ist unglaublich. Der Vertrag ist ein radikaler Angriff auf die finanzielle Selbstbestimmung aller Mitgliedstaaten der Europäischen Union und damit auch aller ihrer Bürger. Es ist krass, aber wie immer. Die Nationalstaaten haben zugestimmt, der kleine Mann bezahlt, den großen Nutzen haben die Hochfinanz und die politischen Eliten Europas.«

Bisher hatte ich mich nicht ernsthaft mit dem Thema ESM auseinandergesetzt, da ich davon ausging, dass der Vertrag im Sinne der beteiligten Staaten und deren Bürger konzipiert und in Kraft gesetzt worden war. Die negativen Bemerkungen der Studentin und die Lektüre der Kurzfassung waren nun eine Herausforderung, mich intensiv mit dem Gesetzestext und den unterschiedlichsten Erklärungen und Kommentaren zu dem Abkommen auseinanderzusetzen.

ESM steht als Abkürzung für *Europäischer Stabilitätsmechanismus*.[82] Er dient dem Ziel, in Finanznot geratene Staaten der Eurozone zu unterstützen und die Europäische Union als Ganzes zu stabilisieren. Ihr oberstes Gremium ist der sogenannte Gouverneursrat, der sich normalerweise aus den Finanzministern der Eurostaaten zusammensetzt.

Diese Zielsetzung klingt zunächst sehr positiv und von existenzieller Bedeutung, da sie eine wichtige Hilfsmaßnahme für in finanzielle Schwierigkeiten geratene EU-Staaten darstellt. Leider nicht immer, denn Hilfen werden nur gegeben, wenn diese *Zur Wahrung der Finanzstabilität des Euro-Währungsgebiets insgesamt und seiner Mitgliedsstaaten unabdingbar*[83] sind. Eine erste Einschätzung erfolgt durch die Europäische Zentralbank, die abschließende Beurteilung wird durch den ESM-Gouverneursrat getroffen.

Bei weiterer Durchsicht des Vertrages fiel mir auf, dass der ESM keine parlamentarische Institution innerhalb der EU, sondern eine durch völkerrechtlichen Vertrag gegründete internationale Finanzinstitution mit Sitz in Luxemburg ist. Mit anderen Worten, der ESM ist eine Mega-Bank, die im Sinne der Finanzstabilität des Euro-Währungsgebiets sowohl auf dem Emissionsmarkt als auch auf dem Umlaufmarkt jederzeit tätig werden kann.

---

[82] Die damals 17 Mitgliedstaaten der Eurozone gründeten den ESM durch einen Vertrag, der am 2. Februar 2012 unterzeichnet wurde. Inzwischen sind 19 EU-Mitgliedstaaten auch Mitglied im ESM.

[83] Artikel 3 des ESM.

Das genehmigte Stammkapital beträgt 700 Milliarden Euro. Nach Artikel 9, Absatz 3 heißt es: *Die ESM-Mitglieder verpflichten sich unwiderruflich und uneingeschränkt, Kapital, das der geschäftsführende Direktor gemäß diesem Absatz von ihnen abruft, innerhalb von sieben Tagen ab Erhalt der Aufforderung einzuzahlen.* Darüber hinaus kann nach Artikel 10, Absatz 1 das ESM-Haftungskapital durch den Gouverneursrat jederzeit verändert und unbegrenzt erhöht werden, und die Mitgliedstaaten sind bedingungslos und unwiderruflich zur Zahlung verpflichtet.

Diese brisanten Artikel des Vertrages sind sehr kritisch zu betrachten. Sie beinhalten, dass der ESM auf Dauer ausgelegt ist und die Mitgliedstaaten kein Austrittsrecht haben, auch wenn neugewählte Nationalparlamente eine veränderte Wirtschaftspolitik anstreben. Andererseits wird durch die Option einer Veränderung des Stammkapitals durch den ESM ein bisher wichtiges Hoheitsrecht der Parlamente an den Gouverneursrat abgetreten.

Artikel 32 und Artikel 35 des ESM potenzieren den Vertrag auf eine politisch unverantwortliche, ja skandalöse Ebene. Im Folgenden sind einige wesentliche Auszüge dieser Artikel wörtlich wiedergegeben:

Der ESM, sein Eigentum, seine Mittelausstattung und seine Vermögenswerte genießen unabhängig davon, wo und in wessen Besitz sie sich befinden, Immunität von gerichtlichen Verfahren jeder Art.[84]

Das Eigentum, die Mittelausstattung und die Vermögenswerte des ESM genießen unabhängig davon, wo und in wessen Besitz sie sich befinden, Immunität von Durchsuchung, Beschlagnahme, Einziehung, Enteignung und jeder sonstigen Form des Zugriffs

---

[84] Artikel 32, Absatz 3.

durch vollziehende, gerichtliche, administrative oder gesetzgeberische Maßnahmen.[85]

Die Archive des ESM und sämtliche Unterlagen, die sich im Eigentum oder im Besitz des ESM befinden, sind unverletzlich.[86]

Die Geschäftsräume des ESM sind unverletzlich.[87]

Im Interesse des ESM genießen der Vorsitzende des Gouverneursrats, die Mitglieder des Gouverneursrats, die stellvertretenden Mitglieder des Gouverneursrats, die Mitglieder des Direktoriums, die stellvertretenden Mitglieder des Direktoriums sowie der geschäftsführende Direktor und die anderen Bediensteten des ESM Immunität von der Gerichtsbarkeit hinsichtlich ihrer in amtlicher Eigenschaft vorgenommenen Handlungen und Unverletzlichkeit hinsichtlich ihrer amtlichen Schriftstücke und Unterlagen.[88]

Die oben zitierten Gesetzespassagen machen den ESM zu einer autonomen und von den Parlamenten nicht mehr kontrollierbaren Mega-Bank. Aufgrund seiner laut Vertrag zugewiesenen Befugnisse kann er unbeschränkt Geschäfte jeder Art und mit jedermann abschließen. Er besitzt volle Rechts- und Geschäftsfähigkeit und kann Gerichtsverfahren, zum Beispiel gegen Personen, Organisationen oder Mitgliedstaaten zu jeder Zeit einleiten. Begründet durch seine umfassende Immunität können dahingegen sämtliche Funktionsträger – also Gouverneure, Direktoren sowie weitere Bedienstete - von keiner Regierung und keinem Gericht belangt und verurteilt werden.[89]

Selbst die Geschäftsräume, Schriftstücke, Unterlagen und der Nachrichtenverkehr besitzen Unverletzlichkeit gegenüber jeder

---

[85] Artikel 32, Absatz 4.

[86] Artikel 32, Absatz 5.

[87] Artikel 32, Absatz 6.

[88] Artikel 35, Absatz 1.

[89] Nur der Gouverneursrat kann die Immunitäten seiner Mitglieder aufheben.

Form staatlicher Gewalt, und die gesamten Vermögenswerte des ESM sind von Aufsicht und Überprüfung jeder Art befreit.

Was die junge Studentin nach der Lehrveranstaltung mit wenigen Worten skizzierte, traf zu.

Der ›Europäische Stabilitätsmechanismus‹ kommt einem Ermächtigungsgesetz gleich, da die einzelnen Nationalstaaten ein bisher allein ihren Parlamenten zugeschriebenes Hoheitsrecht, den Staatshaushalt, an den Gouverneursrat abtreten.

Dieser, seine Vertreter und die Bediensteten des ESM befinden sich aufgrund der zugestandenen Unabhängigkeit in einem nahezu rechtsfreien Raum. Die Höhe des Haftungskapitals, das jederzeit eingefordert und in puncto Volumen unbegrenzt verändert werden kann, bedeutet, dass die Finanzen der Einzelstaaten nicht mehr selbst bestimmbar und infolgedessen auch nicht mehr kalkulierbar sind. Somit ist dem Missbrauch Tür und Tor geöffnet, denn sowohl der ESM als auch die für ihn tätigen Funktionsträger sind aufgrund ihrer Immunität auch bei Fehlverhalten juristisch unantastbar.

Wenn das Hoheitsrecht der Staatshaushalte sich nicht mehr in der Hand der vom Volk gewählten Parlamente befindet, ist die Souveränität, das bedeutendste Charakteristikum eines Staates, preisgegeben.

Der ESM ist als Folge dessen ein drastischer Knebelvertrag für alle Mitgliedstaaten. Vermöge der unglaublichen Befugnisse, in den Händen weniger Personen, befinden wir uns in der völligen Abhängigkeit von Politik und Wirtschaft.

Wann immer die Pressefreiheit eingeschränkt und die Kommunikation überwacht wird, wann immer die politischen Meinungen gleichgeschaltet werden, die Überwachung durch Polizei und Militär extreme Formen annimmt und die genannten Zuständigkeitsbereiche sich in einer Hand befinden, handelt es sich explizit um eine Diktatur.

Wir sind heute auf dem besten Weg in eine derartige Wirtschaftsdiktatur, und die Mehrheit der Bevölkerung weiß das. Einer Studie des Meinungsforschungsinstituts *Infratest Dimap* zufolge, die im Auftrag des Forschungsverbundes *SED-Staat* der *Freien Universität Berlin* vorgenommen wurde, glauben mehr als 60 Prozent der Bevölkerung, dass Deutschland in der gegenwärtigen Konstellation kein wirkliches demokratisches Land mehr ist. Als Hauptursache wird der große Machteinfluss der Wirtschaft auf die Politik angegeben.[90]

Viele Menschen spüren intuitiv die antidemokratischen Kräfte in unserer Gesellschaft, doch die einstimmigen Berieselungen der Medien, ›Uns geht es gut‹, verführen zum Stillhalten und Abwarten. Die Menschen haben große Angst, sich gegen die Ungerechtigkeiten in unserer Gesellschaft aufzulehnen. Man sieht und hört ja, was mit denjenigen geschieht, die auf die Straße gehen und demonstrieren. Wie schnell wird man als Demagoge bezeichnet, gesellschaftlich isoliert, in die rechte Ecke gestellt oder als Antisemit gebrandmarkt.

Und dennoch, wenn wir keine Zustände wie in den Ghettos und Favelas dieser Welt haben wollen, muss etwas gegen diese katastrophale Entwicklung getan werden.

Jede Demokratie gründet sich auf die politische Partizipation der Bevölkerung. Kritisches Denken und Übernahme von Verantwortung im Sinne einer freiheitlich demokratischen Gesellschaftsordnung und daraus resultierender demonstrativer politischer Protest sind der Schlüssel gegen die aufkommenden diktatorischen Bestrebungen.

---

[90] Veröffentlicht Februar 2015.

Das globale Finanzsystem als Ursache

*Nichts kann einen sittlichen Wert haben, das
nicht von der Gerechtigkeit durchdrungen ist.*

(Marcus Tullius Cicero)

Es war Hochsommer und mein Studienfreund Peter Mendig besuchte uns. Mit seinem neuen roten Sportwagen fuhr er spätabends vor und präsentierte stolz sein auffallendes Gefährt. Seine kurzen blonden Haare und die elegante Kleidung ließen ihn einem Mitglied der High Society ähneln und niemand vermutete in ihm einen Unternehmer im Ruhestand.

Bei angenehmen Temperaturen saßen wir auf der Gartenterrasse und Peter plauderte lebhaft über seine Erlebnisse der vergangenen Monate als Ruheständler.

Iven, der sich später zu uns gesellte, fragte: »Mal ehrlich, wovon lebst du eigentlich jetzt als Privatmann?«

Peter blickte ihn überrascht an und entgegnete ein wenig reserviert: »Da ich keine Rente oder Pension erhalte, habe ich schon vor Jahren vorgesorgt und mehrere Rentenversicherungen abgeschlossen, die jetzt fällig wurden. Darüber hinaus habe ich festverzinsliche Papiere und zwei Mietshäuser gekauft, die mir nun die nötigen finanziellen Mittel verschaffen. Insbesondere die festverzinslichen Anlagen ermöglichen es mir, risikolos mein Leben zu genießen und mein Kapital vergrößert sich automatisch mit der Zeit, mehr und mehr. Aber warum willst du das wissen?«

»Wir leben in einer Gesellschaft mit vielen Verwerfungen, die zu einem großen Teil durch unser verzinstes Geldsystem bedingt sind«, antwortete Iven. »Dass du privat über Rentenversicherungen und Mieteinnahmen deinen Lebensabend finanzierst, kann ich gut nachvollziehen, es sind sinnvolle Alternativmöglichkeiten der Vorsorge für Selbstständige. Dass sich Geldvermögen jedoch, ohne persönliche Anstrengung und ohne Arbeit aufzuwenden, vermehrt, ist eines der größten Übel unserer Zeit.«

»Ich hoffe, du wirfst mir nicht vor, dass ich zahlreiche Jahre Rücklagen fürs Alter gebildet habe? Trotzdem muss ich dir zustimmen, dass die Guthabenzinsen durch Leistung in irgendeiner Form erzielt werden müssen.«

»Korrekt, Zinsen und Zinseszinsen haben gesellschaftlich eine verheerende Wirkung«, erwiderte Iven. Obwohl sie total undemokratisch sind, wird die Thematik in unserer Gesellschaft nicht diskutiert. Ich möchte euch einen Ausspruch von Gregor von Nyssa[91] aus dem 4. Jahrhundert n. Chr. rezitieren, der in wenigen Worten zum Ausdruck bringt, was die Grundlage unseres Geldsystems, der Zins und Zinseszins, bei genauer Betrachtung an Ungerechtigkeiten und Verwerflichkeiten erzeugt:

Unnütz und unersättlich ist das Leben des auf Zinsen Ausleihenden. Er kennt nicht die Arbeit des Feldes und hat auch keine wirkliche Einsicht in das Wesen des Handels. Ohne zu pflügen und zu sähen will er, daß alles ihm wachse. Als Pflug hat er den Schreibstift, als Ackerland sein Papier, als Samen die Tinte, als Regen die Zeit, die ihm auf geheimnisvolle Weise seine Einkünfte vermehrt. Sichel ist ihm die Schulderpressung, und Tenne, das ist ihm das Haus, in welchem er den Besitz des Bedrängten verringert. Das, was Gemeingut aller ist, sieht er als sein Eigentum an.

Auch wenn es nicht sofort deutlich wird, führt der Zinsmechanismus unwillkürlich zur Blockbildung ›Arm und Reich‹. Auf der einen Seite entstehen große Geldvermögen, ohne dass die Inhaber einen angemessenen Gegenwert leisten müssen. Sie benötigen lediglich das zu verzinsende Kapital, das meist über Generationen

---

[91] Gregor von Nyssa, auch Gregorius oder Gregorios (331-394) war christlicher Bischof von Nyssia, Heiliger und Mystiker.

in der Familie weitergegeben wurde. Auf der anderen Seite entstehen Schulden, die in den meisten Fällen bestenfalls rückerstattet, ansonsten beständig größer werden.«

»Haben die Zinsen noch weitere ungünstige Wirkungen?«, fragte Peter.

»Ja, für uns alle. In den Preisen der Waren, die wir kaufen, sind die Verbindlichkeiten und damit der zu zahlende Zins der Unternehmen als einkalkulierter Bestandteil enthalten. In der Miete, in Hypotheken und Darlehen, in Steuern und Abgaben sind ebenfalls Zinsen enthalten, sodass ein durchschnittlicher Haushalt in Deutschland pro Jahr circa 40 Prozent seines Einkommens als Zinsanteil bezahlt. Besitzt nun ein Haushalt eigenes Vermögen und fließen ihm Zinsrenditen zu, kann er seine Zinsausgaben abdecken, und bei einem ausreichend hohen Eigenkapital sein Vermögen ohne eigenes Zutun kontinuierlich vergrößern. Hat ein Haushalt jedoch zu wenig oder gar kein Vermögen, bezahlt er Zinsen, vielfach sogar, ohne selbst wirklich verschuldet zu sein.

Unser Geldsystem, gestützt auf Zins und Zinseszins, ist im Prinzip eine staatlich legitimierte Geldzuweisung, ein Finanztransfer von wenig zu reich. Mit zunehmendem Vermögen vergrößern sich die Zinseinnahmen, sodass sich ab einem bestimmten Schwellbetrag, wenn die Zinseinnahmen größer werden als die Zinsausgaben, das Kapital nur noch vermehrt; durch den Zinseszins wird der Prozess noch exponentiell verstärkt.

Die Schere zwischen Arm und Reich wird sich von daher stetig zugunsten der Vermögenden vergrößern. Wenn man nun das eine Prozent der Superreichen zugrunde legt, die mehr als die Hälfte des Weltvermögens besitzen[92], wird in aller Deutlichkeit klar, dass sich in wenigen Jahren das gesamte Geldvermögen in den Händen der Tokoglifos, so bezeichnet mein Vater die Superreichen, befinden wird. Anstatt eines Wirtschaftssystems, das den

---

[92] Siehe Oxfam Deutschland 2016.

Wohlstand von allen fördert, haben wir ein Finanzprodukt, das den Reichen immer größere Vermögen zukommen lässt.«

»Welche Strategien gibt es, diese gesellschaftliche Schieflage zu beseitigen?«, mischte ich mich ins Gespräch ein. »Ich bin kein Wirtschaftsexperte und vielleicht darf man auch keiner sein, um hier für alle eine befriedigende Lösung zu finden. Eine Grundvoraussetzung ist jedoch für mich zweifelsfrei, dass unser Finanzsystem nicht in privatwirtschaftlicher Verwaltung der Banken bleiben darf, sondern in die Verantwortung und Aufsicht der Bürger gehört.«

»National betrachtet scheint ein Ausweg aus diesem Missstand relativ unkompliziert«, übernahm Iven das Wort. »Eine Verstaatlichung des Bankensystems und die Gründung einer gemeinnützigen zentralen Staatsbank als erste Maßnahme ist zwangsläufig die notwendige Voraussetzung, um das überkommene und ungerechte Zinssystem abzuschaffen. Als positiver Nebeneffekt wären die schier unglaublichen kriminellen Verfehlungen der sogenannten Finanzexperten und Banker nicht mehr praktikabel.«

»Welche Verstöße meinst du konkret?«, fragte Peter.

»Denk einmal an die Finanzkrise vor einigen Jahren. Die Zahlungsunfähigkeit der US-Bank *Lehman Brothers* im September 2008 hat zugleich die prekäre wirtschaftliche Situation vieler anderer internationaler Banken offengelegt. Sie verzockten sich mit unsicheren Subprime-Krediten und riskanten Finanzderivaten, die ihnen in der Vergangenheit große Gewinne eingebracht hatten, und etliche Institute standen vor dem Bankrott. Um das globale Finanzsystem zu retten, zögerten die Nationalstaaten nicht, die privatwirtschaftlichen Bankschulden ihrer Protektoren zu übernehmen und auf den öffentlichen Sektor, also auf den Bürger, zu übertragen.«

»Es ist noch hinterhältiger und fast nicht zu glauben«, fügte ich hinzu. »Was viele auch heute noch nicht wissen, kam 2015 auf einer Pressekonferenz in New York ans Tageslicht. Richard Severin Fuld, der ehemalige Chef der US-Bank Lehman Brothers, verriet, dass es sich bei der Pleite seines Unternehmens um einen ›angeordneten Bankrott‹ gehandelt habe. Lehmann Brothers war de facto nicht zahlungsunfähig. Der scheinbare Bankrott sollte die Finanzkrise auslösen, sodass die tatsächlich maroden Banken von den jeweiligen Regierungen gerettet werden konnten. Eine direkte Rettung durch die Nationalstaaten, ohne Finanzkrise, wäre politisch nicht durchsetzbar gewesen. Man spricht heute vom größten Raubzug der Geschichte, bei dem privatwirtschaftliche Schulden in Milliardenhöhe auf die Bürger abgewälzt wurden.«

»Du hast vollkommen recht«, sagte Iven. »Als zweiter Schritt ist der Zinsmechanismus grundsätzlich abzuschaffen und durch ein umverteilungsneutrales Geldsystem[93] zu ersetzen. Das könnte die fatale Spirale des Geldtransfers beenden und hätte noch eine Fülle weiterer Vorzüge für die Allgemeinheit zu bieten. Als Alternative zum bestehenden Zinssystem könnte eine Zirkulations- oder Umlaufsicherung des Geldes, ich bezeichne sie als ›Solidarity‹, eingeführt werden. Dieser Solidarity fließt der Allgemeinheit, sprich der zentralen Staatsbank zu und könnte die Grundlage für die Abschaffung von zahlreichen Steuern und Abgaben und damit die Basis zur Einführung eines allgemeinen Grundeinkommens für jeden Bürger sein.

Mir ist bewusst, dass meine Anregungen lückenhaft und unausgereift sind. Sie könnten, glaube ich, für eine objektive Wirtschaftswissenschaft, deren Ziel es ist, alle am Wohlstand zu beteiligen, zumindest ein interessanter Ansatzpunkt sein.«

»Ich stimme dir prinzipiell zu«, sprach Peter nach einigen Sekunden des Nachdenkens. »Die real verfügbaren Güter und die Produktivität in Deutschland sind in den letzten zwei Jahrzehnten

---

[93] Siehe auch Silvio Gesells Freiwirtschaftslehre, Marktwirtschaft ohne Kapitalismus.

kontinuierlich gestiegen, der Wohlstand ist jedoch beim Bürger nicht angekommen. Mit anderen Worten: Das Geld ist dort, wo es gebraucht wird, knapp bemessen, und dort, wo es nicht benötigt wird, haben sich exorbitante Vermögen angesammelt.

Deine bemerkenswerten Ideen könnten unsere Gesellschaft tatsächlich in Richtung zu mehr Gerechtigkeit und Solidarität verändern, aber die Mächtigen dieser Erde werden die Implementierung eines derartigen zinslosen Geldsystems einfach nicht zulassen.«

»Was du sagst, ist auch meine Ansicht. Der Ansatz eines neuen Geldsystems ist absolut richtig. Allein die Tokoglifos werden mit allen ihnen zur Verfügung stehenden Mitteln einen derartig massiven Eingriff in ihre Machterhaltungsstrategien zu blockieren wissen«, übernahm ich das Wort. »Mit ihren finanziellen Mitteln und der schon so oft praktizierten Skrupellosigkeit werden sie notfalls auch gegen den Volkswillen ihre Pläne durchsetzen.« Ich blickte zu Iven und fuhr fort. »Die Medien, selbst Forschung und Wissenschaft, sind heute so sehr gesteuert, dass ein neuer Ansatz wie dein ›Solidarity-Konzept‹ nicht einmal angedacht, geschweige denn öffentlich diskutiert wird.«

»Und doch müssen wir versuchen, dieses undemokratische Zinssystem im Sinne der Gemeinschaft zu korrigieren!«, forderte Iven. »Der Historiker und Nationalökonom Gustav Ruhland hat in seiner fast vergessenen und doch hochaktuellen dreibändigen Schrift *System der politischen Ökonomie*[94] schon zu Beginn des 20. Jahrhunderts die Ursachen des Niedergangs vieler bedeutender Hochkulturen und Imperien untersucht. Jede Hochkultur war auf Geld aufgebaut und wie heute wurde die Währung nur gegen Zinsen verliehen. Mit fortschreitender Zeit wurden die Reichen immer reicher und es kam ein fataler Zinsmechanismus in Gang,

---

[94] Ruhland, G.: Das System der politischen Ökonomie, Ulan Press, 2012.

der uns in gleicher Form nun wieder bedroht. Nach seinen Forschungen zerfielen sämtliche Hochkulturen infolge dieses verzinsten Geldsystems, und dieses Szenario bedroht uns gegenwärtig erneut.«

»In der Tat«, entgegnete ich.

»Die essenzielle Fragestellung lautet jedoch: Wie können wir dieses drohende Unheil verhindern?«

»Ich glaube, die Umsetzung der Vorstellungen von Iven, nämlich die Verstaatlichung der Privatbanken und die Installation einer Staatsbank, wären praktikabel und würden eine positive Veränderung bringen«, antwortete Peter. »Voraussetzung wäre jedoch der Zusammenschluss mehrerer Länder und eine politische Führung, der es um das Wohl der Bevölkerung und nicht um das Wohl der, wie hast du sie genannt, ›Tokoglifos‹ geht.«

»Meine Überlegungen in diesem Kontext enden immer wieder in der gleichen Erkenntnis«, antwortete ich. »Bevor gesellschaftliche Veränderungen realisiert werden können, bedarf es einer politischen Korrektur, und dazu ist wiederum eine aufgeklärte Bevölkerung notwendig. Kritikfähigkeit, Emanzipation und Verantwortung, auf der Basis eines werteorientierten kommunitaristischen Gedankengutes bilden die Formel zu einer redlicheren Gesellschaft. Die Verwirklichung und langfristige Etablierung dieser Vorstellungen gelingt, so glaube ich, nur über die Jugend in Form einer wahren emanzipatorischen Bildung.«

Der Staatsbürger dieser Tage

*Handle so, daß die Maxime deines
Willens jederzeit zugleich als Prinzip einer allgemeinen Gesetzgebung
gelten könnte.*

(Immanuel Kant)

Fast vier Monate war es her, dass ich zuletzt an meiner Schrift *Erziehung zur Unmündigkeit* gearbeitet hatte. Kersten fragte mich in der vergangenen Woche, wie sich das Thema entwickelte, und ich sagte ihm, dass ich die Fertigstellung auf einen späteren Zeitpunkt verschoben hatte.

»Warum hast du deine Arbeit unterbrochen?«, fragte er, und setzte sich mir gegenüber an den Schreibtisch. »Du hast dich über ein halbes Jahr mit dem erziehungswissenschaftlichen Thema beschäftigt, deine Vorstellungen und Ideen von moderner, aufgeklärter Pädagogik und die praktische Umsetzung in unserem Bildungssystem halte ich für sehr bedeutsam, für unsere Gesellschaft wünschenswert und für praktikabel – warum setzt du mit dem Schreiben aus?«

»Ja, warum eigentlich?«, antwortete ich, in Gedanken versunken. »Meine Entscheidung, vorübergehend zu unterbrechen, bahnte sich nach einem Gespräch nach einem meiner Seminare an.

Was bedeutet eigentlich ›Political Correctness‹?, fragte einer meiner Studierenden. Er hatte den Begriff im Zusammenhang mit einer Pegida-Demonstration in Dresden gehört, konnte selbst allerdings keine konkrete und zufriedenstellende Erklärung finden.

Ihm eine schlüssige Antwort zu geben, bereitete mir wenig Mühe, trotzdem beschäftigte mich die Angelegenheit noch mehrere Tage lang, sodass ich beschloss, das Thema aufzugreifen und näher zu untersuchen.«

»Ich habe den Terminus schon häufig gehört, ich kann ihn aber auch nicht eindeutig zuordnen. Welche Bedeutung hat er genau?«, fragte Kersten.

»In seiner ursprünglichen Auslegung besagt ›Political Correctness‹, dass man Benennungen und Handlungen, die einzelne Personen oder Gruppen abwerten oder gar beleidigen, in seinem Sprachgebrauch nicht verwenden soll«, entgegnete ich. »Gegenwärtig wird der Terminus bedauerlicherweise in einem abgewandelten Sinnzusammenhang gebraucht. Was die vorherrschende Meinung wiedergibt, ist wünschenswert, somit politisch korrekt und darf ausgesprochen werden. Alternative Meinungen sind zwar erlaubt, ihre Vertreter werden jedoch, je nach Brisanz des Themas, von moralisch zweifelhaft bis zu volksverhetzend abgestempelt und damit gesellschaftlich diskreditiert. Political Correctness ist aus diesem Grund ein indirektes Sprachverbot, und auf politisch-gesellschaftlicher Ebene führt dieses Verhalten zu einer versteckten, aber realen Zensur der freien Meinungsäußerung.

Ich gebe zu, dass es in Deutschland gute Gründe gibt, mit der Meinungsfreiheit punktuell restriktiver umzugehen als in anderen Staaten, jedoch beherrschen inzwischen massive Tabus und Sprechverbote auf den unterschiedlichsten gesellschaftlichen Ebenen die öffentliche Diskussion. Das Grundgesetz sichert jedem Staatsbürger Meinungsfreiheit zu, und doch gelten ungeschriebene Artikulationsverbote, die, differenziert betrachtet, sogar als Denkverbote benannt werden können.«

»Stimmt«, meinte Kersten, »und es funktioniert selbst in einer Demokratie wie der unseren ohne staatliche Zensur und ohne staatlichen Zwang.

Die Sichtweisen der Politiker und der Mainstream-Presse werden der Bevölkerung als die in der Gesellschaft vorherrschenden und maßgebenden Meinungen verkauft, auch wenn das nicht den Tatsachen entspricht. Wer sich in Deutschland zum Beispiel gegen Israel äußert, ist ein Antisemit. Wer gegen die Aufnahme der vielen Flüchtlinge argumentiert, wird als ausländerfeindlich bezeichnet. Und wer sich mit Stolz auf das kulturelle Erbe unseres Landes bezieht, ich klammere hier selbstverständlich den Nazismus aus, den beschuldigt man als Neonazi.«

»Natürlich sind der Meinungsfreiheit auch in einer Demokratie Grenzen gesetzt und Volksverhetzung, Diffamierung und Diskriminierung von Minderheiten, Rassismus oder auch die Leugnung des Holocaust sind zu Recht gesetzlich verboten«, führte ich weiter aus. »Die Beschränkungen dürfen aber nicht zur Lähmung des politischen und intellektuellen Diskurses führen, da hierdurch mögliche Alternativen oder neue Denkansätze und Lehrmeinungen im Keim erstickt werden. Die Folgen sind in Deutschland unverkennbar: Vorherrschende Meinungen werden öffentlich weder hinterfragt noch diskutiert, das Ergebnis sind Feigheit, Opportunismus und Anpassertum, und alternative Meinungen werden als Demagogie gebrandmarkt. Tabus und Denkverbote verhindern autonomes Denken und Urteilen, und es ist für mich unbefriedigend und enttäuschend, dass sich das Volk der Aufklärer und Denker die so wichtigen partizipativen Eigenschaften wie Kritikfähigkeit, Emanzipation und Verantwortung zensieren oder sogar verbieten lässt.«

»Ist es nicht eine Kränkung für jeden denkenden Menschen, wenn er, wider besseres Wissen, seine Standpunkte verschweigen muss? Warum lässt sich die Bevölkerung diese Bevormundung gefallen?«, fragte Kersten.

»Wie schon gesagt, werden nonkonforme politisch-gesellschaftliche Positionen, ohne dass deren Wahrheitsgehalt untersucht wird, als fragwürdig, gewissenlos oder ethisch bedenklich angeprangert. Viele öffentliche Personen sind diesbezüglich in Deutschland als Nazis oder Antisemiten, als antieuropäisch oder antiamerikanisch diskreditiert worden. Ich nenne hier einmal Daniele Ganser, Eva Herrman, Ken Jebsen, Jürgen Todenhöfer und Willy Wimmer als Beispiele. Sie verloren aufgrund ihrer öffentlich geäußerten politischen Positionen ihre Reputation, ihre gesellschaftliche Position und teilweise auch ihren Arbeitsplatz. Aus Angst vor ähnlichen Konsequenzen hält sich die überwiegende Mehrheit politisch engagierter Persönlichkeiten stillschweigend und mit gesenktem Kopf zurück.«

»Solltest du nicht gerade jetzt, wo viele Menschen Bedenken haben, ihre Meinung öffentlich zu sagen, deinen Aufsatz abschließen und veröffentlichen, damit, wie du sagtest, wirkliche Kritikfähigkeit, realisierte Emanzipation und gelebte Verantwortung im Bildungssystem wieder ein Thema werden?«, fragte Kersten und sah mich durchdringend an.

»Ich weiß, dass du recht hast«, antwortete ich. »Die Zielvorstellungen in unserer Gesellschaft haben sich im Laufe der Globalisierung bedenklich verändert. Es geht heute darum, einen angepassten, gutgläubigen Bürger und Konsumenten zu konditionieren, der im Beschäftigungssystem funktioniert und jederzeit kontrolliert werden kann. Der mündige Staatsbürger ist passé. Dies erkenne ich auch in der Praxis der Political Correctness. Es ist anscheinend Programm, dass das Grundgesetz der freien Meinungsäußerung solchermaßen außer Kraft gesetzt wird, und es ist, so folgenschwer das klingen mag, der Abschied von essenziellen demokratischen Werten. Nur durch ein Bildungssystem, in dem die Leitgedanken der Aufklärung wieder ihren konstitutiven Platz finden, und eine Medienlandschaft, in der man von echtem investigativen Journalismus sprechen darf, kann Demokratie erhalten und weiterentwickelt werden. Übrigens, eine aktuelle Studie der *Fairleigh Dickinson University* am Standort Vancouver hat nachgewiesen, dass inzwischen selbst in den USA 68 Prozent der Bevölkerung Political Correctness als ein großes Problem werten.[95]

Kersten, du hast recht. Ich werde an der Schrift weiter arbeiten, aber später, zunächst möchte ich meine aktuelle Niederschrift zum Abschluss bringen.«

Nachdem Kersten sich verabschiedet hatte, saß ich noch lange am Schreibtisch und grübelte über die zentralen Fragestellungen unserer Zeit: Was sind die wesentlichen Ursachen der extremen globalen Schieflagen und auf welche Weise können wir die Missstände beseitigen?

Zunächst einmal müssen die relevanten gesellschaftlichen Verwerfungen konkretisiert werden, denn das Sichtbarmachen beinhaltet oft den Lösungsweg. Ich erinnere mich an die ersten Zeilen meines Aufsatzes:

Beginnend mit der Industrialisierung und in den letzten Jahrzehnten durch den Einsatz der neuen Technologien im Beschäftigungssystem potenziert, hat die ökonomische Nutzenmaximierung verstärkt zu einer ungleichmäßigen Verteilung von ökonomischem, kulturellem, sozialem und symbolischem Kapital (Pierre Bourdieu) sowie zu den damit verbundenen Wechselwirkungen geführt. Innovationen faszinieren den Menschen, sie implizieren jedoch gleichzeitig erhebliche semantische und strukturelle Asymmetrien. Der momentane Zustand der Industriestaaten ist, hieraus resultierend, geprägt von einer Flut gesellschaftlicher

---

[95] Siehe Fairleigh Dickinson University, Is America too politically correct?, 30. Oktober 2015.

Ungleichheiten. Deregulierung des Wirtschafts- und Finanzsystems, maßlose Verteilungsungerechtigkeit und damit verbundene Polarisierung, Arbeitslosigkeit, Armut, Gewalt und Kriminalität, fehlende Chancengleichheit im Bildungssystem, beschränkter Zugang zu sozialem und gesellschaftlichem Leben, mangelnde Anerkennung und vieles mehr sind evidente Entwicklungen, die von den Individuen als unbefriedigend, ungerecht, pathologisch, ja, verwerflich interpretiert werden.

Meine Gedanken verließen die Textpassage des Aufsatzes. Die Evolution und den Glauben an den Fortschritt kann und darf man nicht aufhalten, denn Umgestaltung und Entwicklung bilden das Grundgesetz des Lebens. Demzufolge sind zunächst die technologischen Veränderungen neutral oder auch positiv zu bewerten. Es besteht ja die Option, die technischen Innovationen im Sinne der Allgemeinheit zu nutzen. Was den moralischen Verfall, die Verrohung und Dekadenz angeht, entwickeln sich zwar zerstörerische und beängstigende Kräfte, die aber nicht zwingend von der Gesellschaft akzeptiert werden müssen.

Im Text heißt es weiter:

Die oben genannte Kalkulierung in ökonomischen Kategorien und das damit verbundene Konzept der Kapitalakkumulation mit allen seinen Implikationen, in denen die Menschen oft nur als Humankapital und als Renditefaktoren angesehen werden, führte in den Industriestaaten zu den heute unübersehbaren gesellschaftlichen Schieflagen. Soziale Probleme entstehen in Gemeinschaften aufgrund unterschiedlicher Wertvorstellungen, Ideale und moralischer Normen. Sowohl Konflikttheorien als auch funktionalistische und neofunktionalistische Konsenstheorien verdeutlichen, dass eine intakte Gesellschaft eine Frage der Integration von Werten und Normen ist. Um eine sichtbare Balance zu erreichen, müssen demzufolge sozialstrukturelle Beziehungsmuster im Sinne der Gemeinschaft, der Solidarität, der Verantwortung und der

Gerechtigkeit als allgemeingültige zentrale Funktion eine kultu-
relle Verankerung finden. Es sind dazu Denk- und Verhaltens-
muster erforderlich, die in unserer Informationsgesellschaft ge-
genwärtig nur rudimentär vermittelt werden. Folglich ist eine
›Persönlichkeitsbildung besonderer Qualität‹, der ein Ver-
nunftanspruch innewohnt, zwingend gefordert, welche bislang
nicht oder in unzureichendem Maße von unserem Bildungssystem
geleistet wurde.

Ich frage mich nochmals in Gedanken: Was sind die ursprünglichen Ursachen der großen globalen Schieflagen?

Bewerte ich die technologischen Entwicklungen und deren
Einsatz positiv, insbesondere im Beschäftigungssystem, ist die
Antwort eindeutig. Es ist die ›Kalkulierung in ökonomischen Ka-
tegorien und das damit verbundene Konzept der Kapitalakkumu-
lation‹, oder einfach ausgedrückt, die Gier nach mehr, nach mehr
Macht und nach mehr Reichtümern!

Friedrich Wilhelm Nietzsche erkannte schon im ›Machtwil-
len‹ den Teufel im Menschen. *Nicht die Notdurft, nicht die Be-*
gierde - nein, die Liebe zur Macht ist der Dämon der Menschen.
Man gebe ihnen alles, Gesundheit, Nahrung, Wohnung, Unter-
haltung - sie sind und bleiben unglücklich und grillig: Denn der
Dämon wartet und wartet und will befriedigt sein.[96]

Die soziale Schichtung und die damit verbundene Ausübung
von Macht ist zunächst eine erforderliche und zu bejahende Notwendigkeit für das Funktionieren einer Gemeinschaft. Folglich
müssen geeignete Personen gesellschaftlich wichtige Positionen
übernehmen, zum Beispiel politische, ökonomische oder soziale
Mandate, und die damit verbundenen Aufgabenbereiche verantwortungsvoll erfüllen. Macht und Führungsgewalt implizieren in
diesem Sinne gesellschaftliche Ungleichheit, sie sind gleichwohl

---

[96] Nietzsche, F.: Morgenröte. Gedanken über die moralischen Vorurteile, Ana-
conda, 2011.

eine erforderliche Konstellation und keine schädliche, die überwunden werden muss.

Mit der gesellschaftlichen Position sind jedoch zwangsläufig Autorität, Prestige, Macht und Einfluss verbunden, und es ist selbstredend, dass diejenigen, die diese Machtpositionen innehaben, alle Optionen besitzen, persönlichen Reichtum anzuhäufen.

Wer Macht hat, bekommt Recht und wer Recht hat, der bestimmt. Deshalb ist Macht, und damit das Beherrschen anderer Menschen und Dinge in Verbindung mit fehlender Moralität und Empathie, der Ursprung aller egoistischen Handlungen und schlussendlich aller gesellschaftlichen Asymmetrien. Die triviale Frage, die hieraus resultiert, lautet: Muss die von der Gesellschaft zugewiesene Macht für egoistische Zwecke ausgenutzt werden?

Logischerweise nicht, urteile ich, denn zur Ausübung von Macht gehören Vernunft, der freie Wille und Verantwortung, also Charaktereigenschaften, die den Menschen auszeichnen und ihn von der übrigen Schöpfung unterscheiden. In allen Facetten der Macht steckt sowohl das Gute als auch das Böse. Damit ist die Möglichkeit der Verneinung innewohnend, das heißt, dass ihr negatives Potenzial nicht zwingenderweise wahrgenommen werden muss.

Mir fällt eine psychologische Studie von Haslam und Reicher ein, die besagt, dass *die Menschen nicht blind handeln, sondern wissend, nicht passiv, sondern aktiv. Sie handeln aus einer Überzeugung heraus, nicht weil es natürlich ist. Sie begehen die Tat, weil sie sich dafür entscheiden, nicht weil sie gezwungen wurden.*[97]

Handlungen erfolgen demzufolge aufgrund kognitiver Entscheidungen, und diese wiederum sind bedingt durch Erziehung, Milieu und Kultur, folglich durch die individuellen Umweltbedingungen. Dies beinhaltet übrigens auch, dass Gut und Böse in

---

[97] Siehe Haslam und Reicher: The BBC Prison Study.

anderen politischen und wirtschaftlichen Strukturen eine andere Ausdeutung haben kann, und dass unsere westliche Moral in anderen Teilen der Erde eventuell auf Unverständnis trifft.

Wir Menschen sind also nicht bloß Produkte unserer Umwelt, denn hinter unserem Verstand, losgelöst von unseren Denkvorgängen, gibt es augenscheinlich noch etwas Dauerhaftes. Manche nennen es Gewissen, andere das spirituelle Element oder die Seele. Es ist tief in uns etwas, dessen charakteristische Qualitäten wie Liebe, Empathie, Altruismus und andere erhabenste Tugenden, unsere Entscheidungen spürbar beeinflusst. Dieses Prinzip jenseits der Intelligenz wägt nicht das Für und Wider ab, es berechnet und urteilt nicht, es teilt uns intuitiv mit: Dieses ist wahr und jenes ist falsch.

Ich unterbreche meinen Gedankenfluss und frage mich: Ist das wirklich so, verfügen alle Menschen über diese unterbewusste Eingebung?

Ich glaube ja! Betrachten wir aber die realen gesellschaftlichen Verhältnisse, scheinen die Umwelteinflüsse offenbar stärker zu wirken als das menschliche Gewissen. Frank Schirrmacher beschreibt in seinem Buch *Ego: Das Spiel des Lebens* sehr drastisch, wie sich in den letzten Jahrzehnten nach dem Ende des Kalten Krieges ein neuer Kalter Krieg im Herzen unserer Gesellschaft entwickelt hat.

Ein neues soziales Monster Mensch ist herangewachsen, ein egoistisches Wesen, dessen allgemeingültige Lebensformel *Eigennutz* lautet, und dessen einzige Motivationsgrundlage hinter allen Aktivitäten nur das Erreichen persönlicher Vorteile und Ziele ist. Weder Moral noch Bildung und Erziehung können die selbstsüchtige Seite in diesem neuen Menschen zum Schweigen bringen.

Eine zynische Darstellung. Dennoch, ist dieses Menschenbild nicht längst Realität?

Ich glaube ja, und der persönliche Erfolg scheint diesem Typus Mensch recht zu geben, denn die Formel stimmt und der rücksichtslose Egoist gewinnt. Stimuliert und befestigt wird dieser Charakterzug durch die alles umfassende Medienwelt und das alltägliche Miteinander auf allen gesellschaftlichen Ebenen, denn das Ergebnis ›Erfolg‹ ist von Gewicht, der Weg zum Erfolg ist ohne Relevanz. Wir leben heute in einer Welt, in der es keine Hemmschwelle mehr gibt, in der sich die Habsucht verselbstständigt hat und für viele Menschen zum konkreten Lebensinhalt geworden ist.

Robert D. Hare, ein international anerkannter kanadischer Kriminalpsychologe, identifizierte als Ursache der deutlich zunehmenden Rücksichtslosigkeit in unserer Gesellschaft ungenügende oder gänzlich fehlende Empathie.[98] In der Fachterminologie werden Menschen ohne Empathie als Psychopathen bezeichnet. Verstandesmäßig sind sie völlig gesund. Sie sind mitunter sehr intelligent, wissen, was richtig und was falsch ist, und sie können sich rein rational in ihr Gegenüber hineinversetzen und dessen Perspektive übernehmen. Was ihnen jedoch fehlt oder stark eingeschränkt ist, das sind Gefühle wie Liebe, Angst, Mitgefühl, Schuldbewusstsein oder Reue. Sie blenden emotionale Reize aus und können so ihre persönlichen Interessen und Ziele hemmungslos und unerbittlich verfolgen. Und sie tun es. Sie verletzen fortwährend gesellschaftliche Regeln, sie manipulieren und nutzen die Schwächen ihrer Mitmenschen – das ist häufig deren Empathie – schamlos aus.

In seinen Untersuchungen hat Hare festgestellt, dass, aus der Perspektive eines Psychopathen betrachtet, wir es sind, die eine Fehlfunktion haben. Nach seinen Schätzungen sind etwa ein Prozent der Bevölkerung über 18 Jahre aus allen gesellschaftlichen

---

[98] Discover Magazine: Into the Mind of a Psychopath, 04.05.2016.

Schichten Psychopathen. Ob sie kriminell werden, ist von psychosozialen Einflussfaktoren abhängig; annähernd 25 Prozent der Gefängnisinsassen gehören dazu.

Eine besondere Anziehungskraft auf Psychopathen scheinen die Führungsebenen großer Unternehmen, die Chefetagen der Medienkonzerne und die der Politik auszuüben. Unter Topmanagern beträgt ihr Anteil sogar fast fünf Prozent. Die Ursache: Viele Eigenschaften, die einen Psychopathen auszeichnen, sind für eine Karriere im Management von großem Vorteil.[99] Auf deutsche Unternehmen bezogen hat der Neurobiologe Gerhard Roth herausgefunden, dass im Schnitt jede zehnte Führungskraft signifikant psychopathische Merkmale aufweist.

Sind wir jetzt auf dem Weg in eine Gesellschaft von Psychopathen?

Nein, sicherlich nicht in dieser pathologischen Ausprägung.

Die überwiegende Mehrheit der Menschen hat fraglos ein gewisses Potenzial an Empathie, und für sie ist ein Leben ohne Mitgefühl und Sympathie nur schwer vorstellbar. Was aber gegenwärtig deutlich erkennbar ist, ist die Tatsache, dass eine zunehmende Anzahl diesen für das soziale Verhalten so wichtigen empathischen Impuls auf ihrem beruflichen Karriereweg verdrängt. Die Folgen sind einleuchtend und allerorts sichtbar – Egoismen über Egoismen. Wir leben inzwischen in einer Ich-Gesellschaft, in der Erfolg, Vorteile und Posten das übermächtige Lebensziel sind und durch überaus harte bis rücksichtslose Auseinandersetzungen erkämpft und gesichert werden.

Ich wage es kaum, den Gedanken logisch weiterzuführen. Die Schlussfolgerung ist erschreckend: Je größer die Karriere, desto größer der Egoismus, desto näher an den Wesensmerkmalen des Psychopathen. Die Vorstellung, dass viele Führungskräfte in

---

[99] Babiak, P., Neumann, C., Hare, R. D.: Corporate Psychopathy: Talking the Walk, 2010.

Wirtschaft und Politik antisoziale Charakterzüge aufweisen, ist in höchstem Maße besorgniserregend, denn wir wissen ja aus unserer Geschichte, wie viel Leid, Elend und Not Psychopathen in einem Staat verursachen können.

Einige Tage später fand ich erneut die Zeit, dem Thema gedanklich weiter nachzugehen.

In unseren westlichen Gesellschaften wird dieses egoistische Selbstverständnis vieler Menschen zusätzlich und in höchstem Maße von neoliberalen Vorstellungen geprägt. Das Marktgeschehen wird als ein freies Spiel der Kräfte ohne wesentliche staatliche Eingriffe betrachtet, in welchem die Stärksten und Besten überleben.[100] Insbesondere die Finanzeliten und die Politik verabsolutieren den Markt und erklären damit indirekt den Egoismus zum Motor des Fortschritts. De facto ermöglichen diese Idealisierungen des Wirtschaftssystems die ungehemmte Verfolgung von Privatinteressen und schaffen dadurch eklatante Ungleichheiten, welche schlussendlich zu den großen gesellschaftlichen Verwerfungen führen.

Wenn Macht und Egoismus in einer Gesellschaft mit neoliberalem Gedankengut zusammenkommen, ist der Schritt zur Habsucht und zu persönlichem Profit nicht mehr weit. Die absolute Freiheit des Marktgeschehens führt dann zwangsläufig zur ökonomischen Herrschaft von Wenigen und ist in hohem Maße undemokratisch. Daher sind liberal-kapitalistische Gesellschaftssysteme auch unfähig, die globalen Probleme im Sinne des Gesamtinteresses einer Solidargemeinschaft zu lösen, im Gegenteil, sie führen erst zu den Problemen.

Auch in einem modernen pluralistischen Gesellschaftssystem wie dem unsrigen darf der grenzenlosen Freiheit des Einzelnen

---

[100] Siehe auch Sozialdarwinismus (Lehre von der Evolution durch natürliche Auslese oder vom Recht des Stärkeren).

keinesfalls die Vorrangstellung zugesprochen werden. Der übertriebene Individualismus muss zwingend zugunsten der Allgemeinheit transformiert werden. Das Allgemeinwohl, Solidarität, soziale Gerechtigkeit und gemeinschaftsbezogene Verantwortung sind oberste Prinzipien und haben absoluten Vorrang. Gleichwohl sollte die freie Entfaltung des Individuums nicht eingeschränkt werden, solange sie sozial verträglich, das heißt für die Gemeinschaft nicht nachteilig ist. In der Ausübung von Macht darf daher nicht das Streben nach Gewinn und anderen egoistischen Interessen den Ausschlag geben, sondern Gemeinschaftssinn und ethische Vernunft. Die Vernunft ist die oberste menschliche Erkenntnisfähigkeit. Sie kontrolliert den Verstandesgebrauch und ist dazu in der Lage, nach höchsten allgemeinsten Grundprinzipien für das theoretische Erkennen wie für das praktische Handeln zu suchen.[101]

Ein edler Gedanke, aber die Vernunft wirkt anscheinend keine Wunder[102], insbesondere wenn sie zu einer instrumentellen Vernunft verkommen ist.

Ich denke an die Frankfurter Schule, an die hervorragenden Überlegungen von Adorno, Horkheimer und Habermas. Schon 1951 stellte Adorno die Diagnose einer global organisierten Unmündigkeit in einer durchgängig kommerzialisierten und instrumentalisierten Welt.[103]

Horkheimer spricht in diesem Zusammenhang von der *Absurdität des Zustandes, in dem die Gewalt des Systems (Kapitalismus) über die Menschen mit jedem Schritt wächst.* Durch den zivilisatorischen Prozess überwinden die Individuen die Natur,

---

[101] Immanuel Kant.

[102] Und ist auch nicht vorhanden, wenn Psychopathen die politischen Schlüsselpositionen besetzen.

[103] Theodor W. Adorno: Minima Moralia. Reflexionen aus dem beschädigten Leben, Suhrkamp Verlag; Auflage: 10, 2003.

werden jedoch von den Systemen, die sie selbst geschaffen haben, überformt, überwacht und beaufsichtigt. *Was wir uns vorgesetzt hatten, war tatsächlich nicht weniger als die Erkenntnis, warum die Menschheit, anstatt in einen wahrhaft menschlichen Zustand einzutreten, in eine neue Art von Barbarei versinkt.*[104] Der moderne Mensch hat seine Menschlichkeit verloren. *Rettet den Menschen als Menschen, damit er nicht absinkt und Menschending werde, Instrument eines von außen aufgenötigten Wahnes und seiner Willkür, Spielball des eigenen ungereinigten Lebenstriebes.*[105]

Ebendarum muss der vernunftbegabte Mensch in Richtung Menschlichkeit herangebildet werden, in eine neue moralische Ordnung hinein, in eine neue ›Gemeinschaft von Gleichen‹.

Auch wenn Nietzsche glaubte, dass der Mensch in seiner bisherigen Form viel zu erbärmlich sei, über sich hinauszuwachsen, ist es doch die einzige Möglichkeit, eine humane Gesellschaft zu schaffen.

Es ist eine zweifellos tiefe Sehnsucht in der Welt, mit den großen sozialen Problemen fertig zu werden. Das oben gezeichnete pessimistische Menschenbild wird in vielen Fällen zutreffen, und dennoch, es mag naiv erscheinen, lässt sich auch bei den größten Egomanen das Gewissen nicht zum Schweigen bringen. Auch sie fühlen intuitiv, dass ihr Handeln falsch und ihre Zufriedenheit nur von kurzer Dauer sind, ja dass sie aufgrund ihrer Ichbezogenheit in einem wesensfremden gestörten Zustand leben. Übrigens, jüngere Studien zu neurologischen Untersuchungen haben gezeigt,

---

[104] Horkheimer, Max; Adorno, Theodor W.: Dialektik der Aufklärung. Philosophische Fragmente, Fischer, 1988.

[105] Zweig, S., Feschotte, J., Grabs, R.: Albert Schweitzer. Genie der Menschlichkeit, Frankfurt am Main / Hamburg, Fischer Bücherei, 1961.

dass Menschen einen neurobiologisch verankerten Sinn für soziale Gerechtigkeit besitzen, und dass sie intuitiv fühlen, wenn sie gegen die Fairness verstoßen.[106]

Und hier gilt es den Hebel anzusetzen: Auf welche Art und Weise können die selbstsüchtige und rücksichtslose Ausübung von Macht und die daraus resultierenden Folgen eingeschränkt beziehungsweise verhindert werden?

Diese Fragestellung kann sehr schnell beantwortet werden: Nur durch ein von Humanität geleitetes und in der Gemeinschaft entwickeltes Wertesystem!

Es geht in dieser Schrift nicht darum, ein logisch lückenloses und geschlossenes Denkgebäude zu erstellen, sondern lediglich um triviale Impulse für den gangbaren Weg in eine gerechtere Welt.

Damit eine humane Gesellschaft überleben und wachsen kann, braucht sie ein objektives und verbindliches Wertesystem, welches den Anspruch hat, Humanität, Freiheit und Gerechtigkeit zu fördern. Die Werte sollten nach dem Grundsatz der Vernunft und nach gemeinsamen ethischen Vorstellungen entwickelt und in untadeligen moralischen Beziehungsmustern in der Gemeinschaft gelebt werden.

In unserer pluralistischen Gesellschaft sind die Handlungsweisen nicht mehr auf allgemeinverbindliche und von den meisten Menschen anerkannten Inhalten ausgerichtet, vielmehr hat jeder zahlreiche Handlungsmöglichkeiten. Gerade deshalb ist ein von allen zu akzeptierendes Wertesystem zwingend, das als Basis den kategorischen Imperativ aufweist: *Handle nur nach derjenigen*

---

[106] Siehe Bauer, J.: Das kooperative Gen: Abschied vom Darwinismus, HOFFMANN UND CAMPE VERLAG GmbH, 2008.

Maxime, durch die du zugleich wollen kannst, dass sie ein allgemeines Gesetz werde.[107] Die gegenseitige Tolerierung, Rücksichtnahme und der Respekt vor der anderen Lebensführung, im Kontext mit Menschlichkeit und sozialer Gerechtigkeit, sind die Grundlage jedes erfolgreichen und gleichberechtigten Zusammenlebens.

Ethik und Moral, die Schlüssel zum wahren Menschen, sind die klassischen Gegenpole von zweifelhaft ausgeübter Macht und Gier. Zu den höchsten ethischen Werten in jeder Gemeinschaft gehören Solidarität, Gerechtigkeit und Verantwortung. Die Menschen müssen von daher zum eigenen Denken und Reflektieren über die Fragen des wahren Menschseins angehalten, ja verpflichtet werden, damit sie durch persönliche Erkenntnis diese den Menschen ausmachenden Werte als höchste Ziele anerkennen, als Selbstverständlichkeit verinnerlichen und in moralischen Handlungen im täglichen Leben umsetzen. In diesem Fall wird Macht nicht missbraucht, sondern von der gesamten Gesellschaft im Prinzip der Verantwortung ausgeübt.

Albert Schweitzer hat in diesem Kontext eine scheinbar utopische, aber sehr bemerkenswerte sozialethische Maxime zum Ausdruck gebracht: *Der Besitzende soll sich seinem eigenen Besitz gegenüber so verhalten, als hätte er nichts.*

Bei Befolgung dieses Grundsatzes könnte, ohne Modifizierung der gesamtgesellschaftlichen Zusammenhänge, eine äußerst positive Auswirkung im sozialen Bereich auftreten. Ohne äußeren Zwang, nur durch inneres Gewissensgebot würde jeder sein Eigentum, seine Kräfte und all seine Gaben als Lehen ansehen, als ausgeliehenes Gut, das er verwaltet und in den Dienst seiner Mitmenschen und aller Mitgeschöpfe stellt.[108] Damit würde ein

---

[107] Kant, I.: Der kategorische Imperativ.

[108] Zweig, S., Feschotte, J., Grabs, R.: Albert Schweitzer. Genie der Menschlichkeit, Frankfurt am Main / Hamburg, Fischer Bücherei, 1961.

sozialer Prozess eingeleitet, der, in der Natur der Sache liegend, im Verlauf weniger Jahre zu einer menschengerechten Gesellschaft führt.

Das Leben im Hier und Heute scheint jedoch konträr zu Schweitzers Intentionen. Es geht den Menschen mehrheitlich nur um persönlichen Wohlstand und Profit. Wir sind auf dem Rückweg, zurück in einen Zustand immaterieller Armut und weit davon entfernt, den persönlichen Egoismus in einen Altruismus zu verwandeln. Wahrhaftige Aufwärtsentwicklung ist aber nur in Kombination mit ethischen Antriebskräften möglich, das heißt, es muss der Boden bereitet werden, auf dem sich die Persönlichkeit der Individuen im Sinne von Humanität und Verantwortung frei entfalten kann.

Lethargie der Massen

*Jeder Mensch hat ein Gewissen von Anfang
an in sich. Das Gewissen ist die praktische
Vernunft in jedem Menschen, die ihm sagt,
welche Pflichten er hat.*

(Immanuel Kant)

Es war Mittagspause.

Ich saß, wie schon so häufig vorher, in einem kleinen, nahegelegenen Café bei einem starken Espresso, als zwei befreundete Germanistik-Kollegen zur Tür hereinkamen und sich zu mir gesellten. Die Unterhaltung verlief wie üblich. Nach einer kurzen Begrüßung waren wir beim Thema, wie konnte es anders sein, es ging um aktuelle Politik.

Mannfried, ein frei denkender und politisch versierter Kollege, schüttelte mehrmals den Kopf und sagte mit zynischem Tonfall: »Unsere führenden Politiker sagen, *den Menschen in Deutschland ging es noch nie so gut,* und jetzt hat eine Studie der Bertelsmann Stiftung ebenfalls herausgefunden: *Deutschland geht es gut.*

Es ist einfach nicht zu fassen, für mich ein wahres Rätsel. Wie können seriöse Wissenschaftler zu einem derartigen irreführenden und nicht der Wahrheit entsprechenden Ergebnis kommen? Wie gelingt es der Bundesregierung, den Deutschen 10 Jahre lang unwidersprochen vorzugaukeln, dass es den Menschen in diesem Land gut geht, dass alles in bester Ordnung ist, und dass wir in eine positive und glückliche Zukunft steuern?

Die Wirklichkeit sieht doch ganz anders aus. Die Staatsfinanzen sind bis in die kleinsten Gemeinden am Ende. Trotz der höchsten jemals erzielten Steuereinnahmen steigen parallel die öffentlichen Schulden ins Unermessliche. Laut dem Deutschen Kinderschutzbund leben mehr als 2,5 Millionen Kinder unterhalb oder an der Armutsgrenze, das sind 19,4 Prozent aller unter 18-Jährigen. Viele Familien, Rentner und Hartz-IV-Empfänger wissen nicht, wie sie über den Monat kommen, und unsere Kanzlerin, jetzt auch noch unterstützt durch die besagte Studie, beteuert immer wieder: *Deutschland geht es gut!*

Manchmal denke ich, dass unsere Politiker in ihrem Elfenbeinturm in Berlin an totalem Realitätsverlust leiden und nicht mehr mitbekommen, was in unserem Land geschieht! Und dass im Namen der Wissenschaft offensichtlich Unwahrheiten verbreitet werden, ist für mich nicht nachvollziehbar.«

Gunther, der zweite Kollege am Tisch, setzte seine halb geleerte Tasse zurück und bemerkte trocken: »Wahrscheinlich meint unsere Kanzlerin, dass es ihrem Klientel gut geht. Das ist Politik, das ist doch klar. Die Bertelsmann-Untersuchung war von Beginn an nicht ergebnisoffen und wir wissen alle, dass man die statistischen Daten auf sehr unterschiedliche Art und Weise auswerten kann. In diesem Fall wäre es interessant zu wissen, was die besagte Studie unter ›gut gehen‹ versteht, und aus welchen Ländern die verwendeten Vergleichsdaten kommen.«

»Ja, natürlich«, warf ich ein. »Die Ausgangs- und Vergleichsdaten der Studie sind für eine gewissenhafte Beurteilung zwingend. Leider werden diese in den Massenmedien nicht eindeutig wiedergegeben, sodass der Eindruck entsteht, in Deutschland ginge es tatsächlich allen Bürgern gut. Es ist ja bekannt, dass die Häufigkeit einer identischen Botschaft psychisch ein Indikator für die Glaubwürdigkeit ist.

Wir dürfen uns jedoch nicht mit den Verhältnissen in anderen Ländern vergleichen und damit zufrieden sein, dass es bei uns weniger Menschen schlecht geht als zum Beispiel in Spanien oder

224

Griechenland. Fakt ist, vielen Menschen in Deutschland geht es schlecht, und es ist für mich eine ungeheuerliche Ignoranz der Politik, die unverkennbar massiven Probleme großer Teile unserer Bevölkerung derart ungeniert zu verleugnen.«

»Genau«, entgegnete Mannfried. »Und die Menschen akzeptieren ihre missliche Lage mit einer schier unglaublichen Beherrschung und Gelassenheit, halten still und wehren sich nicht. Ist das noch der mündige deutsche Staatsbürger?«

»Nein«, übernahm Gunther das Wort. »Der aufgeklärte und mündige Staatsbürger ist passé. Die Frage, die wir uns stellen müssen, lautet: Warum lassen die Massen diese Ungerechtigkeiten zu? Weil die Manipulation und Propaganda durch die Massenmedien und das Bildungssystem heute allumfassend und für die meisten Menschen nicht mehr durchschaubar sind. Durch geschicktes Taktieren, durch psychologische Winkelzüge und durch falsche Darstellung der realen Situation werden sie von Politik, Medien und Wirtschaft davon abgehalten zu erkennen, in welcher Lage sie sich tatsächlich befinden. Die Ursache der politischen Lethargie liegt also nicht in der Trägheit der Bevölkerung, sondern an der Überformung durch das System. Was ich in diesem Zusammenhang beschämend finde, ist der Umstand, dass zahlreiche Personen die Umstände durchschauen, aber nichts tun. Wir gehören auch zu denen, die über viele Dinge hinwegschauen und sie tolerieren!«

»Ich stimme dir zu«, sagte Mannfried ernst. »Die Reichweite und Intensität der Täuschung und Beeinflussung ist viel umfangreicher, als die meisten Menschen es auch nur erahnen. Durch meine intensive Beschäftigung mit dem Thema *Propaganda und Manipulation in demokratischen Systemen* sind mir Mechanismen und Ablaufprozesse der Beeinflussung klargeworden, die definitiv die Bevölkerung gezielt indoktrinieren und abschließend zu einem modifizierten Staatssystem führen, zu einem Staatssystem, das man nicht mehr als demokratisch bezeichnen kann.

Edward L. Bernays[109], der Vater der Public Relations, beschrieb schon 1928 in seinem legendären Werk *Propaganda* die technischen Beeinflussungsmöglichkeiten an der Bevölkerung in demokratischen Staaten. Unter anderem schrieb er: *Die bewusste und intelligente Manipulation der Verhaltensweisen und Einstellungen der Massen ist ein wesentlicher Bestandteil demokratischer Gesellschaften. (...) Organisationen, die im Verborgenen arbeiten, lenken die gesellschaftlichen Abläufe. Sie bilden eine unsichtbare Regierung, welche die wahre Herrschermacht unseres Landes ist. (...) Je komplexer unsere Zivilisation wird und je deutlicher sich zeigt, wie nötig die im Hintergrund arbeitenden Führungsinstanzen sind, desto konsequenter werden die technischen Mittel zur Steuerung der öffentlichen Meinung entwickelt und eingesetzt.*

Bernays erkannte nicht nur die technischen Möglichkeiten für eine flächendeckende Steuerung der öffentlichen Meinung, er glaubte auch an die Notwendigkeit, dies zu tun. Die von ihm entwickelten neuen Propagandatechniken befassten sich vor allem mit der Anatomie der Gesellschaft und mit ihren vielen verzweigten und gegenseitig verwobenen Gruppierungen. Er sah die Individuen nicht alleinstehend, sondern als Gruppe organisiert. Wird die Gesellschaft an einer empfindsamen Stelle gereizt, werden zwangsläufig bestimmte Reaktionen bei vorherbestimmbaren anderen Gruppen hervorgerufen.

Seine Propagandatechniken wurden in den 1930er-Jahren von den Nationalsozialisten, insbesondere von Reichspropagandaminister Joseph Goebbels angewandt. Sie funktionieren und stellen auch heute noch einen Standard für moderne PR-Arbeit dar, und

---

[109] Bernays, E. L.: Propaganda. Die Kunst der Public Relations, orange-press; Auflage: 3, 2011.

sie werden auch heute von der herrschenden Elite mithilfe der Massenmedien für die Realisierung ihrer Vorhaben verwendet, zum Beispiel, um die Bevölkerung für die Durchführung von Kriegen zu motivieren, oder um Gesetze oder Gesetzverschärfungen zu legitimieren.«

»Welche Manipulationstechniken werden denn heute konkret eingesetzt?«, fragte Gunther. »Habe ich überhaupt eine Chance, die Beeinflussung zu erkennen?«

»Rainer Mausfeld, ein anerkannter deutscher Wahrnehmungs- und Kognitionsforscher, hat in seinem bemerkenswerten Vortrag *Warum schweigen die Lämmer?*[110] häufig verwendete Manipulations- und Propagandatechniken entlarvt«, antwortete Mannfried.

»Nach seinen Untersuchungen geht es der herrschenden Elite zunächst darum, einen Demokratieabbau durch Nichtbeteiligung oder Apathie des Volkes zu erreichen. Er führt hierzu unter anderem eine Studie der trilateralen Kommission an, die besagt, dass jedes effektive demokratische System eine apathische und nicht am politischen Geschehen beteiligte Bevölkerung braucht; Geheimhaltung von Informationen und Täuschung sind demnach notwendige Maßnahmen.[111] Dazu wurden geeignete Techniken wie Apathieinduktionen durch Ängste, Sorgen, Konsumismus

---

[110] Ein Video des Vortrags ist (noch) auf YouTube abrufbar.

[111] Trilateral Commission, The Crisis of Democracy, 1975:
The effective operation of a democratic political system usually requires some measure of apathy and non-involvement on the part of some individuals and groups is a prerequisite for democracy. Secrecy and deception are inescapable attributes of ... government.
Übersetzung: Trilaterale Kommission, Die Krise der Demokratie, 1975:
Ein funktionierendes demokratisches System benötigt in der Regel ein gewisses Maß an Apathie, und die Nichtbeteiligung von Personen und Gruppen ist die Voraussetzung von Demokratie. Geheimhaltung und Täuschung sind unausweichliche Attribute von ... Regierung.

und Werkzeuge des Meinungs- und Empörungsmanagements entwickelt und gesellschaftlich eingesetzt.

Insbesondere das Meinungsmanagement mit Unterstützung der Massenmedien hat hier eine übergeordnete Funktion. Lazarsfeld/Merton[112], zwei bedeutende amerikanische Kommunikationsforscher, sprachen von einer narkotisierenden Funktion.[113] Die Bevölkerung muss mit einer Informationsflut überspannt werden, sodass sie die Illusion der Informiertheit hat. In der Folge sind die Menschen besorgt, wissen, was getan werden sollte, und ihr soziales Gewissen bleibt integer. Der Überfluss an Informationsflut durch die Massenmedien dient in diesem Fall als eine Art soziales Narkotikum für die Bevölkerung.«[114]

»Welche Informationen haben nun welche Wirkung?«, unterbrach Gunther den Kollegen.

»Zum Beispiel Informationen, die Angst erzeugen«, erwiderte Mannfried.

»Angsterzeugung ist ein ganz wichtiges Element der affektiven Manipulation. Wenn Politiker isoliert auftretende Komplika-

---

[112] Lazarsfeld, Paul F., Merton, Robert K.: Mass communication, popular taste, and organized social action, 1948.

[113] Narcotizing dysfunction, in which energies of individuals in society are systematically routed away from organized action — because of the time and attention needed to simply keep up with reading or listening to mass media: Exposure to this flood of information may serve to narcotize rather than to energize the average reader or listener.

Übersetzung: Narkotisierende Dysfunktion besagt, dass das politische Handeln der Menschen in einer Gesellschaft aufgrund fehlender Zeit und Aufmerksamkeit, um mit dem Hören und Lesen der Massenmedien Schritt zu halten, systematisch eingeschränkt wird: Die Reaktion auf diese Informationsflut führt zu Gleichgültigkeit und Desinteresse (narkotisieren).

[114] Rainer Mausfeld.

tionen als Massenprobleme darstellen, übertreiben oder sogar lügen, um dadurch Angst zu erzeugen, sind dies häufig genutzte Mechanismen der Manipulation.

Noch wichtiger sind jedoch Meinungen. Je öfter sie vernommen werden, desto wahrer werden sie interpretiert, auch wenn man vorher die Information hatte, dass sie vorgetäuscht sind.

Eine kognitive Technik der Manipulation ist zum Beispiel das *Unsichtbarmachen* oder *Abstrahieren* von Fakten. Sind die Sachverhalte opportun, werden sie von Politik und Medien offen kommuniziert. Sind sie von Nachteil, werden sie ignoriert beziehungsweise derart fragmentiert, dass die Öffentlichkeit die eigentliche Botschaft nicht mehr erkennen kann. Andere Methoden dieser Art sind zum Beispiel Fakten aus dem Zusammenhang reißen, sodass kein Verständnis mehr möglich ist, oder Fakten in einen fremden Sinnzusammenhang einbetten, sodass eine ganz neue Botschaft sichtbar wird. Je nach Bedarf wird in der Bevölkerung Entrüstung bis hin zur Feindseligkeit erreicht oder verhindert, sodass die politischen Vorhaben umgesetzt werden können.

Die eben genannten Manipulationstechniken sind von den Menschen nur schwer identifizierbar. Die Psychologie hat jedoch eine Vielzahl von weiteren Mechanismen der Entscheidungs- und Meinungsbildung entwickelt, die so gut wie nicht mehr erkennbar sind.

Ein Beispiel hierzu ist die Installation von Gruppenmeinungen. Wenn sich die Menschen in einem Bereich nicht auskennen, neigen sie dazu, alle anderen Meinungen als gleichberechtigt anzusehen. Die Urteilsbildung erfolgt dann in der Regel in der Mitte des vorhandenen Meinungsspektrums, da in der Regel Extremmeinungen vermieden werden. Hier wird wieder die unheimliche Macht der Massenmedien sichtbar, die, je nach Vorsatz, das Meinungsspektrum und damit die Gruppenmeinung beeinflussen können.«

»Hochinteressant, Mannfried«, unterbrach ich seine Ausführungen und auf die Uhr schauend. »Danke für deine Einblicke in die Manipulationstechniken, aber unsere Pause ist fast vorbei, wir müssen uns schnellstens auf den Rückweg machen.«

Noch am gleichen Abend forschte ich im Internet nach weiteren Informationen zu dem Thema *Manipulationen an der Bevölkerung*. Was mich besonders interessierte, war der Beweggrund, warum wir Menschen Krieg, Folter und andere Gräueltaten zulassen und nicht mit moralischer Empörung reagieren.

Die öffentliche Wahrnehmung der Gräueltaten ist für die herrschende Elite das Gefährliche und wird, unter Zuhilfenahme subtiler psychologischer Techniken, nach Bedarf gesteuert.

Eine dieser Techniken ist das sogenannte *kognitive Fragmentieren* durch Abstraktion. Auf diese Weise lassen sich schwere Menschenrechtsverletzungen ›unsichtbar‹ machen. Wenn lediglich die Handlung bekannt ist, aber kein konkreter Täter zur Verfügung steht und folglich nicht zur Verantwortung gezogen werden kann, ignoriert die Öffentlichkeit normalerweise auch die entsetzlichsten Untaten. Ein sehr bekanntes Beispiel dafür sind die schweren Menschenrechtsverletzungen der Weltbank[115], in vielen Medien kommuniziert, von der Bevölkerung jedoch aufgrund dieser Funktionsweise ignoriert und übergangen.

Sind die Täter darüber hinaus politisch opportun oder finanziell nutzbringend, reduziert sich das moralische Empörungspotenzial der Bevölkerung auf ein Minimum oder es kehrt sich sogar in Zustimmung um.

---

[115] Menschenrechtsexperten warfen der Weltbank vor, in zahlreichen Projekten rigoros die Menschenrechte zu verletzen. Allein im vergangenen Jahrzehnt hätten 3,4 Millionen Menschen in mehr als 900 Weltbank-Projekten ihr Land oder einen Teil ihrer Lebensgrundlage verloren, berichten Süddeutsche Zeitung, WDR und NDR zum Auftakt der Weltbank-Konferenz in Washington.

Es ist vielfach dokumentiert, dass die Vereinigten Staaten von Amerika seit dem Zweiten Weltkrieg eine lange Reihe von Kriegen geführt und dabei zwischen 20 und 30 Millionen Zivilisten getötet haben; in den letzten 25 Jahren wurden von der westlichen Wertegemeinschaft, im Krieg gegen den Terror, circa 4 Millionen Muslime getötet.[116]

Die oben genannten Kriege wurden in den westlichen Medien als notwendige humanitäre Interventionen und als Kämpfe für demokratische Werte und Freiheit als zwingend notwendig kommuniziert. Obwohl der Tatbestand *Massenmord* allgemein bekannt ist, wird er vom Großteil der Öffentlichkeit akzeptiert, weil zweckdienlich. Er wird deshalb nicht mehr als Verletzung der Menschenrechte wahrgenommen und kann in Folge dessen das moralische Empfinden nicht mehr aktivieren.

Sämtliche Manipulations- und Propagandatechniken wurden und werden auf jeder Ebene staatlicher Planungen und Entscheidungen konsequent angewendet. Sie haben sich extrem verfeinert und funktionieren für uns meist unbewusst und unsichtbar – wir schaffen es nicht, ihnen zu entgehen. Die sogenannte Sozialforschung, im Auftrag und finanziert von der herrschenden Elite, hat die Schwachstellen im menschlichen Geist offengelegt, und diese werden brutal ausgenutzt. Massenloyalität für alle politischen Entscheidungen ist das Ziel, und das Verhängnisvolle ist, selbst wenn wir verstehen, wie die Techniken funktionieren, sind wir nicht gegen sie geschützt.

Wir befinden uns in einem andauernden Manipulationskontext, in dem neben den gezielten Täuschungen[117] auch Interessen, Sehnsüchte und Bedürfnisse geweckt werden. Auf der einen Seite

---

[116] Tirman, J.: The Deaths of Others: The Fate of Civilians in America's Wars, Oxford University Press, 2011; IPPNW: Casualty Figures after 10 Years of the 'War on Terror', 2015.

[117] Die Illusion der Informiertheit, der Freiheit und der Demokratie.

politische Lethargie, auf der anderen Seite leichtgläubige kritik-
lose Mitglieder einer Spaßgesellschaft, die sich über Konsum und
Unterhaltung identifiziert.

Panem et circenses[118] versprachen die römischen Kaiser, um
das Volk in Passivität zu halten. Auch heute ist diese Vorgehensweise eine verbreitete politische Strategie. Konsum und Fun bilden die neue Formel, um von den akuten Problemen abzulenken
und die Bürger in Ruhe und Lethargie zu halten. Die Staatsfüh-
rung deutet dann das Schweigen der Masse als Zustimmung für
ihr politisches Handeln.

Die negative Konsequenz ist gesellschaftliche Unmündigkeit.
Wir brauchen in unserer Geschichte nicht lange nachzuforschen,
um die negativen Auswüchse einer flächendeckenden Unmündigkeit zu finden.

---

[118] Brot und Spiele.

Erziehung zur Mündigkeit

*Education is the most powerful weapon
which you can use to change the world.*

(Nelson Mandela)

Auf dem Weg in eine humane und verantwortungsbewusste Gesellschaft sind umfangreiche und tiefgreifende Reformen erforderlich, die gegenwärtig von der Politik und vom alles beherrschenden Wirtschaftssystem verhindert werden. Staat und Wirtschaft sind auf Reproduktion und Festigung der gegenwärtigen Gesellschaft und ihrer Privilegien ausgerichtet, das heißt, alle dem System konträren Bestrebungen werden schon im Ansatz mit allen zur Verfügung stehenden Mitteln unterbunden.

Ein Ausweg aus dem jetzigen Zustand mentaler Manipulation von Seiten der Politik, der Wirtschaft und den Massenmedien sowie aus den sich daraus ergebenden Klassengegensätzen und Ausbeutungsmechanismen ist ohne Frage schwierig und konfliktgeladen. Er erfordert einen Aufklärungs- und Entwicklungsprozess der Bevölkerung, vielleicht über Jahrzehnte hinweg, deren einzelne Zwischenstufen nicht übersprungen werden können.

Wissenschaft, Bildung, Erziehung und die heute omnipotenten digitalen Medien stellen in diesem Zusammenhang große Chancen dar, um die Bevölkerung für die massiven gesellschaftlichen Verwerfungen zu sensibilisieren und Bewältigungsstrategien einzumahnen, zu entwickeln und zu realisieren. Aufforderungen zum Klassenkampf und militanter Widerstand sind keine Lösung, nicht zuletzt auch aus der Tatsache resultierend, dass eine aggressive und gewalttätige Oppositionsbewegung immer zu Gegengewalt, Unterdrückung und Anarchie führt.

Somit ist demokratischer Widerstand die einzig richtige Option, um gesellschaftliche Veränderungen einzuleiten und durchzusetzen. Dazu müssen die Menschen über die wahren Verhältnisse, über politische Zusammenhänge, Betrug, Manipulation und Propaganda aufgeklärt werden. Wenn in der Folge ein gewichtiger Teil der Bevölkerung für Korrekturen mobilisiert werden kann, entsteht eine machtvolle demokratische Opposition, sich gegen das ungerechte kapitalistische Wirtschaftssystem und dessen Kollaborateure zu wehren.

Ein erfolgreicher demokratischer Widerstand bedeutet zunächst lediglich eine temporäre positive Veränderung der gesellschaftlichen Verhältnisse, da sich die wichtigen, in der Psyche der Individuen liegenden Entwicklungen noch nicht hinreichend herausgebildet haben. Gleichwohl ist der demokratische Protest eine notwendige Voraussetzung, um auf staatlicher Ebene den Weg vorzubereiten, damit die substanziellen gesellschaftlichen Reformen eingeleitet und umgesetzt werden können.

Langfristig wirksame gesellschaftliche Veränderungen erfordern psychische Korrekturen, nicht basierend auf Mind Control und Propaganda, sondern aufgrund individueller Überlegungen, Erkenntnisse und Einsichten. Die Menschen müssen zum selbstständigen kritischen Denken motiviert und aufgefordert, ich möchte fast sagen, gezwungen werden, zum Nachdenken im Sinne von Kritikfähigkeit, Emanzipation und Verantwortung, auf der Basis von Humanität und Gemeinschaft. Die Zielsetzung ist der wahrhaftig mündige Staatsbürger und nicht der heute durchgängig manipulierte Konsument und Wähler.

Die Institutionen eines Staates, in denen man langfristig gesellschaftliche Veränderungen realisieren kann, sind die Erziehungs- und Bildungseinrichtungen und die (digitalen) Medien. Schon in den Kindertagesstätten müssen gemeinsame Werte wie Fairness, Gleichberechtigung, Gemeinschaft, prosoziales Verhalten, Solidarität, Gerechtigkeit, Empathie, die Fähigkeit zum Perspektivenwechsel und Verantwortung im Mittelpunkt aller erzieherischen Maßnahmen stehen. Es ist selbstredend, dass über das kindliche Spiel auch mathematische, naturwissenschaftliche, technische, sportliche und musikalische Themenstellungen, und sicherlich auch die Sprachen, gefördert werden sollen. Jedoch sind zuvörderst die edlen, den Menschen ausmachenden Werte in allen Handlungssituationen zur Entfaltung zu bringen.

Untersuchungen im Rahmen der evolutionären Psychologie haben gezeigt, dass die genannten Verhaltensdispositionen in der biologischen und kulturellen Evolution des Menschen angelegt sind und demzufolge auch erlernt werden können. Insbesondere im Entwicklungsfenster des vierten und fünften Lebensjahres, also in der Kindergartenzeit, werden die so wichtigen Charaktermerkmale des Kindes entwickelt.

Zum Leidwesen vieler Erziehungswissenschaftler, Erzieher und Erzieherinnen wurde in den letzten Jahren, nicht zuletzt aufgrund der PISA-Ergebnisse, ein Qualitätsmanagement speziell für Kindertagesstätten entwickelt[119], mit dessen Unterstützung der gesamte Prozess ›Kita‹ in puncto Organisation und erzieherisches Handeln vorausberechnet, geplant, in die Praxis umgesetzt und kontrolliert wird.

Einige Fachleute sprechen fatalerweise in diesem Zusammenhang von einem positiven Quantensprung in der frühkindlichen Bildung und vom Optimierungspotenzial in ein neues Bildungsverständnis, das man unter allen Umständen nutzen muss. So

---

[119] Vgl. DIN EN ISO 9001.

wurde von staatlicher Seite als Folge der Begriff *Bildungsauftrag* in der Vorschulerziehung eingeführt und inzwischen in den Bildungsplänen der einzelnen Bundesländer formalisiert.

Dass man Organisationsabläufe auch in Kindergärten durch ein Qualitätsmanagement optimiert, ist gewiss sinnvoll und nachvollziehbar. Dass man jedoch Kleinkinder mit optimierten und zwingenden Bildungsplänen konditioniert und die pädagogische Qualität frühkindlicher Erziehung einem Evaluierungssystem unterzieht, beurteile ich als grundfalsch.

Die große Mehrzahl der Erziehungswissenschaftler lehnen es ab, schulisches Lernen in die Kindergärten vorzuverlegen. Kitas müssen frei bleiben von Zwang und Leistungsdruck. Sie müssen ein stressfreier Schon- und Schutzraum bleiben, in dem die Kinder die Welt emotional und spielerisch erkunden und eigenen Interessen forschend nachgehen können. Das Ziel frühkindlicher Erziehung ist nicht das zukünftige Genie, das im nachfolgenden Schulsystem mehrere Klassenstufen überspringt und sich im Beschäftigungssystem eine herausragende Stellung erkämpft, sondern ein Mensch, der sich innerhalb der Grundwerte und Bedürfnisse der Gemeinschaft als Individuum entwickeln kann.

Die Bildungspläne als auch das Qualitätsmanagement für Kitas dienen zur Orientierung, zur Steuerung und zur Kontrolle der Erziehungsarbeit und somit sind sie zugleich erste Instrumente zur Reproduktion des gesellschaftlichen Systems. Die Botschaft ist klar. Es geht folglich nicht um die so wichtige emotionale Entwicklung der Kinder, um Kreativität und soziales Lernen, es geht auch nicht so sehr um eine gute Vorbereitung auf die Schule, sondern darum, einen schon weitgehend mit den Kulturtechniken ausgebildeten, standardisierten und funktionalen jungen Menschen zu instrumentalisieren.

Sind normierte Bildungsziele in einem komplett durchorganisierten System zu vermitteln, werden logischerweise Egoismen und Charaktereigenschaften geschaffen, die im nachfolgenden Schulsystem fortentwickelt werden, die es aber im Grunde zu verhindern gilt. Eigennutz und Gier sind die Ursachen für alle Verwerfungen in der Gesellschaft. Deshalb müssen Kitas frei bleiben von jeglichen überzogenen Bildungsplänen und Qualitätsmanagementtechniken, bei denen es im Kern darum geht, den Gesamtprozess der Erziehung im Sinne von Systemerhalt zu optimieren. Kinder sind keine Maschinen, die optimiert werden müssen. Sie sollen sich spielerisch und frei von äußerem Zwang und Druck entwickeln können. Und es gleicht einem Skandal, dass unsere Jugend, die Zukunft unserer Gesellschaft, einem derart unwürdigen Standardisierungsmanagement ausgeliefert wird.

Geht es in den Kitas um Optimierung und Standardisierung der frühkindlichen Erziehung, findet sich im anschließenden fünfstufigen Bildungssystem die gleiche Situation, nur massiv verschärft. Über das gesamte Bildungssystem ist ebenfalls ein Quality Management aufgesetzt, welches im organisatorischen Bereich zweifellos seinen Nutzen, im realen Lernprozess jedoch keine Berechtigung hat. Die Richtlinien der Norm sind im Beschäftigungssystem entwickelt worden und ermöglichen es dort, aufgrund objektiver Messmethoden Verbesserungen unter kontrollierbaren Bedingungen zu erzielen.[120] Im pädagogischen Alltag liegen diese bis ins Detail kontrollierbaren Voraussetzungen wie im Produktionsprozess jedoch nicht vor. Schülergruppen sind dynamische Kollektive, die in offenen, oft unsicheren und komplexen Situationen handeln, und die man nicht in Prozessbeschreibungen reduzieren kann. Gefordert sind also keine formalen Standardisierungen, sondern Lehrerinnen und Lehrer, die mit entsprechender pädagogischer Kompetenz das Unterrichtsgeschehen vorbereiten und begleiten können.

---

[120] Auch im Beschäftigungssystem muss der Einsatz von Management-Methoden im Hinblick auf eine humane Gesellschaft neu diskutiert werden.

In jedem politischen System ist das Erziehungs- und Bildungssystem die Basis für die Aufrechterhaltung und Stabilisierung der bestehenden gesellschaftlichen Ordnung. Auch unser Staat hat die essenzielle Aufgabe, dafür Sorge zu tragen, dass Lehrinhalte, Methodik und Didaktik des Schulsystems zu einer Grundbildung führen, die eine freiheitlich demokratische Grundordnung bestätigt.

Ein Hauptbaustein in diesem Zusammenhang sind die zu vermittelnden Bildungspläne. Sie sind eine Zusammenfassung der zu vermittelnden Lehrinhalte und dienen allgemein zur Steuerung und Orientierung der schulischen Erziehungs- und Bildungsarbeit. In den fachdidaktischen Kommissionen werden sie von Lehrerinnen und Lehrern unter Aufsicht und Vorsitz der Vertreter der Kultusministerien und auf der Grundlage von Handreichungen der Kultusministerkonferenzen entwickelt und wiederkehrend überarbeitet.

Zählt man die den Ministerien untergeordneten Verwaltungs- und Aufsichtsbehörden hinzu, vor denen sich die Schulen und das Lehrpersonal zu rechtfertigen haben, sind alle Handlungen von Schülern und Lehrern der Kontrolle durch das bestehende politische und administrative System unterworfen. Schulen sind also zweite Institutionen der gesellschaftlich kontrollierten und veranstalteten Sozialisation und für die Reproduktion der Gesellschaft verantwortlich.

Wenn sich die freiheitlich demokratische Rechtsordnung jedoch latent in ein autokratisches Staatssystem verwandelt, in der die große Mehrzahl der Bürger und ihre berechtigten Forderungen nicht mehr gehört werden, muss auch das bestehende Bildungssystem infrage gestellt werden.

Es scheint, dass in Deutschland und in der gesamten Europäischen Union das Bildungsideal des schöpferischen, kritischen, emanzipierten und verantwortungsvollen Menschen, im Sinne von Humanität und Gemeinschaft, nicht mehr oder generell nicht gewollt ist. Dieser umfassend denkende mündige Mensch, der reflektiert, erkennt und handelt, ist bekanntlich für die Machtelite eine Gefahr, die es zu verhindern oder auszulöschen gilt. Die Auswirkungen sind evident. Die zum großen Teil unmündige Bevölkerung lässt die Verwerfungen zu, sie schließt die Augen vor der unangenehmen Wahrheit, sie will die Tatsachen nicht zur Kenntnis nehmen und sie will die persönlich erreichten Positionen nicht gefährden.

Der bedeutende deutsche Philosoph Immanuel Kant hat in seiner Aufklärungsschrift *Kritik der reinen Vernunft* die Menschen aufgefordert, sich aus der Knechtschaft von Obrigkeit und Autoritäten zu lösen: *Aufklärung ist der Ausgang des Menschen aus seiner selbstverschuldeten Unmündigkeit. Unmündigkeit ist das Unvermögen, sich seines Verstandes, ohne Leitung eines anderen zu bedienen. Selbstverschuldet ist diese Unmündigkeit, wenn die Ursache derselben nicht am Mangel des Verstandes, sondern der Entschließung und des Mutes liegt, sich seiner, ohne Leitung eines anderen zu bedienen.* Und weiter heißt es: *Sapere aude! Habe Mut, dich deines eigenen Verstandes zu bedienen!*[121]

Zur Mündigkeit gehören das beständige Streben nach Wahrheit, das Verlangen nach Erkenntnis der wahren gesellschaftlichen Zusammenhänge, in denen man lebt, und die Entschlossenheit, gegen Rechtswidrigkeiten und Ungerechtigkeiten vorzugehen. Dazu sind Kritikfähigkeit und Urteilsvermögen, Emanzipation und Verantwortung im Hinblick auf eine humane und gerechte Gesellschaft zwingend erforderlich.

In der Gesamtheit des Bildungssystems, in den Bildungsplänen, in Methodik und Didaktik des Unterrichtsgeschehens, in der Organisation von Schule und in der Schulaufsicht, wird die Basis geschaffen, entweder für einen autonom denkenden mündigen

---

[121] Vgl. Kant, I.: Kritik der reinen Vernunft, 1783.

Menschen oder für einen konditionierten und funktionierenden Wähler, Steuerzahler und Konsumenten.

Die Frage, die sich nun stellt, lautet: Ist unser Erziehungs- und Bildungssystem so angelegt, dass es zu dem mündigen Staatsbürger führt?

Die Antwort ist eindeutig, nein!

Das Bildungssystem in der Bundesrepublik Deutschland ist kein wirkliches System im Sinne des Terminus *Bildung*, sondern im Wesentlichen ein bloßes *Ausbildungssystem*.

Historisch betrachtet stand am Anfang staatlicher Bildungspolitik die Forderung einer allgemeinen Volksbildung, um die Schülerinnen und Schüler möglichst reibungslos und möglichst schnell in Handwerk, Wirtschaft und Gesellschaft einzufügen. Dies erfolgte durch das Erlernen gesellschaftlich erwünschter Handlungsweisen, Einstellungen, Überzeugungen und Haltungen wie Fleiß, Kooperationsbereitschaft, Verlässlichkeit, Anpassung, Loyalität und Treue gegenüber dem Staat.

Dieses klassische *Unterweisungssystem* hat sich bis heute nicht grundlegend verändert.

Die staatliche Instanz Kultusministerium[122] steuert und reguliert als einzelne Aufsichtsbehörde das gesamte Handlungsschema Schule. Damit die Individuen in Gesellschaft und Beruf im Sinne des Systems handlungsfähig sind, werden auf allen Stufen entsprechend verwertbare Fertigkeiten und Kompetenzen vermittelt; in den Lehrplänen der einzelnen Schulformen sind adäquate Lernziele formuliert. Über Zensuren und Abschlüsse werden die Individuen auf unterschiedliche Schul- und Berufslaufbahnen gesteuert, sodass der Bedarf in Gesellschaft und Beschäftigungssystem gesichert ist.

---

[122] Bildung und Erziehung unterliegen in der Bundesrepublik Deutschland der Länderhoheit.

Durch die totale Funktionalisierung von Schule, beginnend mit verpflichtenden Lerninhalten, zwingenden Didaktik- und Methodenkonzeptionen, festgeschriebenen Überprüfungen und Evaluationen bis hin zu den Kontrollmechanismen der Aufsichtsbehörden, werden Schüler und Lehrer auf allein staatlich beabsichtigte Verhaltensweisen programmiert. Dies hat zur Folge, dass sich auch der negative, in Richtung einer Diktatur verändernde Staat, ohne Mitsprache und Kontrolle anderer demokratischer Institutionen gezielt entwickeln und reproduzieren kann.

Schon die Lehrplanarbeit ist in ihrer organisierten Form ein Instrument zur politisch gezielten Steuerung von Schule und Unterricht.

Zur laufenden Überprüfung und zur Überarbeitung der Bildungspläne werden bei Bedarf Lehrplankommissionen einberufen. Mitglieder dieser didaktischen Kommissionen sind Vertreter der entsprechenden Ministerien sowie Lehrerinnen und Lehrer der betroffenen Fachgebiete.[123] Für die Lehrplanentwicklung erhalten sie namentlich einen Arbeitsauftrag und allgemeine Vorgaben wie Leitziele, Lehrplanmodelle und Organisationsformen.

Die konkrete Lehrplanarbeit erfolgt unter der Leitung und Aufsicht der Vertreter der entsprechenden Verwaltungsbehörden. Der Entwurf wird abschließend dem Ministerium vorgelegt und in der Regel nach bestimmten Anhörungsverfahren und diversen Modifizierungen zur Erprobung freigegeben und schließlich verbindlich gemacht.

Ein offener erziehungswissenschaftlicher Diskurs bezüglich Aufbau und inhaltlicher Gestaltung der Bildungspläne findet praktisch nicht statt. Das Verfahren lässt die wissenschaftliche Teilnahme faktisch zu, die Praxis zeigt indes, dass nur wenige ausgewählte Einzelpersonen aus Forschung und Lehre in die

---

[123] Die fachspezifischen Lehrpläne der beruflichen Bildung werden unter Mitwirkung der zuständigen Kammern und Wirtschaftsverbände erstellt.

Lehrplanarbeit einbezogen sind. Die logische Schlussfolgerung ist offensichtlich. Alle Lehrpläne sind inhaltlich stringent auf die gesellschaftlich erforderlichen Qualifikationen und Kompetenzen und damit auf die Reproduktion der Gesellschaft abgestimmt, überwacht von Instanzen der jeweiligen Landesregierungen.

Namentlich die *allgemeinbildenden oder geisteswissenschaftlichen Fächer/Module*[124] sind besonders geeignet, um den jungen Menschen die Gelegenheit zu bieten, Erfahrungen im Bereich des ethischen Entscheidens und Urteilens, Erfahrungen in Eigenverantwortung, prosozialem und emphatischem Verhalten, in der Konflikt-, Team- und Kommunikationsfähigkeit, in der Selbstentscheidung, Selbststeuerung und Selbstkontrolle und vieles mehr zu machen.

Betrachtet man die entsprechenden Lehrpläne der oben genannten Disziplinen, muss man feststellen, dass zumeist schlichtes überprüfbares Faktenwissen vermittelt wird. Die verbindlichen Rahmenrichtlinien und völlig überfüllten Lehrpläne zwingen die Lehrerinnen und Lehrer dazu, den Unterricht stringent nach Vorgabe abzuwickeln. Themen, die das politische und kapitalistische System und seine verdeckten Strukturen hinterfragen, sind nicht benannt, und hinsichtlich der offiziell definierten Unterrichtsthemen bleibt faktisch kein Handlungsspielraum für ein umfassendes kritisches Hinterfragen und Aufarbeiten. Das Lernen erfolgt somit im Hinblick auf staatlich verordnete Zwecke und es findet keine wirkliche Persönlichkeitsentwicklung im Sinne eines aktiven und partizipationsbereiten vernunftbegabten jungen Menschen[125] statt.

Um dieser totalen Abhängigkeit von staatlichen Instanzen in der Lehrplanentwicklung zu entgehen, muss eine autonome wis-

---

[124] Zum Beispiel Politik, Sozialkunde, Ethik, Deutsch.
[125] Vgl. Adorno, T. W.: Erziehung zur Mündigkeit, Suhrkamp, 1971.

senschaftliche Forschung als Dauerinstitution an den erziehungswissenschaftlichen Fakultäten der einzelnen Universitäten des
Landes installiert werden. Dort werden die Bildungsinhalte beständig nach neuesten Erkenntnissen korrigiert und anschließend
in pädagogischen Kommissionen demokratisch zum Abschluss
und zur Nutzung gebracht.

Was die Methodik und die Didaktik des Unterrichtsgeschehens betrifft, gibt es seit Jahrzehnten immer wieder moderne er-
ziehungswissenschaftliche Reformansätze, die von staatlicher
Seite mit den unterschiedlichsten Begründungen nicht oder nur
ansatzweise umgesetzt wurden. Meist sind es offiziell finanzielle
Begründungen, welche die so notwendigen Reformen in unserem
Bildungssystem verhindern.[126]

Ebendaher ist Schule auch heute noch eine tradierte, vom gesellschaftlichen Leben entfremdete Institution, in welcher der
Staat, die Wirtschaft, der Lehrstoff und die Lehrer auch weiterhin
dominieren.

Die Analyse dieser ›alten Schule‹ ist enttäuschend. Sie ist, alle
Bereiche des Bildungssystems abdeckend, vollkommen instru-
mentarisiert, teilweise ungerecht und pures Staatshandeln. Die
Konsequenzen sind eindeutig. Alles, was Kinder und Jugendliche
in der Schule sagen und denken, muss mit dem übereinstimmen,
was die Lehrkräfte und, ihnen übergeordnet, Staat und Wirtschaft

---

[126] Im Vergleich mit anderen OECD Ländern schneidet Deutschland, das Land
der Bildung, der Forschung und der Ideen, im Bereich der öffentlichen Bil-
dungsausgaben sehr schlecht ab. Laut *statista* (Statistik-Portal) betrugen die
Ausgaben für Bildung im Jahr 2013 (letzter vorliegender internationaler
Vergleich) in Deutschland lediglich bei 4,3% des BIP, der OECD-Durch-
schnitt betrug 5,2%. Damit lag Deutschland im internationalen Vergleich
weit hinten, an 29. Stelle, hinter Ländern wie United Kingdom (6,7%), Dä-
nemark (6,4%), Norwegen (6,3%) oder die USA (6,2%).

vorgeben. Die Verhaltensweisen im Unterrichtsgeschehen sind ebenfalls verbindlich festgelegt und müssen dem gängigen Reglement entsprechen.

Ein derartiges staatliches Zwangsprogramm[127] führt zu gleichgeschaltetem Denken und zu identischen Verhaltensweisen. So entwickelt sich letztlich eine Monokultur, in der den Kindern und Jugendlichen abgewöhnt wird, selbstständig zu denken, zu hinterfragen und zu handeln. Der Staat greift in die Gehirne ein und prägt die Psyche. Konditionierung wird zum Ritual. Das Ergebnis ist eine Gesellschaft, die dazu bereit ist, sich einer Autorität zu unterwerfen, dieser zu gehorchen und zu folgen.

Unser Bildungssystem in der gegenwärtigen Form ist nicht geschaffen, um junge Menschen zu denkenden mündigen Bürgern heranzubilden, stattdessen wird ihnen ein staatlich gewollter Standard aufgezwungen. Nach meinem pädagogischen Verständnis darf es bei Erziehung und Bildung nicht um Konditionierung, einen kumulativen Wissenszuwachs und ein instrumentell-technisches Herstellen menschlicher Eigenschaften gehen, sondern vielmehr um ein aktives Miteinander-Handeln in emanzipatorischer Absicht. Das Ziel ist eine Persönlichkeitsbildung besonderer Qualität, der ein Vernunftanspruch innewohnt, das Ziel ist der Citoyen[128], der wahrhaft mündige Staatsbürger.

Die dritte Instanz der gesellschaftlichen Reproduktion sind die (digitalen) Medien.

Vermittels der neuen Kommunikationstechnologien, gemeint sind insbesondere die modernen Smartphones und Smart-TVs,

---

[127] Die gesetzliche Schulpflicht ist je nach Bundesland verschieden und beträgt zwischen 9 und 10 Jahren.

[128] Der Citoyen ist ein politisch aufgeklärter Mensch, der nicht sein individuelles Interesse, sondern das gemeinsame Interesse im Vordergrund sieht (Jean-Jacques Rousseau).

244

werden die Menschen nahezu ununterbrochen durch die Massenmedien beeinflusst und geprägt. Mithilfe des Internets besteht flächendeckend die phantastische Option, jederzeit auf Bücher, Zeitungen, Journale, Fernsehen, Filme, aber auch auf Wissen und Informationen jeglicher Art zuzugreifen. Und die Menschen tun es, vor allem die junge Generation. Laut *Statista* besaßen und nutzten im Februar 2015 rund 45,6 Millionen Personen in Deutschland, das sind circa 55 Prozent, ein Smartphone. Eine Studie des Informatikwissenschaftlers Alexander Markowetz zeigte auf, dass die Nutzer in Deutschland durchschnittlich 88 Mal pro Tag, das sind circa 2,5 Stunden, ihr Smartphone im Gebrauch haben. Nach seinen Ausführungen sind wir zum ›Homo digitalis‹ geworden, über eine unsichtbare Nabelschnur mit dem Smartphone verbunden. Wir sind online, und was wir dort sehen, ist nicht mehr imaginär, sondern unsere Realität.[129]

Die digitalen Medien unterhalten nicht nur, sie melden, sie informieren, sie klären auf, sie beeinflussen[130], sie unterrichten und erziehen. Sie bieten gigantische Chancen und Möglichkeiten, die wir nutzen müssen, sie beinhalten aber auch negative Folgewirkungen, die wir beachten und möglichst auszugrenzen haben.

Neben den gesundheitlichen Auswirkungen und den Folgen für unser Sozialverhalten ist es vor allem die psychische Überformung, die es zu erkennen und zu verhindern gilt. Unser Konsumverhalten, unser Freizeitverhalten, unser politisches Verhalten, alles wird über die digitalen Medien hochgradig beeinflusst, meist ohne dass wir es tatsächlich erkennen. Um in diesem extremen Manipulationskontext unterscheidend und verantwortungsvoll mit den zahllosen Informationen umgehen zu können, ist eine besondere Medienkompetenz erforderlich. Es geht dabei nur am

---

[129] Vgl. Markowetz, A.: Digitaler Burnout: Warum unsere permanente Smartphone-Nutzung gefährlich ist, Droemer HC, 2015.

[130] Siehe Kapitel: Demokratie der Medien.

Rande um die rezeptive und passive Nutzung von Medien, sondern im Schwerpunkt um eine analytische und kritisch-reflexive Verwendung. Im Grunde genommen geht es auch hier um den Citoyen, den wahrhaft mündigen Staatsbürger, der sich nicht manipulieren und überformen lässt, sondern der in der Lage ist, die Flut von zum Teil divergenten Informationen zu interpretieren und in einen authentischen politisch-gesellschaftlichen Kontext zu stellen.

Nachwort

Wirklich, ich lebe in finsteren Zeiten!
Das arglose Wort ist töricht. Eine glatte
Stirn deutet auf Unempfindlichkeit hin.
Der Lachende hat die furchtbare Nachricht
nur noch nicht empfangen.

(Berthold Brecht)

Wir leben dieser Tage in einer sehr kritischen und besorgniserregenden Zeit. Die großen gesellschaftlichen Schieflagen haben global zu einer Weltlage geführt, die zu jedem beliebigen Zeitpunkt für die menschliche Existenz bedrohliche Ausmaße annehmen kann.

Ziehe ich eine gesamtgesellschaftliche Bilanz der letzten fünf Jahrzehnte, muss ich zu meinem großen Bedauern feststellen, dass unser Erbe an die jüngere Generation eine Welt geworden ist, die sich zu einem unwirtlichen Planeten entwickelt hat.

Die ökologischen Probleme sind so massiv angewachsen, dass die Wissenschaftler von irreversiblen Schädigungen sprechen.

Die vorhandenen natürlichen Ressourcen wurden und werden in gigantischem Maße verschwendet, sodass in wenigen Jahrzehnten zahlreiche Rohstoffe nicht mehr zur Verfügung stehen.

Das massive Verbrennen fossiler Energieträger hat unseren Planeten zu einem wahren Treibhaus gemacht. Bis zum Jahr 2100 rechnet man mit einem mittleren globalen Temperaturanstieg zwischen 1,8 und 4,0 Grad Celsius. Eine solche Temperaturänderung würde mit einer Geschwindigkeit erfolgen, wie sie in den letzten 10.000 Jahren nicht vorkam.[131]

---

[131] Umweltbundesamt 25.07.2013.

Der Klimawandel führt weltumspannend zur Häufung von Naturkatastrophen. Orkane und Tornados treten vermehrt und gewaltiger auf, Tsunamis überschwemmen ganze Küstenbereiche, Gletscher und Polkappen schmelzen, der Meeresspiegel steigt und überflutet bewohnte Gebiete, ehemalig fruchtbare Landschaften versanden und der Lebensraum von Menschen und Tieren wird vernichtet.

Täglich sterben zwischen 70 und 200 zum Teil nicht erforschte Pflanzen- und Tierarten aus. Die Gründe für das Artensterben bestehen fort oder haben sich noch verschärft.

Die in aller Welt geführten fürchterlichen Kriege führen zu Tod, Not, Elend, Hass und Flüchtlingsströmen.

Die Tokoglifos werden immer reicher, der Rest der Menschheit, und das sind 99,99 Prozent der Weltbevölkerung, verarmen mehr und mehr. Millionen Menschen leiden an Hunger und mehrere Zehntausend sterben täglich, weil sie keine Nahrungsmittel haben.

Millionen Menschen haben keine Arbeit, oder sie sind arm trotz Arbeit, und wissen nicht, wie sie mit ihrer Familie ein menschengerechtes Leben führen können.

Unsere freiheitlich demokratische Rechtsordnung entwickelt sich immer mehr zu einem autokratischen Staatssystem, in dem die Wünsche und Anliegen der Bürger nicht mehr gehört werden.

Die Bevölkerung wird durch permanente Beeinflussung in einem Manipulationskontext gehalten, der eine persönliche Meinungsbildung nicht mehr zulässt.

Bildung und Erziehung sind aufgrund staatlicher Vorgaben und Kontrolle derartig gesteuert, dass die Orientierung zum mündigen Staatsbürger nicht mehr möglich ist.

Wie ein roter Faden ziehen sich die fatalen Auswirkungen des kapitalistischen Wirtschaftssystems durch die Weltgemeinschaft.

Menschen und Natur sind für die herrschende Elite nur noch Mittel zum Zweck, die bei Bedarf beliebig und ohne Rücksichtnahme benutzt werden.

Und was ist die Ursache?

Ein menschenverachtender Kapitalismus, in dem es lediglich um *Take Profit* und *Egoism and Money* geht.

Doch frage ich mich manchmal, ob meine Überlegungen und Schlussfolgerungen nicht zu einseitig und voreingenommen sind?

Die gesellschaftlichen Zusammenhänge zeigen unstreitig, dass die herrschende Elite für die vielen globalen Verwerfungen verantwortlich ist, aber, trägt nicht auch jeder Einzelne eine gewisse Mitschuld?

Ich denke ja!

Nicht nur die Tokoglifos, die Politiker und Banker sind für die bestehenden Verhältnisse verantwortlich, sondern auch wir. Große Teile der Öffentlichkeit, insbesondere der älteren Generation, waren oder sind Mittäter, weniger unmittelbar beteiligt als Profiteure, aber wissend und zuschauend. Wir haben uns, de jure, nichts zuschulden kommen lassen, und doch sind wir alle mitschuldig, denn *Alles was es braucht, um das Böse triumphieren zu lassen, ist das Schweigen der guten Menschen.*[132]

Karl T. Jaspers, ein bekannter und international anerkannter deutscher Philosoph, hat sich nach dem Zweiten Weltkrieg intensiv mit dem Thema *Schuld und Verantwortung der Deutschen im Dritten Reich* auseinandergesetzt. In seinen Schriften wandte er sich gegen den damaligen Zeitgeist des Verdrängens und forderte, dass jeder Einzelne seine Schuld und Verantwortlichkeit hinterfrage.[133]

In seinen Schriften spricht er von Mitschuld der Bevölkerung auf politischer, moralischer und metaphysischer Ebene. Seine

---

[132] Edmund Burke.

[133] Jaspers, K. T.: Hoffnung und Sorge, R. Piper & Co, 1965.

tiefgründigen Überlegungen kann man analog auf die gegenwärtige gesellschaftliche Konstellation übertragen.

Wir sind politisch mitschuldig an den Handlungen der Politiker, da jeder Einzelne für den Staat, in dem er lebt, und die politischen Handlungen, die in ihm geschehen, mitverantwortlich ist!

Wir sind moralisch mitschuldig, da wir an Handlungen beteiligt sind, deren Charakter nicht allein dadurch nicht verbrecherisch wird, dass sie befohlen sind!

Wir sind metaphysisch mitschuldig aufgrund der Mitverantwortung an der Ungerechtigkeit in der Welt. Wer Unrecht sieht und nicht alles unternimmt, was in seiner Macht steht, um es zu verhindern, der ist mitschuldig.[134]

Infolge umfassender Propaganda und Manipulation sind zahllose Verbrechen und Rechtsverletzungen in der Welt für viele Menschen nicht mehr direkt wahrnehmbar. Dennoch haben wir alle die ethische Verpflichtung, uns kritisch und verantwortungsbewusst mit den Krisenherden dieser Welt auseinanderzusetzen und, in Verbindung mit unserem Wertesystem, Stellung zu beziehen.

Ebendarum dürfen und können wir uns nicht vor der Verantwortung drücken, auch wenn es keine direkte Schuld oder Anklage geben wird. *Die Verantwortlichkeit bleibt*, wie Karl Jaspers schrieb, *aus der Tiefe des eigenen Gewissens heraus.*

Was uns bleibt, die wir erkannt und wissend zugeschaut haben, ist die Bitte um Nachsicht und endlich der demokratische Protest.

Nach dem Zweiten Weltkrieg wurde in der deutschen Bevölkerung von den Alliierten ein aufsehenerregendes Flugblatt tausendfach verteilt. Auf dem Flyer waren Texte und barbarische Bildaufnahmen aus Konzentrationslagern zu sehen. Unter anderem war zu lesen:

---

[134] Jasper, K.: Die Schuldfrage, 1946.

Diese Schandtaten: Eure Schuld. Ihr habt
ruhig zugesehen und es stillschweigend
geduldet. (...) Das ist Eure große Schuld.
Ihr seid mitverantwortlich für diese
grausamen Verbrechen. [135]

Wie wird die Anklage der kommenden Generationen an uns, die ältere Generation, einmal lauten?

Möglicherweise so:

Diese Schandtaten: Eure Schuld. Ihr habt
ruhig zugesehen und es stillschweigend
geduldet. Das ist Eure große Schuld. Ihr
seid mitverantwortlich für diese grausamen
Verbrechen!

---

[135] Text auf Bildplakaten, die nach dem Zweiten Weltkrieg die deutsche Bevölkerung über die Gräuel der KZs aufklärten.

Ausblick

Es kommt der Tag, der alles lösen wird.

(Friedrich von Schiller)

Wir befinden uns im Jahr 2035 oder im Jahr 1 nach der großen Währungs- und Steuerreform. Vor dem Reichstag in Berlin demonstriert eine kleine Gruppe ehemaliger Multimillionäre und Milliardäre mit vielfarbigen Transparenten gegen die für sie unseligen finanziellen Einschnitte. *Der Staat hat uns bestohlen; Zu wenig zum Leben, zu viel zum Sterben; Wir wollen ein freiheitliches Land; Keine Einkommensgrenzen* und vieles mehr kann man auf den Spruchbändern lesen. Einige Passanten bleiben kurz stehen und betrachten erstaunt, aber mit einem inneren Lächeln die groteske und ungewohnte Szene.

Was war geschehen?

Der Bundestag hatte vor exakt einem Jahr Vermögens- und Einkommensgrenzen festgesetzt. Das maximale Gesamtvermögen pro Person darf folglich 5 Millionen NDM (Neue Deutsche Mark) und das maximale jährliche Einkommen 1,5 Millionen NDM nicht überschreiten; alle darüber hinausgehenden Gelder gehen in die Staatskasse.[136]

Deutschland wurde auf einen Schlag schuldenfrei, ja es war sprungartig ein riesiges Vermögen vorhanden. Zahlreiche Menschen hatten sich an dem besagten Tag vor der Schuldenuhr in Berlin, am Eingang der Zentrale des Bundes der Steuerzahler,

---

[136] Ca. 99 % der Bundesbürger haben einen erheblichen positiven Nutzen von der großen Währungs- und Steuerreform.

versammelt und feierten begeistert den bedeutungsvollen Schuldenschnitt. Der Staat hatte endlich die finanziellen Mittel, um dringend notwendige Reformen einzuleiten.

Was hatte sich sonst noch verändert?

Das Credo im Beschäftigungssystem lautet nicht mehr *Gewinnmaximierung*, sondern *Humanität und sozialer Ausgleich.* Um die altbekannten kapitalistischen Auswüchse zu verhindern, wurden das Finanzsystem, die Rüstungs-, Pharma- und Ernährungsindustrie sowie alle medizinischen und pflegerischen Einrichtungen ausnahmslos unter staatliche Leitung gestellt. Die Möglichkeiten der politischen Mitbestimmung der Bevölkerung wurden um die Optionen Referendum und NOTA erweitert.

Eine wirklich soziale Marktwirtschaft war das erklärte Ziel. Die Arbeitslosenzahl ist nicht wie erwartet gestiegen, sondern auf circa eine Million gefallen, die Löhne und Gehälter, vornehmlich im unteren Bereich, stiegen deutlich an. Der Mindestlohn wurde auf 2000 NDM und ein bedingungsloses Grundeinkommen, beispielsweise bei Arbeitslosigkeit, wurde auf 1000 NDM festgelegt. So kann die Krankenschwester mit ihrem Gehalt ohne Zweitjob gut leben und der Chefarzt verdient immer noch ein Vielfaches seiner Mitarbeiter. In diesem Zusammenhang wurde die Wochenarbeitszeit auf 32 Stunden und das Renteneintrittsalter auf das 60. Lebensjahr festgesetzt, eine allgemeine Grundrente ist in Planung.

Ferner sind die Lebenshaltungskosten moderat gefallen, der Wohnraum, selbst in den Großstädten, ist nun auch von kleinen Gehältern zu bezahlen.

Auch auf internationaler Ebene sind gewichtige Umgestaltungen sichtbar.

Das Elektro-Auto hat die ganze Welt erobert, ein *International Technology Assessment (ITA)*[137] überprüft neue technische Entwicklungen bezüglich des gesamtgesellschaftlichen Nutzens. Der Klimawandel ist aufgrund neuer Technologien gestoppt und global kämpfen die Menschen gemeinsam für eine saubere Umwelt.

Um der Überbevölkerung entgegenzuwirken, ist weltumspannend die *Zwei-Kind-Leitregel* eingeführt, ein internationaler Länderausgleichsfonds sorgt dafür, dass auch die industrieschwachen Staaten vom Wohlstand profitieren.

Die Vereinigten Staaten, nicht einverstanden mit den staatlichen Maßnahmen in der Bundesrepublik Deutschland, verhängten wirtschaftliche Sanktionen, die in der Zwischenzeit keine Bedeutung mehr haben, da China und Russland vergleichbare Reformen eingeleitet haben. Zurzeit gibt es weltweit 57 Länder mit staatlich festgelegten Einkommens- und Vermögensgrenzen, in einigen weiteren Ländern ist der politische Prozess im Gange!

Doch der allgemeine Wohlstand in der Bevölkerung, die Zufriedenheit und der relativ homogene Gesellschaftsquerschnitt sind nicht allerseits Vorsatz und Ziel. Es gibt eine neue mächtige Opposition, die Tokoglifos und ihre Bewunderer. Sie wollen an ihren Freiheiten, Sonderrechten und Privilegien festhalten. Die Gier nach mehr lässt ihnen keine Ruhe und drängt sie dazu, das vergangene und längst überholte kapitalistische System wieder neu zu installieren.

---

[137] Internationale Techologiefolgenabschätzung.